JAHRBUCH
LITERATUR UND MEDIZIN
Beihefte

Herausgegeben von
FLORIAN STEGER

Band 10

CHRISTIANE VOGEL

Not macht erfinderisch – Organmangel in den Medical Humanities

Universitätsverlag
WINTER
Heidelberg

Bibliografische Information der Deutschen Nationalbibliothek

Die Deutsche Nationalbibliothek verzeichnet diese Publikation
in der Deutschen Nationalbibliografie;
detaillierte bibliografische Daten sind im Internet
über *http://dnb.d-nb.de* abrufbar.

Zugl.: Ulm; Univ., Diss., 2022

UMSCHLAGBILD
© shutterstock

ISBN 978-3-8253-4956-1

Dieses Werk einschließlich aller seiner Teile ist urheberrechtlich geschützt. Jede
Verwertung außerhalb der engen Grenzen des Urheberrechtsgesetzes ist ohne
Zustimmung des Verlages unzulässig und strafbar. Das gilt insbesondere für
Vervielfältigungen, Übersetzungen, Mikroverfilmungen und die Einspeicherung
und Verarbeitung in elektronischen Systemen.

© 2023 Universitätsverlag Winter GmbH Heidelberg
Imprimé en Allemagne · Printed in Germany
Umschlaggestaltung: Klaus Brecht GmbH, Heidelberg
Druck: Memminger MedienCentrum, 87700 Memmingen

Gedruckt auf umweltfreundlichem, chlorfrei gebleichtem
und alterungsbeständigem Papier

Den Verlag erreichen Sie im Internet unter:
www.winter-verlag.de

Danksagung

Mein besonderer Dank gilt Herrn Univ.-Prof. Dr. Florian Steger, meinem Doktorvater, für seine ausgezeichnete Betreuung während der gesamten Arbeit, seine stete Erreichbarkeit, das Teilen seiner jahrzehntelangen Erfahrung im Bereich Literatur und Medizin und seine kritischen Anmerkungen, die mich herausgefordert haben, wann immer es nötig war. Ebenso danke ich Frau Univ.-Prof. Dr. Mita Banerjee für die hilfsbereite wissenschaftliche Betreuung als Zweitgutachterin meiner Dissertation. Herrn Univ.-Prof. Dr. Jan Schildmann und dem gesamten Team des Instituts für Geschichte und Ethik der Medizin der Martin-Luther-Universität Halle-Wittenberg danke ich für die Unterstützung, das Feedback und die Denkanstöße während der verschiedenen Phasen meiner Promotion. Des Weiteren möchte ich Frau PD Dr. Dallmann, Frau Dr. Katja Schmieder, Herrn Univ.-Prof. Dr. Hartmut Keil und Frau Dr. Kerstin Junghans meinen Dank aussprechen. Sie haben mich im Rahmen meines Studiums und auf meinem akademischen Weg mit wertvollen Ratschlägen, produktiven Gesprächen und lieben Worten begleitet. Den Teilnehmenden des Doktorand*innen-Kolloquiums des Instituts für Geschichte, Theorie und Ethik der Medizin an der Universität Ulm danke ich für die differenzierten Auseinandersetzungen mit meinem Themenkomplex und die damit verbundenen nützlichen Anregungen. Meinen Freund*innen gebührt großer Dank für ihren moralischen Beistand und die vielseitige Unterstützung, die sich auch in Form des Korrektorats geäußert hat. Zu guter Letzt danke ich meiner Familie, deren Rückhalt mir die notwendige Ruhe und Sicherheit für das Erstellen der Arbeit gegeben hat.

Inhaltsverzeichnis

1 EINFÜHRUNG 3

  1.1 Einleitung...3

  1.2 Forschungsstand 7

  1.3 Methodik und Primärliteratur 16

2 ORGANTRANSPLANTATION 23

  2.1 Literarische Auseinandersetzung mit der Organtransplantation 25

  2.2 Organmangel...29

  2.3 Illegaler Organhandel 33

  2.4 Belletristische Aushandlungsszenarien zum Organmangel 35

    2.4.1 Organisiertes Verbrechen...36

      2.4.1.1 Zweckentfremdete Adoption: Tess Gerritsen *Kalte Herzen* 38

        2.4.1.1.1 Plot und Handlungsstrang 38

        2.4.1.1.2 Motive 40

        2.4.1.1.3 Fazit 50

      2.4.1.2 Deckmantel-Chirurgie: Veit Heinichen *Tod auf der Warteliste* 51

        2.4.1.2.1 Plot- und Handlungsstrang...51

        2.4.1.2.2 Motive 53

        2.4.1.2.3 Fazit 60

      2.4.1.3 Illegale Rettung: Steffen Weinert: *Das Leben meiner Tochter*..........61

        2.4.1.3.1 Plot und Handlungsstrang 61

        2.4.1.3.2 Motive 62

        2.4.1.3.3 Fazit 69

      2.4.1.4 Zwischenzusammenfassung: Organisiertes Verbrechen.................70

    2.4.2 Menschliche Ersatzteillager 73

      2.4.2.1 Delinquenten: Neal Shusterman *Vollendet* 75

        2.4.2.1.1 Plot und Handlungsstrang 75

        2.4.2.1.2 Motive 77

        2.4.2.1.3 Fazit 86

      2.4.2.2 Retterkind: Jodi Picoult *Beim Leben meiner Schwester* 87

        2.4.2.2.1 Plot und Handlungsstrang 88

        2.4.2.2.2 Motive 90

        2.4.2.2.3 Fazit 98

      2.4.2.3 Lebendspenderin: Angela Gerrits *Achtzehn* 99

        2.4.2.3.1 Plot und Handlungsstrang 100

        2.4.2.3.2 Motive 101

        2.4.2.3.3 Fazit 108

2.4.2.4 Zwischenzusammenfassung: Menschliche Ersatzteillager 109
2.4.3 Biotechnologische Überbrückung 114
    2.4.3.1 Künstliche Ersatzteile: Eric Garcia *The Repossession Mambo* 118
        2.4.3.1.1 Plot und Handlungsstrang 119
        2.4.3.1.2 Motive 121
        2.4.3.1.3 Fazit 129
    2.4.3.2 Kryokonservierung: Don DeLillo *Null K* 130
        2.4.3.2.1 Plot und Handlungsstrang 131
        2.4.3.2.2 Motive 131
        2.4.3.2.3 Fazit 141
    2.4.3.3 Zwischenzusammenfassung: Biotechnologische Überbrückung..... 143

2.5 Diskussion.. 147

3 SCHLUSSBETRACHTUNG.. 165

ANHANG... 175

I ABKÜRZUNGSVERZEICHNIS 176

II ABBILDUNGSVERZEICHNIS.. 177

III TABELLENVERZEICHNIS 178

IV LITERATURVERZEICHNIS 179

1 EINFÜHRUNG

1.1 Einleitung

Szenisch unterlegt mit dem Deckenfresko der Sixtinischen Kapelle von Michelangelo titelt der *Spiegel* in seiner zehnten Ausgabe im Jahr 1997 „Jetzt wird alles machbar".[1] Auch das Titelbild rekurriert auf die Erschaffung Adams mit Bezug auf den Sündenfall und wird wirksam mit Replika des Supermodels Claudia Schiffer, des Wissenschaftlers Albert Einstein und des Diktators Adolf Hitler untermalt, die alle im Gleichschritt marschieren (Abb. 1). Die fiktive Szenerie auf dem Cover wird von einem Schaf scheinbar beiläufig komplettiert, wobei man sich der damit verbundenen vielschichtigen Symbolik kaum entziehen kann. Das sprichwörtlich sanfte Tier (unschuldig wie ein Lamm, lammfromm) verharrt ruhig neben dem im Stechschritt marschierenden Diktator und schafft damit einen kaum zu überbietenden Kontrast. Durch die fehlende Distanz zwischen Hitler und dem in Griffweite stehenden Schaf wird aber ein Zusammenhang, vielleicht sogar eine Kausalität, suggeriert. Zudem ist das Lamm eng mit der christlichen Religion verbunden; es steht als Symbol für den sich opfernden Christus und wird als Opfertier zur Schlachtbank geführt (nach Jesaja 53, 7).[2] Somit hat das Schaf eine Verbindung mit dem religiösen Begriff der Sünde – es scheint hier selbst zum eigentlichen Sündenfall, zur Wurzel allen Übels, zu erwachsen. Was war passiert? Warum sprach man davon, die Geschichte des Lebens neu schreiben zu können und warum löste das bei vielen Menschen Unbehagen aus?

Abb. 1 Frontcover © DER SPIEGEL 10/1997

[1] Johann Grolle, Stefan Klein: *„Jetzt wird alles machbar"*. In: *Spiegel* 10 (1997), S. 216–225.
[2] Saskia Lerdon: *Ecce Agnus Dei: Rezeptionsästhetische Untersuchung zum neutestamentlichen Gotteslamm in der bildenden Kunst.* Göttingen 2020, S. 3.

Die Wissenschaft hatte mit dem Klon-Schaf Dolly – dem „erste[n] vaterlose[n] Säugetier, als Kopie eines anderen Schafes ohne geschlechtliches Tun geklont aus einer Euterzelle" – den Weg zum *Homo xerox* bereitet und damit auch weiterreichende Eingriffe auf den Plan gerufen: „In den Petrischalen und den Brutkästen der Bioingenieure sind Gewebe, Zellen und Erbgut zum Werkstoff einer Zukunftsindustrie geworden."[3] Es war die Rede vom Menschen nach Maß, von Genarchitekt*innen mit ungeniertem Gestaltungswahn, von der Pathologisierung durch die genetische Datenerfassung, von lebenden tierischen und menschlichen genmanipulierten Ersatzteillagern im Dienste organkranker Patient*innen, von gezielter Veränderung des Erbguts, von Kryokonservierung, von Leihmutterschaft, von Retortenkindern – um nur einige Schlagwörter zu nennen.[4] Vieles von dem, was im besagten Spiegel-Artikel Erwähnung fand, hat auch mehr als zwei Jahrzehnte später an Aktualität und Brisanz nichts eingebüßt. Die Themen sind indes differenzierter. Die Einnahme von pharmakologischen Neuro-Enhancern zur kognitiven Leistungssteigerung, der Einsatz von Präimplantationsdiagnostik in Kombination mit Gewebetypisierung zum Zwecke der Erzeugung eines gewebekompatiblen Retterkindes, Genome Editing-Verfahren zur Anwendung in der Gentherapie (CRISPR/Cas-Methode), das Klonen zu biomedizinischen Forschungszwecken (Erzeugung von Stammzellen aus geklonten menschlichen Blastozysten), die Erteilung von Genpatenten (Herstellung pharmazeutischer Produkte), das Social Freezing (vorsorgliche Kryokonservierung von Eizellen bei fehlender medizinischer Indikation) als Möglichkeit des Aufschubs in Bezug auf Familienplanung beziehungsweise Kinderwunsch, speziesübergreifende Xenotransplantationen als experimentelle Therapie, die Transplantation von Uteri zum Zweck der Erfüllung biographischer Wünsche,[5] der Aufbruch der prognostischen Grenzen durch den Vormarsch der prädiktiven Medizin. Der Wissenschaftstheoretiker Axel W. Bauer vertritt die Meinung, dass sich die Medizin der Zukunft „nicht mehr nur mit denjenigen Menschen beschäftigen [wird], die als Patienten – also als Leidende – zum Arzt kommen, sondern auch mit jenen potenziell Kranken, deren Genom eine oder mehrere Krankheits-Anlagen enthält".[6] Längst lässt sich das menschliche Leben zu einem nicht unerheblichen Teil nach eigenen Vorgaben konstruieren. Da es immer öfter biomedizinischen Manipulationen unterliegt, ist sein Anfang, Verlauf und Ende nichts Gegebenes oder ein Produkt des Zufalls mehr.[7]

Mögliche Grenzen – Grenzen des Möglichen

Was die Verschmelzung von Wissenschaft und Technik verheißt, reicht nicht ohne Weiteres aus, den Menschen in all seinen Facetten, in seiner Individualität und Subjektivität, zu verstehen. Dies trifft vor allem hinsichtlich seines Gesundheitszustandes zu – seinem

---

[3] Grolle, Klein: *„Jetzt wird alles machbar"* (Anm. 1), S. 216, 221f.
[4] Ebd., S. 218, 222f., 225.
[5] Hartmut Kreß: *Xenotransplantation und Uterustransplantation.* In: Joachim Hruschka, Jan C. Joerden (Hg.): *Jahrbuch für Recht und Ethik.* Bd. 24. Berlin 2016, S. 113–141.
[6] Axel W. Bauer: *Normative Entgrenzung: Themen und Dilemmata der Medizin- und Bioethik in Deutschland.* Wiesbaden 2016, S. 78.
[7] Susan Merrill Squier: *Liminal Lives. Imagining the Human at the Frontiers of Biomedicine.* Durham, London 2004, S. 275.

höchsten Gut. Der Medizinhistoriker und -ethiker Florian Steger verweist auf aktuelle Entwicklungen, durch die sich der Handlungsspielraum beteiligter Akteur*innen des Gesundheitssystems ausdehnt. Es bedarf einer Neukonfiguration des eigenen Handelns. Dieses Ausrichten an bestimmten ethischen Standards macht „einen professionellen Diskurs um Moral erforderlich".[8] Die Schlüsseltechnologien der Biophysik, Molekularbiologie und Informatik sowie deren entsprechende Vertreter*innen haben die moderne Biomedizin in ihrem Wirkungsspektrum erweitert und damit auch den Aufgaben- und Verantwortungsbereich der tätigen Ärzteschaft.[9] Zweifellos haben Biomedizin und -technik in den letzten Jahrzehnten ein rasantes Tempo an den Tag gelegt. Ob Krankheit, Unfall oder Optimierungswunsch, Menschen können von diesen Errungenschaften profitieren. Auch die Zukunft verspricht fortwährende Entdeckungen und bisher unbekannte Potenziale; vor allem dank der „zunehmenden Möglichkeiten der Erkennung genetischer Krankheitsdispositionen".[10] Von einer Sorgenfreiheit von der Wiege bis zur Bahre ist die Rede.[11] Müssen diese Entwicklungen nicht auch kritisch betrachtet werden? Biomedizinischer Fortschritt ist Fluch und Segen zugleich. Verbunden mit immer höheren Kosten geht er damit einher, dass zwischen Lebenserhalt beziehungsweise -verlängerung und dem Einsatz knapper Mittel abgewogen werden muss.[12] Des Weiteren wirkt sich dieser Fortschritt unmittelbar auf die Beziehung zwischen Behandelnden und Patient*innen aus, denn die Begegnung zwischen ihnen ist vermehrt geprägt durch den Einsatz (bio-)medizinischer Technik. Die Literaturwissenschaftlerin Bettina von Jagow und Steger sprechen von einem „kommunikative[n] Ungleichgewicht", das diese Beziehung auf empfindliche Weise trifft.[13]

Der literaturwissenschaftliche Blick auf den biomedizinischen Fortschritt

Die moderne Biomedizin generiert auch die literarische Textproduktion, die es allen Mitgliedern einer Gesellschaft ermöglicht, sich mit solchen Thematiken auseinanderzusetzen – als Produzierender oder Rezipierender, aus einer Angst heraus oder aus Neugierde, als Verarbeitungsprozess oder als Hilfestellung. Elementar für die vorliegende Arbeit ist vor allem die Tatsache, dass auch die belletristische Verhandlung dieser Entwicklungen für Autor*innen eine besondere Anziehungskraft ausübt. Die resultierende Machbarkeit aus der Fusion der Disziplinen Gentechnik und Reproduktionsmedizin im Jahr 1997 rückte

---

[8] Florian Steger: *Vorwort*. In: Florian Steger (Hg.): *Medizin und Technik. Risiken und Folgen technologischen Fortschritts*. Münster 2013, S. 7–13, hier S. 7; Christiane Vogel: *Die Medical Humanities im Kontext des medizinischen Fortschritts. Der literarische Umgang mit ethisch relevanten Themen der modernen Medizin an Beispielen der Synthetischen Biologie und der ökonomischen Bewertung von Leben und Gesundheit*. In: Hans Lilie (Hg.): *Schriftenreihe Medizin-Ethik-Recht*. Bd. 52. Halle 2014, S. 60.

[9] Bauer: *Normative Entgrenzung* (Anm. 6), S. 81.

[10] Ebd., S. 79.

[11] Giovanni Maio: *Medizin ohne Maß. Vom Diktat des Machbaren zu einer Ethik der Besonnenheit*. Stuttgart 2014, S. 9.

[12] Friedrich Breyer, Peter Zweifel und Mathias Kifmann: *Gesundheitsökonomik*. 6. Aufl. Berlin 2013, S. 2f.

[13] Bettina von Jagow, Florian Steger: *Was treibt die Literatur zur Medizin? Ein kulturwissenschaflicher Dialog*. Göttingen 2009, S. 14.

beispielsweise die Dystopie *Schöne neue Welt* von Aldous Huxley aus dem Jahr 1932 weg von einer bloßen (düsteren) Zukunftsfantasie hin ins Rampenlicht der faktenbasierten Wissenschaften des ausgehenden 20. Jahrhunderts. Diese fantastischen Parallelen, die sich aus der Kombination realer Begebenheiten und fiktionaler Bearbeitung ziehen lassen, dienen als Grundbaustein dieser Arbeit.

Das Klon-Schaf Dolly soll dieser Arbeit als Anlass dienen, um auf die Möglichkeiten einer post-Dolly Entwicklung im Bereich der Biomedizin zu schauen. Diesbezüglich soll insbesondere Dollys Bedeutung als biokulturelles Wesen hervorgehoben werden. Laut der US-amerikanischen Anthropologin Sarah Franklin ist die „Verwendung der Verschmelzung biokulturell dabei auf die Untrennbarkeit der neuen Biologien von den Bedeutungssystemen, die sie beide reproduzieren und von denen sie abhängig sind, zurückzuführen".[14] Eine solche Sichtweise kann dazu beitragen, Definitionsanpassungen in Bezug auf den Menschen, die Technologie und die Zukunft nicht nur zu identifizieren, sondern auch zu charakterisieren. Dies scheint im 21. Jahrhundert von großer Bedeutung, denn „Leben, Welten, Wissen, Ökonomien und [nicht zuletzt] Imaginationen werden öffentlich, explizit und sichtbar" neu geformt.[15]

Schwerpunktsetzung: Organtransplantation

Die künstlerische Auseinandersetzung mit der modernen hochtechnisierten Transplantationsmedizin stellt nicht nur verschiedene Körperkonzepte oder Motivgruppen dar, sie bearbeitet außerdem medizinethische sowie -rechtliche Aspekte des techno-wissenschaftlichen 21. Jahrhunderts. In Fiktionen werden diesbezüglich eine Vielzahl an Szenarien verhandelt, die danach fragen, wie mit der mangelnden Zahl der zur Verfügung stehenden transplantierbaren Organe umgegangen werden kann. Diese (Aushandlungs-)Szenarien, die unter 2.4 differenziert anhand der Kategorien organisiertes Verbrechen, menschliche Ersatzteillager und technologische Überbrückung betrachtet werden, dienen dieser Arbeit als Grundgerüst, via der belletristischen Auseinandersetzung die Grenzen des Kunst-Wissenschaft-Spektrums zu verhandeln.

Krimiautor*innen machen sich das organisierte Verbrechen zu Nutze, beispielsweise in Form von Organraub-Narrativen, die stigmatisierte Randgruppen als Organlieferant*innen auf der einen und bessergestellte Empfänger*innen auf der anderen Seite in den Fokus nehmen. Die hierbei illegal handelnden Akteur*innen bereichern sich an einem korrupten, menschenverachtenden, oft unter einem Deckmantel agierenden System.

Romanautor*innen entwerfen mitunter düstere Szenarien, die sich mit der Metapher des menschlichen Ersatzteillagers auseinandersetzen. Was Menschen zu Ersatzteillagern werden lässt, liegt in den Fiktionen in gesellschaftlichen oder innerfamiliären Verstrickungen begründet. Die oft entmenschlichende Repräsentation der Organübertragung geht mit einer Fremdbestimmung der Spender*innen einher. In Szenarien, bei denen das Ersatzteil auf ein Familienmitglied übertragen werden soll, spielen jedoch auch das symbolhafte Geschenk oder der Aspekt der Rettung eine Rolle. Demzufolge lassen sich mehrere Lesarten identifizieren.

---

[14] Sarah Franklin: *Dolly Mixtures. The Remaking of Genealogy.* Durham, London 2007, S. 3 (eigene Übersetzung).

[15] Ebd., S. 3f. (eigene Übersetzung).

Ein dritter Ansatz, der als Lösung für den vorherrschenden Organmangel in der literarischen Bearbeitung verhandelt wird, zeigt sich im Rahmen einer biotechnologischen Überbrückung, die sich sowohl auf den künstlichen Organersatz als auch auf die Kaltlagerung des erkrankten Organismus (Kryokonservierung) bezieht. Der menschliche Körper wird durch diese endo- und exogenen Interventionen an seine Grenzen gebracht.

1.2 Forschungsstand

> Als ich jung war, mußte man Naturwissenschaften, Medizin und Biologie, kennenlernen, in sich hineindenken, um überhaupt an die Fragen der Gegenwart heranzukommen. Damals waren die Geisteswissenschaften noch reine Philologie. Wenn Sie die Zeit erkennen wollten, ihr nahe kommen wollten, mussten Sie Naturwissenschaften studieren.[16]

Was der Arzt und Schriftsteller Gottfried Benn (1886–1956) hier in Bezug auf eine fehlende Interdisziplinarität der Fächer und ein damit einhergehendes problematisches Zeitverständnis kritisiert, ist heute – erfreulicherweise – größtenteils überwunden. Die „Erweiterung (und Hinterfragung) des Verständnisses von Medizin als eine rein objektive und evidenz-basierte Wissenschaft in Richtung einer Medizin, die den Menschen als Körper und Geist sowie medizinische Praxis als Wissenschaft und Heilkunst anerkennt",[17] öffnet Tür und Tor für eine inter- und transdisziplinäre Auseinandersetzung und mögliche Beantwortung der Fragen der Gegenwart. Im Zentrum dieser Arbeit steht eine solche fruchtbare Herangehensweise, die sich mit gegenwärtigen Entwicklungen der Biomedizin und somit mit Fragen dieser Zeit, literaturwissenschaftlich auseinandersetzt und Aussagen über mögliche zukünftige gesellschaftliche Verarbeitungsprozesse, Einflussnahmen und Strategien zulässt. Während die Interdisziplinarität die Verknüpfung von verschiedenen wissenschaftlichen Disziplinen in kollegialer Zusammenarbeit im Sinne einer fächerübergreifenden, offenen Verständigung meint, ist unter dem Begriff der Transdisziplinarität sowohl der Wissenstransfer in die Gesellschaft gemeint als auch das Einbinden eines hochschulexternen Blicks in die eigene Disziplin. Beide Ausrichtungen können einen dynamischen Brückenschlag zwischen Wissenschaft und Gesellschaft erwirken.

Medical Humanities

> Die naturwissenschaftliche Medizin steht heute bei allen unbezweifelbaren Erfolgen vor ihrer anthropologischen Herausforderung [...], die psycho-physische und sozial-kulturelle

---

[16] Gottfried Benn: *Rundfunkgespräch mit Joachim von Bernstorff.* In: Holger Hof (Hg.): *Gottfried Benn: Sämtliche Werke.* Bd. 7. Stuttgart 2003, S. 277–280, hier S. 277.

[17] Anita Wohlmann: *Narrative Medizin: Theorie und Praxis in den USA und Deutschland.* In: Christa Jansohn, Florian Steger (Hg.): *Jahrbuch Literatur und Medizin.* Bd. 8. Heidelberg 2016, S. 181–204, hier S. 182f.

Natur des Menschen mit den Naturwissenschaften und der Technik in Verbindung zu bringen.[18]

Die Aufgabe, der sich laut Wissenschafts- und Medizinhistoriker Dietrich von Engelhardt die heutige Biomedizin stellen muss, verdeutlicht die Bedeutung und vor allem die Notwendigkeit einer Verschmelzung von Natur- und Geisteswissenschaften im Sinne einer Horizonterweiterung, wie sie sich auch Benn gewünscht hätte. Das interdisziplinäre Forschungsfeld der Medical Humanities bietet eine solche Plattform, von der aus Missstände betrachtet, positive wie negative Potenziale erkannt und in Form produktiver Kritik geäußert werden können.[19] Die Medical Humanities – im US-amerikanischen und britischen Raum bereits seit Jahrzehnten auf dem Vormarsch – gewinnen zunehmend in Deutschland an Popularität. Es handelt sich um ein dynamisches Wissenschaftsfeld, welches durch Ausdifferenzierungen gekennzeichnet ist, die „für die Beantwortung unterschiedlicher Problemstellungen auf neue, ungewöhnliche Ansätze [zurückgreifen]".[20] Durch den interdisziplinären Charakter und damit das Einbezogensein einer Vielzahl von akademischen Disziplinen und Theorien können sich Synergien auf den verschiedensten Ebenen ergeben. Zu denken ist hier unter anderem an die künstlerische Nutzbarmachung in der Therapie, an die transdisziplinär-bedingte Übermittlung bedeutender Auskünfte hinsichtlich gesundheitsfördernder beziehungsweise -schädlicher Maßnahmen oder die gewinnbringende Integration der verschiedenen Medical Humanities-Ansätze in das Curriculum, in die Ausbildung von Health Professionals.[21] Aus dieser Komplexität heraus entsteht nicht nur eine Brücke zwischen Medizin und Gesellschaft, sondern auch der Raum für Reflexion – sei es über Fortschritt, Machbarkeit, ethische Grenzen und nicht zuletzt über sich selbst.

Als sich in den USA der späten 1960er Jahre die Medical Humanities herausbildeten, wurde dies vor allem mit der allgemeinen Sorge bezüglich des zunehmenden Einsatzes technischer Geräte und der oft damit einhergehenden alarmierenden Tendenz der Depersonalisierung in der medizinischen Praxis in Verbindung gebracht. Es handelte sich um eine Gruppe von Reformator*innen aus der Theologie und Krankenhausseelsorge, um Klinikärzt*innen und Philosoph*innen, die ein neues intellektuelles Feld generierten und dabei eine Verbindung zwischen humanistischen Idealen und der professionellen Praxis in der Alltagswelt ihrer Zeit anstrebten.[22] In der Tat sind die Center for Medical Humanities fest in der US-amerikanischen universitären Landschaft verankert. Wenn auch verzögert, befindet sich Deutschland durch verschiedene Initiativen auf einem vielversprechenden Weg, wenn es um die Integration der Geisteswissenschaften in die medizinische

---

[18] Dietrich von Engelhardt: *Der Beitrag der Literatur und Künste für eine moderne und humane Medizin (Medical Humanities). Kontext – Erfahrungen – Dimensionen – Perspektiven.* In: Pascal Fischer, Mariacarla Gadebusch Bondio (Hg.): *Literatur und Medizin – interdisziplinäre Beiträge zu den Medical Humanities.* Heidelberg 2016, S. 21–52, hier S. 21.

[19] Vogel: *Medical Humanities* (Anm. 8), S. 60.

[20] Mita Banerjee: *Biologische Geisteswissenschaften. Von den Medical Humanities zur Narrativen Medizin. Eine Einführung.* Heidelberg 2021, S. 179.

[21] Vogel: *Medical Humanities* (Anm. 8), S. 3.

[22] Ronald A. Carson: *Engaged Humanities. A Moral Work in the Precincts of Medicine.* In: *Perspectives in Biology and Medicine* 50 (2007), S. 321–333, hier S. 321f.

Ausbildung geht. Ein diesbezüglich wichtiger Schritt war die Einrichtung des Querschnittbereichs Q2 Geschichte, Theorie und Ethik der Medizin (GTE) als obligaten Bestandteil des medizinischen Ausbildungscurriculums. Dadurch ist in Deutschland seit 2002 die Möglichkeit gegeben, den Studierenden ein ganzheitliches Bild von Medizin als Handlungspraxis via geistes- und kulturwissenschaftlicher Methoden zu vermitteln. Weitere Initiativen, die in diese Richtung wirken, werden durch engagierte Menschen auf den Weg gebracht und weiterentwickelt. So manifestiert sich das Interesse unter anderem in neu gegründeten Vereinigungen, Forschungsnetzwerken, Förderungsmöglichkeiten und Publikationen.

Literatur und Medizin

Ein Teilbereich der Medical Humanities – Literatur und Medizin – soll für diese Arbeit von besonderer Bedeutung sein. Die Literatur dient als Untersuchungsgegenstand, welcher in der Lage ist, eine zukünftige Entwicklung vorwegzunehmen[23] beziehungsweise „seismographisch zukünftige Entwicklungen [zu] antizipieren"[24] sowie „die Grundsituation der Medizin in ihrer Konkretheit und Symbolik [darzustellen]".[25] Dazu gehören durchaus auch kritische Manifestationen, die sich auf besorgniserregende Entwicklungen stützen und so als Sprachrohr dienen. Sie diktieren nicht mit erhobenem Zeigefinger eine bestimmte Richtung, sondern regen primär einen Meinungs- und Erfahrungsaustausch an. Laut der Amerikanistin Mita Banerjee agiert die Literaturwissenschaft hierbei „als Übersetzende, als Wissenschaft[], die zur Erklärung der Bedeutung eines bestimmten Primärwerkes beitragen und es durch diese Entschlüsselung einer breiten Öffentlichkeit zugänglich machen [kann]".[26] Die Biowissenschaften als Motiv in der literarischen Auseinandersetzung sind kein neues Phänomen, so wie sich umgekehrt die Biowissenschaften regelmäßig der Literatur behelfen.[27] Carl Djerassi (1923–2015), Chemiker und Schriftsteller, bekannt als Vater der Pille, sieht einen „lehrreichen Mehrwert" in seiner eigens geschaffenen Literatur-Sparte *science-in-fiction*, also Wissenschaft in Romanform, mit deren Tetralogie er „einer naturwissenschaftlich ungebildeten Leserschaft zentrale Forschungsthemen in verständlicher Sprache nahe zu bringen [versucht]".[28] Mit Verweis auf die zweite Wechselbeziehung spricht der Medien- und Kommunikationswissenschaftler

---

[23] Dietrich von Engelhardt: *Medizin in der Literatur der Neuzeit*. Bd. 1. Hürtgenwald 1991, S. 14.

[24] Dietrich von Engelhardt: *Medizin und Dichtung (Neuzeit)*. In: Werner E. Gerabek, Bernhard D. Haage, Gundolf Keil, Wolfgang Wegner (Hg.): *Enzyklopädie Medizingeschichte*. Berlin, New York 2005, S. 933–938, hier S. 937.

[25] Dietrich von Engelhardt: *Geleitwort*. In: Bettina von Jagow, Florian Steger (Hg.): *Literatur und Medizin. Ein Lexikon*. Göttingen 2005, Sp. 1–6, hier Sp. 4.

[26] Banerjee: *Biologische Geisteswissenschaften* (Anm. 20), S. 134.

[27] Dietrich von Engelhardt: *Vom Dialog der Medizin und Literatur im 20. Jahrhundert*. In: Bettina von Jagow, Florian Steger (Hg.): *Repräsentationen. Medizin und Ethik in Literatur und Kunst der Moderne*. Heidelberg 2004, S. 21–40, hier S. 39.

[28] Ingrid Gehrke: *Der intellektuelle Polygamist. Carl Djerassis Grenzgänge in Autobiographie, Roman und Drama*. Berlin 2008, S. 78.

Sven Stollfuss im Umkehrschluss von einer nachhaltigen Beeinflussung populärkultureller Ressourcen „auf medizinwissenschaftliche ‚Denkkollektive' und ‚Denkstile'".[29] Beide Konstellationen dienen nicht nur Wissenschaftler*innen, Ärzt*innen oder Schriftsteller*innen als Hilfestellung, sondern jeder interessierten Leserschaft, die sich mit besagter Materie auseinandersetzt und Platz einräumt für eine „Innenansicht eines sonst verborgenen Lebensbereiches".[30] Es zeichnet sich ein Literaturbestand als Reaktion auf konkrete bioethische Debatten ab, wobei Möglichkeiten der Reproduktionsmedizin und die Krise der Organspende hier hoch im Kurs stehen.[31] Es nimmt nicht wunder, dass diese Diskurse einen entscheidenden Einfluss auf „gesamtgesellschaftliche Rede- und Denkweisen, die Ursprung und Gestaltung von Leben und Bewusstsein betreffen", haben.[32] Diese Tatsache spiegelt sich auch in der Literatur als „interaktives Speichermedium von Lebenswissen [wider], das nicht zuletzt Modelle von Lebensführung simuliert und aneignet, entwirft und verdichtet und dabei auf die unterschiedlichsten Wissenssegmente und wissenschaftlichen Diskurse zurückgreift".[33] So bezieht die Literatur diese Thematiken immer häufiger mit ein.[34]

Schnittstellen und Funktionen des literarisch-biomedizinischen Dialogs

Von Engelhardt hat passende Worte bezüglich der Relevanz der Schnittstellen des literarisch-biomedizinischen Dialogs gefunden: „Die Wiedergabe der Medizin in der Literatur [ist] eine Anregung für alle Menschen in ihrem Umgang mit Krankheit und Tod sowie den diagnostisch-therapeutischen Möglichkeiten der Medizin."[35] Sie verweist auch auf Gefahren und Risiken bezüglich „Spezialisierung, Technisierung und Anonymisierung der modernen Medizin und ihrer Institutionen, macht auf allgemeinere Strukturen und Hintergründe aufmerksam, verbindet Deskription mit Deutung, entwirft überzeitliche Ideen, Metaphern und Symbole"[36] und weist „auf den Verlust der Menschlichkeit hin."[37] Es sind diese Schnittstellen, denen insbesondere nach von Engelhardt, von Jagow und

---

[29] Sven Stollfuss: *Multivariate Wissensorganisation. Zur Popularisierung medizinischen Wissens zwischen Wissenschaft und Populärkultur.* In: Marcus S. Kleiner, Thomas Wilke (Hg.): *Populäre Wissenschaftskulissen. Über Wissenschaftsformate in Populären Medienkulturen.* Bielefeld 2018, S. 129–163, hier S. 130f.

[30] Peter Malina: *Die Welt der Wissenschaft in der Literatur. Ein anderer Zirkus?* In: Wendelin Schmidt-Dengler (Hg.): *Fiction in Science – Science in Fiction. Zum Gespräch zwischen Literatur und Wissenschaft.* Wien 1998, S. 105–134, hier S. 107.

[31] Richard F. Storrow: *Therapeutic Reproduction and Human Dignity.* In: *Law & Literature* 21 (2009), S. 257–274, hier S. 257.

[32] Corina Caduff, Ulrike Vedder: *Vorwort.* In: Corina Caduff, Ulrike Vedder (Hg.): *Chiffre 2000 – Neue Paradigmen der Gegenwartsliteratur.* München 2005, S. 7–12, hier S. 8.

[33] Ottmar Ette: *Literaturwissenschaft als Lebenswissenschaft. Eine Programmschrift im Jahr der Geisteswissenschaften.* In: Wolfgang Asholt, Ottmar Ette (Hg.): *Literaturwissenschaft als Lebenswissenschaft. Programm – Projekte – Perspektiven.* Tübingen 2010, S. 11–38, hier S. 17f.

[34] Corina Caduff: *Die Literatur und das Problem der Zweiten Schöpfung.* In: Caduff, Vedder (Hg.): *Chiffre 2000* (Anm. 32), S. 27–42, hier S. 27f.

[35] von Engelhardt: *Vom Dialog der Medizin* (Anm. 27), S. 39.

[36] von Engelhardt: *Medizin in der Literatur der Neuzeit* (Anm. 23), S. 19.

[37] von Engelhardt: *Geleitwort* (Anm. 25), Sp. 2.

Steger bestimmte Funktionen zugeschrieben werden können. Auf einige dieser Funktionen des literarisch-biomedizinischen Dialogs soll im Folgenden im Sinne eines Modells von Funktionsdimensionen (Tab. 1) näher eingegangen werden:

1	Literarische (fiktionale) Funktion der Medizin[38]	- Beitrag der Medizin für werkbezogene oder literaturwissenschaftliche Interpretation (insbesondere *close reading*) - Medizinische Kenntnisse können zum Verständnis des literarischen Textes beitragen - Erschließung literarischer Interpretationen über Medizingeschichte
2	Medizinische (szientifische) Funktion der Literatur[39]	- Literatur als Medium zur Verbreitung medizinischer Kenntnisse - Relevanz für medizinische Ausbildung und Aufklärung, didaktische Hilfestellungen, Beschreibungsinventare von Krankheiten - Förderung der Empathiefähigkeit, Verbesserung der Kernkompetenzen
3	Genuine (bildende) Funktion der literarisierten Medizin[40]	- Funktion der Literatur für ein allgemeines Verständnis der Medizin durch Ideen, Metaphern und Symbole (Repräsentation) - Allgemeiner Zugang zur Welt der kranken Person (Subjektivität) und zum Selbstverständnis des ärztlichen Personals und ihres Tuns - Wiedergabe der Medizin in der Literatur als Anregung für alle Menschen in deren Umgang mit Krankheit und Tod sowie mit dem diagnostisch-therapeutischen Möglichkeiten der Medizin - Literatur weist auf Gefahren und Risiken der Medizin, auf Technisierung und Anonymisierung, auf Verlust von Menschlichkeit hin - Literatur lässt Zusammenhänge medizinischer Phänomene mit anderen Wirklichkeitsbereichen und anderen Wissenschaften deutlich werden - Literatur als repräsentatives Dokument der öffentlichen Einstellung
4	Retardierende Funktion der Literatur (Entschleunigung)[41]	- Literatur macht auf Bedeutung der Entschleunigung aufmerksam - Innehalten, um Informationen aufzunehmen, diese zu verstehen und kritisch in Frage zu stellen; Literatur sorgt für diese Retardation

Tab. 1 Schnittstellen von Literatur und Medizin und deren Funktionen nach von Engelhardt, von Jagow und Steger (eigene Zusammenstellung)

[38] von Engelhardt: *Medizin und Dichtung* (Anm. 24), S. 934.
[39] Ebd.; von Engelhardt: *Medizin in der Literatur der Neuzeit* (Anm. 23), S. 12.
[40] von Engelhardt: *Medizin in der Literatur der Neuzeit* (Anm. 23), S. 12.
[41] von Jagow, Steger: *Was treibt die Literatur zur Medizin* (Anm. 13), S. 36.

Die Schnittstellen von Literatur und Biomedizin sowie deren Funktionen, die in dieser Arbeit näher betrachtet und untersucht werden, können in der Öffentlichkeit dazu beitragen, einen Dialog anzuregen. Nicht alles, was (biomedizinisch) machbar ist, ist unbedingt erstrebenswert oder gut. „Die Tabus von gestern [sind] die [...] Selbstverständlichkeiten von heute", postuliert Philosoph und Wirtschaftswissenschaftler Hartmut Kliemt diesbezüglich treffend.[42] Es sind vor allem belletristische Werke (beispielsweise Science-Fiction, Dystopien und Thriller), die einen solchen Einfluss ausüben beziehungsweise auf die Rezipierenden übertragen können. Eine Annährung geschieht hier nicht über die rein szientifische Biomedizin an sich, sondern über die fiktionale Auseinandersetzung mit ihr im Rahmen belletristischer Bearbeitung. Banerjee spricht von einem „literarische[n] Labor", einem „imaginären Simulationsraum, in dessen Rahmen soziale Handlungsmuster ausprobiert, eingeübt oder wieder verworfen werden können".[43] Es handelt sich im weiteren Sinne um den Kontext, der sich aus biomedizinischer Kreativität herauskristallisiert und der laut der Geschlechterforscherin Susan Merrill Squier aufmerksam macht für die vielfachen Formen szientifischen Ideenreichtums. Dieser findet sich nicht nur in systematisch-experimentellen Wissenschaften, sondern auch in Bildern, Phantasien, Spekulationen und Fiktionen.[44] Wie beispielsweise in einer Dystopie kann der Plot „über die Gegenwart und die Realität hinaus" um den aktuellen Wissenschaftsstand mit seinem mehr oder weniger erkennbaren Auswirkungen konstruiert werden.[45] So lassen sich grundlegende Fragen und Problematiken einer Gesellschaft sukzessive mit den neuen Entwicklungen in Verbindung setzen, wobei sich „fiktionale Möglichkeitsräume des ‚Was wäre wenn' [eröffnen], die tatsächlich mehr über die Gegenwart aussagen, als über mögliche Zukunftsverläufe".[46] Dystopien führen demzufolge „das in der Gesellschaft vorhandene negative Potential vor Augen [und] reagier[en] expliziter auf bestehende oder sich abzeichnende sozio-politische Mängel" – sie warnen somit „vor möglichen Auswüchsen zeitgenössischer Entwicklungen".[47]

---

[42] Hartmut Kliemt: *Zur Kommodifizierung menschlicher Organe im freiheitlichen Rechtsstaat.* In: Jochen Taupitz (Hg.): *Kommerzialisierung des menschlichen Körpers.* Berlin, Heidelberg, New York 2007, S. 95–108, hier S. 107.

[43] Banerjee: *Biologische Geisteswissenschaften* (Anm. 20), S. 29; Mita Banerjee: *Literature, Simulation, and the Path Towards Deeper Learning.* In: Olga Zlatkin-Troitschanskaia (Hg.): *Frontiers and Advances in Positive Learning in the Age of InformaTiOn (PLATO).* Cham 2019, S. 41–55.

[44] Squier: *Liminal Lives* (Anm. 7), S. 14f.; Monika Margarethe Raml: *Der ‚homo artificialis' als künstlerischer Schöpfer und künstliches Geschöpf. Gentechnologie in Literatur und Leben.* Würzburg 2010, S. 70.

[45] Katja Kailer: *Science Fiction. Gen- und Reproduktionstechnologie in populären Spielfilmen.* Berlin 2011, S. 19.

[46] Ebd., S. 21f.; Vogel: *Medical Humanities* (Anm. 8), S. 8.

[47] Elena Zeißler: *Dunkle Welten. Die Dystopie auf dem Weg ins 21. Jahrhundert.* Marburg 2008, S. 9, 19, 31.

Die szientifische Funktion der Literatur

Das vielversprechende Potenzial, welches sich hinter dem Begriff der Medical Humanities verbirgt, ist vor allem hinsichtlich der Ausbildung von angehenden Ärzt*innen hervorzuheben. Der Nutzen der Humanities in der medizinischen Ausbildung versteht sich vor allem in der Entwicklung und Verbesserung von Kernkompetenzen (Kommunikationsfähigkeit, Einfühlungsvermögen, Selbstreflexion), wie sie auch Rita Charon, Ärztin und Literaturwissenschaftlerin sowie Pionierin des Forschungsfeldes der Narrativen Medizin, welches sie als Gründerin und geschäftsführende Programmdirektorin an der Columbia University in New York mitgestaltet, hervorhebt.[48] Diese Fähigkeiten sind während der Assistenzzeit und der fachlichen Ausbildung von Ärzt*innen vor allem hinsichtlich des Umgangs mit Patient*innen obligat. Steger fasst diese Funktion als „Beschreibungsinventare von Krankheiten", als didaktische Hilfestellungen um „angehenden Medizinern durch literarische Darstellungen Verständnis von Kranksein und Sensibilität zu vermitteln" und als „konkreten therapeutischen Wert" zusammen.[49] Nach ihm muss ein Bewusstsein dafür geschaffen werden, dass sich individuelles Leiden nicht durch Messwerte oder Röntgenbilder allein begreifen lässt. Die naturwissenschaftlich quantifizierende Medizin muss in sinnvoller Weise ergänzt werden, „um Raum zu schaffen für das Gegenüber, um in die Rollen zu schlüpfen, Gefühle zu erleben und nachzuempfinden, wie es dem anderen gehen mag"[50] und um „zu mehr Empathie und zu mehr Menschlichkeit in der Medizin bei[zu]tragen".[51] Literarische Texte können nicht nur dabei unterstützen, für die soziale Dimension des ärztlichen Handelns zu sensibilisieren, sie können ebenfalls vor Augen führen, wie ein konkretes, richtiges oder gutes Verhalten sowohl in der Medizin als auch in der Gesellschaft aussehen kann. Die Auseinandersetzung mit Literatur kann auf konfliktträchtige Fragen und Probleme aus der ärztlichen Praxis aufmerksam machen, was wiederum zu einer ethischen Reflexion führt. Dadurch können eigene Werthaltungen geklärt und die Lebenswelt modellhaft erfahren werden. Der Theologe Dietmar Mieth spricht in diesem Zusammenhang davon, dass sich der Mensch beim Literatur lesen und verstehen im Hinblick auf Moral entdeckt.[52]

In einem Beitrag mit dem Titel *Artistic Enhancement. Literature and Film as Mirror and Means of Human Enhancement* geht die Literaturwissenschaftlerin Katharina Fürholzer unter anderem der Frage nach, welches Potenzial die künstlerische Auseinandersetzung in Bezug auf die Stärkung ausgewählter gesellschaftlicher Gruppen (hier: Mitglieder von Klinischen Ethikkomitees, Ärzt*innen und Patient*innen) hat. Wie der Titel bereits verrät, spricht sie der Kunst selbst eine moralische Enhancement-Funktion zu.

---

[48] Rita Charon: *Narrative Medicine. Honoring the Stories of Illness.* Oxford, New York 2006; Rita Charon et al. (Hg.): *The Principles and Practice of Narrative Medicine.* New York 2016. Columbia University Irving Medical Center. Division of Narrative Medicine. Department of Medical Humanities and Ethics. https://www.mhe.cuimc.columbia.edu/our-divisions/division-narrative-medicine (abgerufen am 13.11.2021).

[49] Florian Steger: *Literatur und Medizin.* In: *KulturPoetik* 5 (2005), S. 111–118, hier S. 111.

[50] Florian Steger: *Für mehr Literatur im Sinne einer verstehenden Medizin!* In: Jansohn, Steger (Hg.): *JLM* 8 (Anm. 17), S. 213–234, hier S. 233.

[51] Ebd., S. 231.

[52] Dietmar Mieth: *Literaturethik als narrative Ethik.* In: Karen Joisten (Hg.): *Narrative Ethik. Das Gute und das Böse erzählen.* Berlin 2007, S. 215–233, hier S. 218, 232f.

There are a number of fields where enhancing moral competences seems particularly rewarding, the health care system being one of them. Within this field, being capable of changing perspectives and empathize with others is indispensable for leading stable communications and relationships with colleagues, patients or relatives. Above that, said skills are also key for engaging in ethical deliberations, which is one of the central tasks of all those who work in medical research and patient care. Working with literature or films seems promising in this regard, as artistic forms of expression can themselves be seen as a means that can lead to such moral enhancement.[53]

Reflexivität

Im Folgenden soll auf die szientifische Funktionsdimension des literarisch-biomedizinischen Dialogs mit Bezug auf die Reflexivität – die Möglichkeit des Sichrückbeziehens – eingegangen werden. Literarische Fiktionen setzen sich laut der Literaturwissenschaftlerin Irmela Marei Krüger-Fürhoff

> nicht nur inhaltlich mit wissenschaftlichem Fortschritt auseinander, sondern sind dort, wo sie Fragen nach dem Wesen und der Zukunft des Menschen stellen, selber an Erkenntnisprozessen beteiligt, indem sie als Spiegelungs- und Reflexionsraum der soziokulturellen Kontexte und ethischen Folgen von Wissenschaft fungieren. [Die literarischen Fiktionen] sind in der Lage, gesellschaftliche Phänomene zu reflektieren, ohne daraus [...] unmittelbare Handlungsanleitungen abzuleiten. Gerade weil Literatur keine eindeutige Position beziehen muss, sondern Ambivalenzen und Widersprüche stehen lassen, ja explizit ausstellen kann, fungiert sie als bevorzugter Ort für die Aushandlung von kulturellen Ängsten und Hoffnungen sowie ethischen Konflikten, die mit neuen naturwissenschaftlich-medizinischen Möglichkeiten [...] verbunden sind.[54]

Die Möglichkeit der Reflexivität beinhaltet laut dem Soziologen Ulrich Beck zwei sich überlappende aber eindeutig verschiedene Bedeutungen:

(1) Wissen oder Reflexion über den Prozess der Modernisierung (einschließlich seiner Grundlagen, Konsequenzen und Probleme, die damit einhergehen); und
(2) Ergründen der unbeabsichtigten Konsequenzen, die mit der Moderne einhergehen, oder was wir nicht vorhergesehen, nicht gewusst oder bemerkt haben.[55]

Während die erste Bedeutung sich auf die institutionelle Reflexivität bezieht, „die Verbreitung von wissenschaftlichem und fachlichem Wissen über die Grundlagen gesell-

---

[53] Katharina Fürholzer: *Artistic Enhancement. Literature and Film as Mirror and Means of Human Enhancement.* In: Andrzej M. Kaniowski, Florian Steger (Hg.): *Human Enhancement. Acta Universitatis Lodziensis. Folia Philosophica. Ethica – Aesthetica – Practica* 32 (2018), S. 71–85, hier S. 80.
[54] Irmela Marei Krüger-Fürhoff: *Verpflanzungsgebiete. Wissenskulturen und Poetik der Transplantation.* München 2012, S. 26f.
[55] Ulrich Beck: *World Risk Society.* Cambridge 1999, S. 108.

schaftlichen Handelns," bezieht sich die zweite Bedeutung auf die systematische Reflexion der „unbewussten Voraussetzungen (Kategorien) unseres Wissens".[56] Mit der ersten Bedeutung wird laut Squier der Fortschritt dessen fokussiert, was wir hinsichtlich technischer Präzision wissen, mit der zweiten wird ein Schritt zurückgesetzt, um darüber nachzudenken, inwiefern unbewusste Kategorien das potenzielle Bewusstsein konstruieren, strukturieren, abgrenzen und einschränken. Auch wenn Fiktionen die technische Präzision unseres Wissens nicht zu vergrößern vermögen, können sie doch die unbewussten Kategorien, die unser Bewusstsein prägen, beleuchten.[57]

Die genuine Funktion der literarisierten Medizin

> Literatur kann […] als Medium der Speicherung und Verbreitung, Popularisierung und Ästhetisierung von außerliterarisch präexistenten literatur-*un*spezifischen ‚Wissensbeständen' fungieren und transportiert Propositionen dieses ‚Wissens' zugleich immer auch auf gattungs-, genre- oder auch einzeltextspezifische Weise.[58]

Die Auseinandersetzung mit den Künsten schließt so beispielsweise Patient*innen mit ein, die einen Weg suchen, sich mit ihrer Krankengeschichte respektive ihrem Leiden, Schmerzen und Ängsten auseinanderzusetzen und zu arrangieren. Nicht unbegründet postulierte der an Lungenkrebs verstorbene Aktionskünstler Christoph Schlingensief (1960–2010): „Wer seine Wunde zeigt, dessen Seele wird gesund".[59] Literatur agiert folglich als heilende Kraft – zum einen, für die Rezipierenden, die ihre ästhetischen Qualitäten, facettenreichen Themen und didaktischen Merkmale zur Unterhaltung und zur Entspannung nutzen, um gleichzeitig ihre eigene Position in der Gesellschaft besser zu verstehen. Zum anderen für die Autor*innen, welche durch das Schreiben von Narrativen versuchen ihre eigene Körperlichkeit und Emotionalität auszudrücken.[60] Laut von Engelhardt steigert „[d]ie Ohnmacht der Medizin […] die Macht der Kunst, die ohnehin zutiefst von der Endlichkeit aller Wirklichkeit lebt".[61] Dies wird besonders deutlich in biographischen Erzählungen von Patient*innen (beispielsweise Journals und Pathographien), die durch das Verschriftlichen ihr individuelles Erleben von Diagnose, Therapie, Prognose und Körper(dys)funktion besser bewältigen können. So setzen sie sich in einer Lebenskrise mit

---

[56] Beck: *World Risk Society* (Anm. 55), S. 111 (eigene Übersetzung).

[57] Squier: *Liminal Lives* (Anm. 7), S. 266.

[58] Claus Michael Ort: *Das Wissen der Literatur. Probleme einer Wissenssoziologie literarischer Semantik.* In: Tilmann Köppe (Hg.): *Literatur und Wissen. Theoretisch-methodische Zugänge.* Berlin, New York 2011, S. 164–191, hier S. 184.

[59] Christoph Schlingensief: *So schön wie hier kanns im Himmel gar nicht sein! Tagebuch einer Krebserkrankung.* 5. Aufl. München 2010, S. 197.

[60] Carmen Birkle: *Communicating Disease. An Introduction.* In: Carmen Birkle, Johanna Heil (Hg.): *Comunicating Disease. Cultural Representations of American Medicine.* Heidelberg 2013, S. ix–xxxiv, hier S. xxvi.

[61] Dietrich von Engelhardt: *Der Kranke und seine Krankheit in der Literatur.* In: Wilhelm Dörr et al. (Hg.): *Der Mensch in seiner Eigenwelt. Anthropologische Grundfragen einer Theoretischen Pathologie.* Berlin, Heidelberg 2013, S. 29–51, hier S. 30.

sich selbst auseinander und können unter Umständen für andere Betroffene oder Angehörige eine Stütze, ein Vorbild sein. In diesem Kontext verbindet autobiographisches Schreiben zwei Aspekte: es ist „ein wesentlicher Bestandteil eines lebenslangen Prozesses der Identitätsbildung"[62] während es gleichzeitig deutlich zu einem „Anstieg in Bezug auf die Sichtbarkeit von Krankheit und Behinderung [beitragen kann]".[63] An dieser Stelle möchte ich beispielhaft auf das Krebstagebuch *Auf Leben und Tod* (1980) von Audre Lorde, auf Susan Sontags *Krankheit als Metapher* (1978) und Wolfgang Herrndorfs *Arbeit und Struktur* (2013) verweisen.

1.3 Methodik und Primärliteratur

Die hier untersuchte Literatur, verstanden als „Wissensressource" und „ästhetisches Kunstwerk" zugleich,[64] wird unter Zuhilfenahme der etablierten Lektüreverfahren des *close-* und *wide readings* in den Blick genommen. Das damit verbundene „nah ran an den Text"[65] wird ergänzt durch eine textexterne Dimension, um dem nachzuspüren, was nach Literatur- und Kulturkritiker Stephen Greenblatt „gleichsam nur an den Rändern des Textes erhascht werden kann"[66]. Neben den Textdetails und ästhetischen Elementen der Romane wird auf diesem Weg auch der nicht-literarischen Ko-Lektüre ein Platz eingeräumt. Dieses kombinierte Verfahren, welches Werk und Kontext als Verbund versteht, bewegt sich auf derselben interpretativen Ebene und arbeitet mit einem Verständnis von Verhandlung und Zirkulation.[67] Eine solche Interpretationsarbeit interessiert sich für das Herausarbeiten von Beziehungen, die sich zwischen dem literarischen Text (Kunst) und der Ko-Lektüre (Wissenschaft) verorten.[68] Darin eingeschlossen sind ebenfalls „die Mikro-Transaktionen, die zwischen Literatur, Kultur und Gesellschaft auf der Ebene von Texten stattfinden".[69]

---

[62] John Paul Eakin: *Living Autobiographically. How We Create Identity in Narrative.* Ithaca 2008, S. 34 (eigene Übersetzung).

[63] Tanja Reiffenrath: *Memoirs of Well-Being. Rewriting Discourses of Illness and Disability.* Bielefeld 2016, S. 11 (eigene Übersetzung).

[64] Anita Wohlmann: *Literatur in Zeiten der Krise. Vom Sinn des Lesens.* In: *Leidfaden* 4 (2020), S. 59–63, hier S. 63.

[65] Ebd.

[66] Stephen Greenblatt: *Verhandlungen mit Shakespeare. Innenansichten der englischen Renaissance.* Aus dem Amerikanischen von Robin Cackett. Frankfurt am Main 1993, S. 12.

[67] Anton Kaes: *New Historicism. Literaturgeschichte im Zeichen der Postmoderne?* In: Moritz Baßler (Hg.): *New Historicism. Literaturgeschichte als Poetik der Kultur.* Frankfurt am Main 1995, S. 251–267, hier S. 256.

[68] Wolfgang Hallet: *Methoden kulturwissenschaftlicher Ansätze: Close Reading und Wide Reading.* In: Vera Nünning, Ansgar Nünning (Hg.): *Methoden der literatur- und kulturwissenschaftlichen Textanalyse. Ansätze – Grundlagen – Modellanalysen.* Stuttgart 2010, S. 293–315, hier S. 296, 300, 304.

[69] Kaes: *New Historicism* (Anm. 67), S. 256.

Vorgehensweise bei der Auswahl der Primärliteratur

Die Zusammensetzung der Primärliteratur beruht auf drei Festlegungen: die nationale Herkunft der Autor*innen, der Zeitpunkt der Veröffentlichung sowie die Textsorte. Im Folgenden gehe ich auf alle drei Festlegungen näher ein. Dabei werden Informationen zum fiktionalen Genre sowie Ausführungen zu den variablen Parametern ergänzt.

*Herkunft der Autor*innen*

Die nationale Herkunft der Autor*innen beschränkt sich für die Zwecke dieser Arbeit auf Deutschland und die Vereinigten Staaten von Amerika. Diese Wahl lässt sich auf die Tatsache zurückführen, dass es sich hierbei um zwei der wichtigsten modernen westlichen Länder handelt und mit aufschlussreichen Einsichten in deren Einstellungen gegenüber dem biomedizinischen Fortschritt zu rechnen ist. Technisch wie wissenschaftlich betrachtet, handelt es sich um hoch entwickelte, wettbewerbs- und leistungsorientierte Industrienationen, die eine Pluralität an Wertvorstellungen, individuellen Wertprioritäten und Lebenszielen mit sich bringen. Neben grundsätzlichen Schnittmengen lassen sich themenspezifisch kennzeichnende Unterschiede herausarbeiten.[70] Diese sind auf unterschiedliche ethische, politische, institutionelle und öffentlich-kulturelle Positionen in Bezug auf verschiedenste Lebensentwürfe zurückzuführen. Diese Bedingungen, die sich im Spektrum von libertär bis restriktiv ansiedeln, müssen in der Analyse näher betrachtet werden. Beim *wide reading* werden Aspekte wie die der unterschiedlichen rechtlichen Bestimmungen, offiziellen Regelungen zur Organtransplantation, gesellschaftlichen Einstellungen zu Religiosität, Technikentwicklung, Risikokompetenz, Berufsethik sowie Gesundheits- und Sozialpolitik in Betracht gezogen.

Veröffentlichungszeitpunkt

In Bezug auf die Veröffentlichungszeitspanne der Primärliteratur werden rund zwanzig Jahre (1996–2016) abgedeckt. Sie verortet sich hauptsächlich im post-Dolly-Zeitraum bis 2016. Es handelt sich dementsprechend um Gegenwartsliteratur. Mit dieser Zeitspanne wird für die zwei Länder eine Rahmung gesetzt, die mit einer hochtechnisierten, pluralistischen Entwicklung in Verbindung steht. Gleichermaßen handelt es sich um eine Zeit, in der zunehmend „populäre[] Medien an der Prozessierung wissenschaftlichen Wissens" mitgewirkt haben.[71]

Textsorte

Bei den, der Analyse zugrunde liegenden, belletristischen Werken handelt es sich um nicht-kanonisierte Populärliteratur, die sich der Gattung Roman zuordnen lässt. Die Entscheidung für solche Werke als Untersuchungsgegenstand in dieser Arbeit ist vor dem

---

[70] Solveig Lena Hansen: *Alterität als kulturelle Herausforderung des Klonens. Eine Rekonstruktion bioethischer und literarischer Verhandlungen.* Münster 2016, S. 31.

[71] Stollfuss: *Multivariate Wissensorganisation* (Anm. 29), S. 130.

Hintergrund einer Ungebundenheit an ästhetische Traditionen und Konventionen[72] sowie eines Aufschwungs der Populärkultur[73] zu verstehen. Nur so lassen sich Rückschlüsse über die gegenwärtige Literaturlandschaft an der ohnehin fragilen Grenze von dem was als populär und dem was als elitär gilt, ziehen.[74] Die Vermischung von Kunst und Unterhaltung fließt mehr und mehr in das alltägliche Leben ein.[75] Eine Entwicklung, die durch die Digitalisierung, beispielsweise in Form von Blogs und anderen Online-Plattformen, angefacht wird. Auch dies ist ein Ansinnen der Medical Humanities, weshalb eine wissenschaftliche Untersuchung diesbezüglich besonders lohnend erscheint. Auf welche Art und Weise der biomedizinische Fortschritt in der Gesellschaft des 21. Jahrhunderts Anklang findet, zeigt sich laut Medienwissenschaftler Lars Schmeink vornehmlich in der Mainstream-Kultur und im populären Imaginären.[76] Stollfuss spricht von einer „Hybridität zwischen Wissenschafts- und Populärkultur".[77]

Genre Fiktion

> Die hier erzählte Geschichte ist erfunden. Alle Hinweise auf historische Ereignisse, reale Personen oder Schauplätze sind fiktiv. Namen, Charaktere, Schauplätze und Vorfälle entspringen der Fantasie des Autors. Jede Ähnlichkeit mit tatsächlichen Ereignissen oder Schauplätzen oder Personen, lebenden oder toten, ist absolut zufällig.[78]

Dieser Hinweis ist bei amerikanischen Romanen meist auf einer der ersten Seiten oberhalb der Verlagsangaben zu finden. Hier konnte er in deutscher Version zitiert werden, da im Rahmen der Übersetzung von Neal Shustermans *Unwind* auch dieser Teil mit übernommen wurde. Für deutsche Romane ist es unüblich, eigentlich auch für deutsche Übersetzungen.

Zutreffend für die analysierten Werke in dieser Arbeit ist das Genre der Fiktion in Form des Romans. Es handelt sich um erfundene Handlungen mit Personen, die in der realen Welt nicht existieren. Dies sind meist ein männlicher oder weiblicher Protagonist sowie die Antagonist*innen. Die Werke lassen sich mittels spezifischer Merkmale wie unter anderem Plot, Handlungsstrang, Themen, Motive und Charaktere unterscheiden. Weitere Genrespezifika werden sich durch die Ausrichtung der Subgenres ergeben.

---

[72] Heinz Geiger, Albert Klein, Jochen Vogt: *Trivialliteratur*. Opladen 1977, S. 10.
[73] Thomas Hecken: *Vorwort*. In: Thomas Hecken (Hg.): *Der Reiz des Trivialen. Künstler, Intellektuelle und die Popkultur*. Opladen 1997, S. 7–12, hier S. 8.
[74] Niels Werber: *Die Form des Populären. Zur Frühgeschichte fantastischer und kriminalistischer Literatur*. In: Hecken (Hg.): *Der Reiz des Trivialen* (Anm. 73), S. 49–86, hier S. 84.
[75] Hans-Otto Hügel: *Einführung*. In: Hans-Otto Hügel (Hg.): *Handbuch Populäre Kultur: Begriffe, Theorien und Diskussionen*. Stuttgart 2003, S. 1–22, hier S. 11.
[76] Lars Schmeink: *Biopunk Dystopias. Genetic Engineering, Society, and Science Fiction*. Liverpool 2016, S. 5f.
[77] Stollfuss: *Multivariate Wissensorganisation* (Anm. 29), S. 137.
[78] Neal Shusterman: *Vollendet*. Übersetzt von Ute Mihr und Anne Emmert. 2. Aufl. Frankfurt am Main 2016.

Variable Parameter

Variable Parameter in Bezug auf die Auswahl der Primärliteratur sind unter anderem das Alter, das Geschlecht oder die soziale Herkunft der Autor*innen. Des Weiteren gibt es keine Festlegungen bezüglich des Subgenres, so dass beispielsweise Dystopie, Krimi, Medizinthriller und Familiendrama in den Korpus eingeschlossen sind. Ferner handelt es sich bei der durch den Text angesprochenen Zielgruppe, die sich durch das Alter, das Geschlecht oder durch das Bildungsniveau differenzieren ließe, um keinen festen Parameter.

Die Auswahl der Primärliteratur ist auf die folgende Recherche zurückzuführen:

Online-Suchmaschinen, Datenbanken und Bibliothekskataloge

Google und Google Scholar kamen primär zum Einsatz, um mir einen Überblick zu verschaffen. Eine vertiefende beziehungsweise eingrenzende Suche hat dann über Plattformen wie beispielsweise ProQuest, Wiley und Project Muse stattgefunden. Bezüglich der Bibliothekskataloge kamen insbesondere der Gemeinsame Verbundkatalog (GVK) sowie Kataloge von Universitätsbibliotheken zum Einsatz.

Lexika

Hier ist insbesondere das Lexikon *Literatur und Medizin* herausgegeben von Bettina von Jagow und Florian Steger hervorzuheben.[79] Dieses knapp 500-seitige Lexikon bietet in rund 200 Stichwörtern einen sachlich-thematischen Zugang zu der Frage, wie medizinische Themen sich in der europäischen Literatur widerspiegeln. Die Beiträge, alphabetisch angeordnet von A wie Abtreibung (Sp. 13) bis Z wie Zwang (Sp. 868), verweisen auf die Schnittstellen von Literatur und Medizin, die hier in Themen, Begriffen und Krankheiten dargestellt und eines doppelten Blickes gewürdigt werden. Komplettiert wird das Lexikon durch ein Personen- und Werkregister sowie weiterführende Literaturhinweise, die sich jedem Beitrag anschließen. Eine überzeitliche Fundgrube, die als Basis zum Eindenken in die Medical Humanities mit besonderem Blick auf die Literatur im deutschsprachigen Raum dienen kann und sollte.

Anthologien

Als Ideengeber möchte ich hier folgende Werke in der Reihenfolge ihrer Veröffentlichung erwähnen: Hanna Kulessa veranschaulicht in ihrem Band *Herznaht* (Hamburg 2005) die Symbiose aus Literatur und Medizin in Bezug auf ein bestimmtes Spektrum: das der Doppelprofession sogenannter Ärzteliterat*innen. In der Anthologie *ICD-10 literarisch. Ein Lesebuch für die Psychiatrie* (Wiesbaden 2006) werden Aspekte der Psychiatrie und die Art, wie sie in der Literatur zurückstrahlen, von Gerhard Köpf einschlägig eingeführt und kommentiert. Florian Steger gibt in der Anthologie *Am Skalpell war noch Tinte* (Wiesbaden 2018) einen Einblick in die Erlebniswelt von Patient*innen, Angehörigen und medizinischem Fachpersonal und thematisiert damit sowohl die medizinische als

---

[79] von Jagow, Steger (Hg.): *Literatur und Medizin* (Anm. 25).

auch die literarische Auseinandersetzung mit Krankheit, Leiden, Sterben und Tod. Dietrich von Engelhardt lässt in Band III der *Medizin in der Literatur der Neuzeit* (Heidelberg 2018) im Rahmen einer Anthologie literarischer Texte die Literatur selbst zu Wort kommen. Dabei fokussiert er auf Erzählungen und Romanauszüge, die sich von der Renaissance bis zur Gegenwart erstrecken. Dies geschieht anhand einer thematischen Zuordnung in vier Gruppen: 1) Kranker und Krankheit, 2) Arzt und Therapie, 3) Medizinische Institutionen sowie 4) Sozialkultureller Kontext und Symbolik.

Studienbücher

Hier soll vor allem das Studienbuch *Ethik in der Medizin. Literarische Texte für den Querschnittsbereich GTE* von Anne Kern-Stähler, Bettina Schöne-Seifert und Anna Thiemann (Münster 2013) Erwähnung finden. Rezipierende bekommen hier einen Überblick sowie eine Analyse von einer Auswahl literarischer Texte, die sich im Kontext zentraler Themen der Medizinethik verorten. Darunter finden sich folgende Themen: ärztliches Vertrauensverhältnis, Wahrhaftigkeit am Krankenbett, Abtreibung, Transplantationsmedizin, Enhancement und weitere Grenzsituationen der medizinischen Praxis. Die Existenz eines solchen Studienbuchs unterstreicht den Nutzen einer Auseinandersetzung mit literarischen Textauszügen im Medizinstudium und darüber hinaus.

Zeitschriften/Zeitungen und Internetforen

Hier waren insbesondere Rezensionen und Feuilletons hilfreich, die ich unter anderem aus der folgenden Auswahl bezogen habe: *Journal of Medical Humanities* (Springer), *Journal of Medical Ethics* (BMJ), *Ethik in der Medizin* (Springer), *Deutsches Ärzteblatt*, *Frankfurter Allgemeine Zeitung*, *Süddeutsche Zeitung*. Das Online-Magazin *Krimi-Couch.de*[80] möchte ich beispielhaft für ein Internetforum erwähnen.

Eine weitere essenzielle Bezugsquelle war die von Florian Steger herausgegebene Buchreihe *Jahrbuch Literatur und Medizin* (Band I–XII) sowie die dazugehörigen Beihefte (Band 1–8). Insbesondere das aktuelle Beiheft (Band 8, 2021) von Mita Banerjee bietet eine Vielzahl von neuen Anknüpfungspunkten für die Auseinandersetzung mit „den Geistes- und Kulturwissenschaften einerseits und den Lebenswissenschaften andererseits".[81] Diesen Brückenschlag bezeichnet sie als „Biologische Geisteswissenschaften", ein „stetig wachsendes Gebiet […], das Anwendungsorientierung und ethisch-gesellschaftliche Reflektion miteinander zu verbinden versucht".[82] Als elektronische Fundgrube hat sich die umfangreiche *Literature, Arts, and Medicine Database* der NYU

---

[80] Literatur-Couch Medien GmbH & Co. KG Münster. https://www.krimi-couch.de/ (abgerufen am 13.11.2021).

[81] Banerjee: *Biologische Geisteswissenschaften* (Anm. 20), S. 7f.

[82] Ebd., S. 8.

School of Medicine erwiesen.[83] Auch die Online-Database *Fiction meets Science* soll in diesem Zusammenhang erwähnt werden.[84]

Als zweiter Schritt dienten Kurzzusammenfassungen und, wenn vorhanden, Rezensionen als erster Hinweis auf die im Text inszenierte Schwerpunktsetzung. Bei entsprechender Übereinstimmung mit der inhaltlichen Themensetzung der Arbeit erfolgte die komplette Lektüre des Werks gefolgt von einem *close reading*.

Die Recherche hat folgende Auswahl ergeben:

US-amerikanische Literatur	Deutsche Literatur
DeLillo, Don *Null K.* (2016, Kiepenheuer & Witsch; *Zero K.*, 2016)	Gerrits, Angela *Achtzehn* (2009, Thienemann)
Garcia, Eric *The Repossession Mambo* (2009, Harper)	Heinichen, Veit *Tod auf der Warteliste* (2003, Zsolnay)
Gerritsen, Tess *Kalte Herzen* (1997, Goldmann; *Harvest*, 1996)	Weinert, Steffen *Das Leben meiner Tochter* (2014, Create-Space Independent Publishing Platform)
Picoult, Jodi *Beim Leben meiner Schwester* (2005, Piper; *My Sister's Keeper*, 2004)	
Shusterman, Neal *Vollendet* (2012, Fischer; *Unwind*, 2007)	

Das statistisch bedingte Ungleichgewicht, das zwischen den Vereinigten Staaten mit 332,4 Millionen[85] und Deutschland mit 83,1 Millionen[86] Menschen in Bezug auf die Bevölkerungszahl herrscht (Verhältnis 4:1), spiegelt sich auch in der Literaturauswahl wider. Bei der hier angestrebten literaturwissenschaftlichen Untersuchung soll der Schwerpunkt auf der wissenschaftlichen Verknüpfung von interdisziplinären Fragestellungen bezogen auf den biomedizinischen Fortschritt und dessen Reflexion in der Literatur liegen. Die Wahl des Genres, der vorgegebene Zeitrahmen sowie der Blick auf die zwei Länder ermöglicht ein Eindenken in die Art und Weise, wie die kulturell unterschiedlich geprägten Autor*innen den biomedizinischen Fortschritt vor dem Hintergrund des Themenbereichs der Organtransplantation in ihren Werken verhandeln. Zu fragen ist nach Unterschieden und Gemeinsamkeiten im Umgang mit der Motivgeschichte (literarische Phänomene). Inwiefern lassen sich Analogien eruieren? Lassen sich ähnliche literarische

---

[83] NYU School of Medicine: Literature, Arts and Medicine Database (LitMed). Humanities, Social Sciences & The Arts in Relation to Medicine & Medical Training. https://medhum.med.nyu.edu/ (abgerufen am 13.11.2021).

[84] Universität Bremen. https://www.fictionmeetsscience.org/ccm/navigation/ (abgerufen am 13.11.2021).

[85] United States Census Bureau. U.S. and World Population Clock. The United States population on June 30, 2021. https://www.census.gov/popclock/ (abgerufen am 13.11.2021).

[86] Statistisches Bundesamt (Destatis). Bevölkerungsstand zum 30. Juni 2021. https://www.destatis.de/DE/Themen/Gesellschaft-Umwelt/Bevoelkerung/Bevoelkerungsstand/aktuell-quartal.html;jsessionid=473ECA2B9284134230E9BBF67294F240.internet8732 (abgerufen am 13.11.2021).

Phänomene (zum Beispiel der Einsatz von Metaphern) miteinander in Beziehung setzen? Inwiefern wird die ethische Komponente (Stichwort: Menschenwürde, Autonomie, Grenzen der biomedizinischen Möglichkeiten) herausgearbeitet? Im Hinblick auf die konkurrierenden Diskurse, die bezüglich der Entwicklungen rund um die Biomedizin in der Gesellschaft geführt werden, ist eine literaturwissenschaftliche Untersuchung von hoher Relevanz. Neben der künstlerischen Verhandlung setzt sie sich auf interdisziplinäre Art und Weise kritisch mit Problemkonstellationen auseinander, welche im Bereich der Biomedizin, der Ethik und des Rechts zusammenlaufen.[87] Fiktionen also nicht als nützlichen Ausgangspunkt in Erwägung zu ziehen, hieße, sich einem immensen Potenzial zu verschließen. Laut Bioethiker Tod Chambers kann ein Lesevorgang, der bewusst die fiktionalen Eigenschaften in ihrer Konstruiertheit erfasst, aufzeigen, wie Dilemmata geformt sind.[88] Auch Squier empfiehlt, sich dem fiktionalen Untersuchungsgegenstand nicht zu verschließen. Eine essenzielle Eigenschaft von Fiktion ist ihre Offenheit. Der gesamte Verlauf einer Geschichte, von der Rahmung bis zum Schluss, ist bedeutend und kann als Diskussionsgrundlage dienen. Wenn Fiktionen aus Diskussionen ausgeschlossen werden, beseitigen wir gleichzeitig die Offenheit gegenüber dem was als Wissen zählt beziehungsweise dazu beitragen kann. Dabei handelt es sich mitunter um wichtige Entscheidungen. Nicht zuletzt können Fiktionen eine Grundlage für die Erörterung moralischer Fragen im Zeitalter des kulturellen Pluralismus bieten; darin eingeschlossen lässt sich ferner ein reichhaltiger und komplexer Zugang zur Bioethik verorten. Fiktionen ernst zu nehmen, nicht um sich ihnen als Wahrheitskategorie zu nähern, sondern als Bereich des Begehrens wie auch der Verleugnung, ist ein nicht zu unterschätzendes Instrument für bioethisches Wissen.[89]

---

[87] Vogel: *Medical Humanities* (Anm. 8), S. 2.
[88] Tod Chambers: *The Fiction of Bioethics: Cases and Literary Texts*. New York 1999, S. 178.
[89] Squier: *Liminal Lives* (Anm. 7), S. 261f., 264.

2 Organtransplantation

Wie kaum eine andere medizinische Disziplin verweist die Transplantationsmedizin auf das Potenzial des menschlichen Körpers und dessen Bestandteile. Sie macht sich die Verfügbarkeit von Körpern folglich zu Nutze. Der Wert und die Bedeutung eines menschlichen Organs bemessen sich aus einer komplexen Reihe institutioneller Verhandlungen. Verhandlungspartner*innen sind dabei laut Squier die Medizin, die Kunst, die Technik, die Wirtschaft, die Gesellschaft, das Rechtssystem und menschliche Emotionen.[90] Die Transplantationsmedizin veranschaulicht auf eindrucksvolle Art und Weise eine „hochtechnisierte[] und naturwissenschaftlich orientierte[] Medizin westlicher Tradition",[91] die das Leben verlängern und die Lebensqualität verbessern kann, die aber auch „die Vorstellungen von Leben und Tod, Begrenztheit und Unsterblichkeit sowie Selbst und Nichtselbst in einer neuen Weise heraus[fordert]".[92] Es wundert nicht, dass Entwicklungen in dieser Fachrichtung, „wie andere neuere Entwicklungen der Medizin, vielfältige moralische, soziale und kulturelle Fragen [aufwerfen]".[93] Auf den deutschen Kontext bezogen, zeigte sich dies unlängst in der Debatte um die Regulierung der Organspende. In den USA wird eine diesbezügliche Zustimmung oder Ablehnung zu dieser beim Beantragen des Führerscheins automatisch abgefragt. Bei Zustimmung wird gut sichtbar ein kleines Herz-Symbol darauf abgebildet. Es braucht demzufolge in den USA eine ausdrückliche Zustimmung zur Organspende (opt-in).[94] Es wurde generell „stark in die Infrastruktur des amerikanischen Spender- und Transplantationssystems investiert".[95] Fast die Hälfte aller US-Amerikaner*innen sind als Organspender*innen registriert, doch auch jenseits des Atlantiks zeigt sich der Mangel an Organen.[96] In den meisten europäischen Ländern gilt die Widerspruchsregelung. Deutschland hat derzeit mit der Entscheidungslösung, die insbesondere Optionen der Beratung und Aufklärung vorsieht, ein Alleinstellungsmerkmal. Die Ernennung Jens Spahns zum Bundesminister für Gesundheit am 14. März 2018 bereitete den Weg für eine breite Debatte über die Organspendenpraxis in Deutschland. Es wurden bis zur Entscheidung im Januar 2020 Optionen diskutiert, wie Bürger*innen in

---

[90] Squier: *Liminal Lives* (Anm. 7), S. 178.

[91] Katrin Amelang: *Transplantierte Alltage. Zur Produktion von Normalität nach einer Organtransplantation.* Bielefeld 2014, S. 11.

[92] Mona Motakef: *Körper Gabe. Ambivalente Ökonomien der Organspende.* Bielefeld 2011, S. 20, 46.

[93] Amelang: *Transplantierte Alltage* (Anm. 91), S. 11.

[94] Solveig Lena Hansen, Silke Schicktanz: *Exploring the Ethical Issues in Organ Transplantation. Ongoing Debates and Emerging Topics.* In: Solveig Lena Hansen, Silke Schicktanz (Hg.): *Ethical Challenges of Organ Transplantation. Current Debates and International Perspectives.* Bielefeld 2021, S. 11–20, hier S. 11.

[95] Nora Schmitt-Sausen: *US-amerikanisches Gesundheitswesen: Fast jeder Zweite ist Organspender.* In: *Dtsch Arztebl* 42 (2013), S. A 1942.

[96] Ebd.

Deutschland ihre persönliche Entscheidung zur Organspende treffen und dokumentieren sollen. Die ursprüngliche Regelung verpflichtete die Krankenkassen dazu, sich in regelmäßigen Abständen an ihre Versicherten zu wenden, um über die Organspende zu informieren. Bürger*innen sollten dementsprechend ermutigt werden, sich mit der Thematik auseinanderzusetzen und eine Entscheidung zu treffen. Diese sollten sie auf einem Organspendeausweis dokumentieren und gegenüber den Angehörigen auch kommunizieren. Einen Zwang zur Information beziehungsweise zur thematischen Auseinandersetzung bestand indes nicht. Für eine Organspende brauchte es eine ausdrückliche Zustimmung des oder der Einzelnen. In der Debatte wurde die Einführung der erweiterten Widerspruchsregelung diskutiert. Diese besagt, dass Menschen, die nicht spenden möchten, sich aktiv darum bemühen müssten, in einem Widerspruchsregister aufgenommen zu werden. Sie wären dementsprechend potenzielle/r Organspender*in, wenn zu Lebzeiten kein Widerspruch erfolgt ist. Die Hinterbliebenen hätten ein Vetorecht. Sie würden gefragt werden, ob sie hinter dem ungeschriebenen Ja zur Organentnahme stünden. Im Januar 2020 hat der Bundestag sich gegen diese Regelung und für die vorhandene, jedoch ausgebaute Entscheidungslösung ausgesprochen. Diese Debatte ist beispielhaft für die öffentliche Auseinandersetzung mit der im Fokus stehenden Transplantationsmedizin und der damit einhergehenden Organspende und -transplantation. Sie wird „von einem breiten Spektrum wissenschaftlicher Disziplinen jenseits der Medizin diskutiert".[97] Des Weiteren illustriert sie „das gesellschaftliche Ringen um (angemessene) Umgangsweisen mit einer umstrittenen medizinischen Technik und der kontroversen Frage, unter welchen Umständen der gesellschaftliche Zugriff auf individuelle Körper erfolgen und menschliches Körpermaterial therapeutisch genutzt werden darf".[98]

In Deutschland wurden laut der Deutschen Stiftung Organtransplantation (DSO) seit 1963 142.584 Organe transplantiert.[99] Im Jahr 2020 waren es bundesweit insgesamt 3.518, wovon 502 (14,3 Prozent) transplantierte Organe nach einer Lebendspende waren.[100] Gespendet, im Sinne einer Postmortalspende, wurden im gleichen Jahr bundesweit 2.941 Organe, während am 31.12.2020 laut Warteliste 9.463 Organe benötigt wurden.[101] Deutlich tritt bei diesen Zahlen die Diskrepanz zwischen benötigter und zur Verfügung stehender Organe zutage. Auch im Jahresbericht 2018 des US Organ Procurement and Transplantation Network (OPTN) und Scientific Registry of Transplant Recipients (SRTR) ist von einer schwerwiegenden Diskrepanz zwischen Organbedarf und Organangebot die Rede.[102] Im Kapitel sechs des American Medical Association Code of Medical Ethics wird mit Verweis auf die Ethik der Organbeschaffung und -transplantation folgende Aussage getroffen: „The need for organs for transplantation far outstrips the

---

[97] Amelang: *Transplantierte Alltage* (Anm. 91), S. 11f.
[98] Ebd., S. 12.
[99] Deutsche Stiftung Organtransplantation: *Jahresbericht 2020. Organspende und Transplantation in Deutschland.* Frankfurt am Main 2021, S. 18.
[100] Ebd., S. 82.
[101] Ebd., S. 9, 11.
[102] Organ Procurement and Transplantation Network (OPTN) and Scientific Registry of Transplant Recipients (SRTR). OPTN/SRTR 2018 Annual Data Report. Rockville: Department of Health and Human Services, Health Resources and Services Administration 2020.

supply. Efforts to increase donation must protect the interests of living and deceased donors."[103]

Zum Gegenstand der Transplantationsmedizin wird „ein durch Krankheit problematisch gewordenes Leben, dessen biologische Existenz und Alltagsfähigkeit ohne Transplantat bedroht ist",[104] beispielsweise im Falle einer sich verschließenden Option der Nierenersatztherapie. Organtransplantationen sind gegenwärtig keine Seltenheit mehr. Wird heute ein Spenderorgan in eine/n Empfänger*in verpflanzt, so kann von einem routinemäßigen Transfer, einem „etablierte[n] Behandlungsverfahren" gesprochen werden.[105] Dass es sich gleichwohl nicht um einen „gewöhnliche[n] Eingriff" handelt, begründet Kulturanthropologin Katrin Amelang sowohl mit der zwiespältigen Nutzbarmachung des menschlichen Körpers für Therapiezwecke als auch mit der Verfolgung des Ziels einer (nur) eingeschränkten Heilung, also keiner *restitutio ad integrum*.[106] Ähnlich meint Sozialwissenschaftlerin Mona Motakef, der Körper werde bei einer Organtransplantation keiner Therapie mit dem Ziel der Heilung unterzogen, vielmehr würde er „durch fremde Organe neu hergestellt".[107] Der Diskurs rund um die Transplantationsthematik ist, ähnlich ihrer innewohnenden Interdisziplinarität, mannigfaltig. Das Grundproblem der Diskussion ergibt sich einerseits aufgrund der Allokationsproblematik und demzufolge aus der Spannung, die zwischen Gerechtigkeitsorientierung und Nutzenoptimierung herrscht.[108] Die Verteilungslogik der Organe ist „manchen nicht zwingend einleuchtend[]".[109] Andererseits sei auch auf die „vielfältige[n] moralische[n], soziale[n] und kulturell[e]n Fragen"[110] verwiesen, die sich im Zusammenhang mit der Organspende und -transplantation ergeben. Gemeint ist beispielsweise die Frage des Selbstverschuldens, das Konzept des irreversiblen Hirnfunktionsausfalls oder das Verständnis vom Körper. Dies sind Konzepte, welche die Evolutionen der Transplantationsmedizin nicht selten konterkarieren.

2.1 Literarische Auseinandersetzung mit der Organtransplantation

> Dem Befund eines breiten Korpus künstlerischer Werke zur Transplantationsmedizin steht ein eklatanter Mangel an literaturwissenschaftlicher Forschung gegenüber.[111]

Das Thema Organspende ist in der Öffentlichkeit allgegenwärtig. Laut Motakef trägt die Populärkultur diesbezüglich einen erheblichen Teil bei. Mit Verweis auf TV-Serien, Kinofilme und Romane macht sie auf die Organspende als beliebten „Stoff für Geschichten

---

[103] American Medical Association (1995–2021). https://www.ama-assn.org/delivering-care/ethics/code-medical-ethics-overview (abgerufen am 13.11.2021).

[104] Amelang: *Transplantierte Alltage* (Anm. 91), S. 39.

[105] Ebd., S. 4; Hansen, Schicktanz: *Exploring the Ethical Issues* (Anm. 94), S. 12.

[106] Amelang: *Transplantierte Alltage* (Anm. 91), S. 4.

[107] Motakef: *Körper Gabe* (Anm. 92), S. 43.

[108] Edgar Rosenmayer: *Gerechte Verteilung medizinischer Ressourcen. Ethische Aspekte der Mikroallokation.* Saarbrücken 2012, S. 15.

[109] von Jagow, Steger: *Was treibt die Literatur zur Medizin?* (Anm. 13), S. 29.

[110] Amelang: *Transplantierte Alltage* (Anm. 91), S. 11.

[111] Krüger-Fürhoff: *Verpflanzungsgebiete* (Anm. 54), S. 29.

über Liebe, Betrug und Versöhnung"[112] aufmerksam, den (Drehbuch-)Autor*innen aufgreifen und verarbeiten – sowohl auf sprachlicher, stilistischer und rhetorischer Ebene. Oftmals dient ein Roman auch als Grundlage für eine Verfilmung. So zum Beispiel der Bestseller *Die Lebenden reparieren* (*Réparer les Vivants,* 2014*)* von der französischen Schriftstellerin Maylis de Kerangals.[113] Im Jahr 2016 verfilmt Katell Quillévéré das bewegende Drama, das vom Grenzbereich zwischen pulsierendem Leben und unwiderruflichem Tod erzählt. Der junge Simon, gerade erst 17 Jahre alt, wird nach einem schweren Autounfall für Hirntod erklärt. Ein junger Assistenzarzt muss einfühlsam und taktvoll eine dringende Frage stellen. Simons Eltern stehen vor der wohl schwersten Entscheidung ihres Lebens. Sollen seine Organe zur Spende freigegeben werden? Derweil läuft der zweifachen Mutter Claire die Zeit davon. Sie benötigt dringend ein Spenderherz, da ihres zu versagen droht. Der oben erwähnte Grenzbereich wird in seiner Vielschichtigkeit aufgefächert und wirkt in den verschiedenen Rollen – Eltern, ärztliches Personal, Spender und Empfängerin – gleichzeitig anrührend, poetisch und emotional aufwühlend. Schicksale werden mit Beziehungen verknüpft, wodurch sowohl die Wucht der Verzweiflung als auch die Kraft der Hoffnung einer reinen Gerätemedizin gegenüberstehen.

Einige Werke, die für diese Arbeit analysiert werden, wurden für das Kinopublikum verfilmt. Der Roman *The Repossession Mambo* (2009) von dem US-amerikanischen Schriftsteller Eric Garcia dient Miguel Sapochnik als Grundlage für seinen Science-Fiction-Thriller *Repo Men* aus dem Jahr 2010.[114] Nick Cassavetes verarbeitet 2009 in dem Familiendrama *Beim Leben meiner Schwester* (*My Sister's Keeper*) den gleichnamigen Roman von der US-amerikanischen Schriftstellerin Jodi Picoult aus dem Jahr 2003.[115] Beim Familiendrama *Das Leben meiner Tochter* von Steffen Weinert handelt es sich um ein weiteres Beispiel einer Verfilmung (2019). Der deutsche Regisseur lieferte im Jahr 2014 selbst die Vorlage in seiner Rolle als Autor. Der deutschlandweite Kinostart am 6. Juni 2019 lag in direkter Nähe zum offiziellen Tag der Organspende (1. Juni).[116] Dies sind nur einige Beispiele von Romanverfilmungen der letzten Jahre, die die Organtransplantation zentral thematisieren. Um auf bisherige Repräsentationen der Organübertragung in der literarischen Auseinandersetzung einzugehen, werden im Folgenden einige wissenschaftliche Bearbeitungen herangezogen.

Literaturwissenschaftlerin Sara Wasson identifiziert vier vorherrschende symbolische Vertreter, welche die Repräsentation der Organübertragung typischerweise charakterisieren: Organe als Maschinenteile ("machine parts"), Organe als Abfallprodukte ("waste"), Organe als Vegetation ("vegetation") und Organe als Geschenk ("gift").[117] Die erste Metapher bezieht sich dabei auf die Depersonalisierung des zu transplantierenden Gewebes/Organs im Sinne von Ersatzteilen. Die zweite metaphorische Bedeutung richtet sich

---

[112] Motakef: *Körper Gabe* (Anm. 92), S. 18.

[113] Maylis de Kerangal: *Die Lebenden reparieren.* Übersetzt von Andrea Spingler. Berlin: Suhrkamp 2015; Wild Bunch Germany GmbH München (2016). https://www.wildbunch-germany.de/movie/die-lebenden-reparieren (abgerufen am 13.11.2021).

[114] Weitere Informationen hierzu in Kapitel 2.4.3.1.

[115] Weitere Informationen hierzu in Kapitel 2.4.2.2.

[116] Weitere Informationen hierzu in Kapitel 2.4.1.3.

[117] Sara Wasson: *Scalpel and Metaphor: The Ceremony of Organ Harvest in Gothic Science Fiction.* In: *Gothic Studies* 17 (2015), S. 104–123, hier S. 108.

auf den Zustand des zu transplantierenden Gewebes/Organs im Sinne einer Herrenlosigkeit („cadaveric, abandoned tissue"); lediglich biotechnologische und medizinische Eingriffe „see[] waste as *rendered valuable*".[118] Bei Geweben und Organen, die, wie bei der dritten metaphorischen Zuschreibung, als Vegetation im Sinne von „ready for re-grafting/replanting and procurement as harvest" beschrieben werden, wird auf die Naturalisierung des hochgradig künstlichen Prozesses der Organentnahme-Operation verwiesen.[119] Die drei bisher beschriebenen Metaphern symbolisieren somit entmenschlichende Züge der Organ- beziehungsweise Gewebeübertragung. Dagegen hinterlässt die Geschenk-Metapher ein Gefühl der menschlichen Bindung in Bezug auf das zu transplantierende Gewebe oder Organ.

> Anstatt Letzteres als veräußerlich zu verstehen, versetzt die Sprache der Gabe es mit etwas, was sowohl materielle als auch immaterielle Spuren der spendenden Person zurücklässt. Dabei kann sich die Sprache des Geschenks für die empfangende Person bedrohlich anfühlen und gelegentlich erhebliche Schuldgefühle aufgrund des Überlebens auslösen. Selten kann sie auch ein Element von Identitätskrisen sein.[120]

Insbesondere sind drei deutsche Studien (Monografien) von Relevanz, wenn von der Verknüpfung von Literatur und Organtransplantation die Rede ist. Die Anthropologin Oliva Wiebel-Fanderl hat sich in ihrer Habilitationsschrift[121] mit der Herztransplantation als erzählte Erfahrung auseinandergesetzt, indem sie das Erleben von Organempfänger*innen, kulturelle Anpassungsleistungen und die metaphorische Bedeutung des Herzens in den Mittelpunkt ihrer Ausarbeitungen stellt. Kulturhistoriker Bernhard Kathan untersucht in seiner kulturwissenschaftlichen Studie *Das indiskrete Organ*[122] Organexplantationen sowie -transplantationen in vierhundert literarischen Bearbeitungen und eruiert hierbei eine Vielzahl an Motiven der Organverpflanzung. *Verpflanzungsgebiete* stehen auch bei Irmela Marie Krüger-Fürhoff im Zentrum. In ihrer Habilitationsschrift[123] rekonstruiert die Autorin die kulturelle Repräsentation der Transplantationsmedizin in Literatur und Film der letzten 150 Jahre. Da sich sowohl Kathan als auch Krüger-Fürhoff direkt mit der Verknüpfung von Literatur und dem Thema Organtransplantation im Sinne einer Überblicksarbeit auseinandergesetzt haben, sollen beide im Folgenden näher betrachtet werden.

Das indiskrete Organ

Wenn Kathan Organe als indiskret tituliert, bezieht er sich hierbei auf den Widerspruch zwischen literarischen Darstellungen von Organverpflanzungen, die bis in die Zeit der Sagen zurückgeht, und denen, die in der heutigen Transplantationsmedizin tatsächlich stattfinden. Nicht zuletzt werden Letztere aufgrund der Arbeitsteiligkeit (Explantation,

---

[118] Wasson: *Scalpel and Metaphor* (Anm. 117), S. 109.
[119] Ebd.
[120] Ebd., S. 110 (eigene Übersetzung).
[121] Oliva Wiebel-Fanderl: *Herztransplantation als erzählte Erfahrung. Der Mensch zwischen kulturellen Traditionen und medizinisch-technischem Fortschritt.* Münster 2003.
[122] Bernhard Kathan: *Das Indiskrete Organ. Organverpflanzungen in literarischen Bearbeitungen.* Innsbruck, Wien, Bozen 2008.
[123] Krüger-Fürhoff: *Verpflanzungsgebiete* (Anm. 54).

Allokation und Transplantation liegen in den Händen verschiedener Institutionen) ex lege sehr diskret behandelt, sieht man von der Lebendorganspende einer nahestehenden Person ab. Dies stellt sich in den vierhundert Texten aus unterschiedlichen Gattungen und Zeiten, die Kathan aufgrund der Materialfülle nur wenig differenziert interpretieren kann, weniger diskret dar. Der Autor stellt in seiner Studie die indezenten Explantationen sowie die Transplantationen im Sinne verschiedener Verpflanzungen (Körperteile, Haut, Organe, Blut) in den Mittelpunkt seiner Untersuchung. Dabei verweist er auf zwei Lesarten dieser Organverpflanzungen (medizingeschichtlich und motivgeschichtlich), die in der folgenden Tabelle (Tab. 2) differenziert betrachtet werden.[124]

medizingeschichtlich	**motivgeschichtlich**
realer Praxisbezug	Verknüpfung mit der Kulturgeschichte
Organ-Überrepräsentation (Gehirn, Nase), Organ-Unterrepräsentation (Niere)	Entgrenzungen und Metamorphosen des Körpers
Änderungen bezüglich der Organ- und Körpervorstellungen der letzten 150 Jahre; Einführung neuer Techniken und Medikamente	Wandel der Bilder, die mit Organverpflanzungen verbunden sind; archaische Bilder
lineare Geschichte von Wissenschaft und Technik	*nicht lineare Phantasmage*schichte

Tab. 2 Lesarten von Organverpflanzungen nach Bernhard Kathan[125]

Verpflanzungsgebiete

Die Habilitationsschrift von Krüger-Fürhoff aus dem Jahr 2012 nähert sich sowohl aus literatur- als auch kulturwissenschaftlicher Sicht der grenzüberschreitenden Transplantationsthematik. Diese Studie stellt Sujet und Verfahren der Transplantation in Fiktion und Wissenschaft in Beziehung und macht sich dabei neunzig literarische Texte verschiedenster Gattungen und vierzig Filme aus dem deutschen, englischen und französischen Sprachraum zu Nutze. Dabei untersucht die Autorin kulturelle Repräsentationen der Transplantationsmedizin vom 19. Jahrhundert bis in die Gegenwart (bei den literarischen Texten handelt es sich um den Zeitraum von 1862 bis 2009). Der Schwerpunkt liegt nicht nur auf der Rekonstruktion der „kollektiven Phantasien, Erzählstrategien und Bilder, die sich um die Transplantationschirurgie ranken", die Autorin arbeitet die narrative Inszenierung und ästhetische Umsetzung in den verschiedensten Genres heraus.[126] Die unterschiedlichen Motive, die Krüger-Fürhoff in der untersuchten Transplantationsliteratur ausmacht, lassen sich in „Körper-, Identitäts- und Gesellschaftskonzepte" aufspalten. Zum einen können Fragen des Gesellschaftskörpers angesprochen werden. „[E]inige künstlerische Transplantationsdarstellungen [werden] gezielt ein[gesetzt], um […] Vorstellungen von ethnischer, religiöser und sozialer Zugehörigkeit sowie Alter und geschlechtlicher Identität durchzuspielen", dabei kann das verpflanzte Körperteil als „geladener Gast" im Sinne einer „friedliche[n] Kohabitation" (Lebensnotwendigkeit) oder als

---

[124] Kathan: *Das Indiskrete Organ* (Anm. 122), S. 186f.
[125] Ebd.
[126] Krüger-Fürhoff: *Verpflanzungsgebiete* (Anm. 54), S. 23.

„zerstörerischer Einwanderer" im Sinne einer „feindliche[n] Übernahme" (Bedrohlichkeit) entworfen werden.[127] Zum anderen kann es darum gehen, dass der chirurgische Eingriff mit der Begründung neuer Sozialbeziehungen im Sinne einer Konstituierung von „Zwangs- bzw. Wahlverwandtschaften" einhergeht mit der möglichen Imagination des Transplantats als „(lebendige) Verkörperung des (toten) ,Spenders'".[128]

2.2 Organmangel

> Alle acht Stunden stirbt statistisch gesehen ein Mensch, dem durch eine Transplantation hätte geholfen werden können. Seit Jahren herrscht ein eklatanter Mangel an Spenderorganen[129]

> Im Durchschnitt sterben täglich 18 Amerikaner, weil sie vergeblich auf eine Spende hoffen.[130]

> More than seven thousand people die every year for lack of an organ. Thousands more are removed from the waiting list because they become too sick to receive a transplant and presumably die thereafter.[131]

Der Bedarf an Organen übersteigt deutlich dessen Aufkommen. „Seit Einführung der Organtransplantation als Therapieoption gab es zu keinem Zeitpunkt keinen Mangel an Organen. Damit ist das Problem des Organmangels so alt wie die Transplantationsmedizin selbst."[132] Dies ist eine paradoxe Situation: Es werden immer mehr Organe benötigt, „weil immer mehr Organe transplantiert werden" und demzufolge resultiert der beklagte Organmangel „in letzter Konsequenz [...] aus der Transplantationsmedizin selbst".[133] Es ist der Mangel, dem ein Orientierungspunkt in Bezug auf bestimmte gesellschaftliche Regulierungsmechanismen innewohnt.[134] Durch die Ausweitung der Indikationsstellung (zunehmend ältere Patient*innen, Zunahme an Erkrankungen/Komorbiditäten, Fort-

---

[127] Krüger-Fürhoff: *Verpflanzungsgebiete* (Anm. 54), S. 38.

[128] Ebd., S. 39.

[129] Sächsische Landesärztekammer: Pressemitteilung. Organspende: Zusammenarbeit mit den Krankenhäusern muss weiter gestärkt werden (12.1.2012). https://www.slaek.de/de/04/pressemitteilungen/2011-2020/2012/003-organspende.php?switchtoversion=www (abgerufen am 13.11.2021).

[130] Schmitt-Sausen: *US-amerikanisches Gesundheitswesen* (Anm. 95).

[131] Robert M. Veatch, Lainie F. Ross: *Transplantation Ethics.* 2nd Edition. Washington 2015, S. 137.

[132] Motakef: *Körper Gabe* (Anm. 92), S. 17.

[133] Gisela Wuttke: *Das Leben als Dividuum oder Was die Transplantationsmedizin mit unserem Leben macht. Eine Einführung.* In: Gisela Lermann (Hg.): *Ungeteilt sterben. Kritische Stimmen zur Transplantationsmedizin.* Mainz 1996, S. 9–39, hier S. 22.

[134] Ludger Fittkau: *Beschaffen als Mission.* In: Andrea M. Esser et al. (Hg.): *Die Krise der Organspende. Anspruch, Analyse und Kritik aktueller Aufklärungsbemühungen im Kontext der postmortalen Organspende in Deutschland.* Berlin 2018, S. 17–38, hier S. 25.

schritte in der Immunsuppression) steigt die Aufnahme auf die Wartelisten stetig, während zeitgleich die Zahl der Organspenden stagniert. Der Mangel kann also gleichzeitig als „Wachstumskrise der Transplantationsmedizin" gelesen werden.[135] Wenn Wirtschaftswissenschaftler Friedrich Breyer und seine Kolleg*innen fragen, ob der „Tod auf der Warteliste"[136] unvermeidbar ist, dann verweisen sie genau auf diesen eklatanten Mangel an zur Verfügung stehender Organe in der Transplantationsmedizin. Dieser entsteht, wenn „die Zahl der Neuzugänge auf der Warteliste die Zahl der durchgeführten Transplantationen [übersteigt]".[137] Laut Wissenschaftsjournalistin Martina Keller ist dies auch ein strukturelles Problem: „Je erfolgreicher die Transplantationsmedizin ist, umso größer wird der Personenkreis, dem geholfen werden soll. Solange es Krankheit und Tod gibt, wird es immer ein endgültig versagendes Organ [...] geben, dessen Ersatz die Medizin anstrebt."[138] Der Begriff des Mangels oder der der Knappheit impliziert bereits eine Wertung. Einer Sache beziehungsweise Person fehlt es an etwas; eine nur unzureichende Menge oder ein unzureichendes Ausmaß stehen zur Verfügung. Hier ist eine Voraussetzung, die sogleich eine „normative Festlegung [enthält], [dass] eine bestimmte Anzahl von Organen einen Mangel darstellt".[139]

> Die Nachfrage nach Organen soll bestimmen, wie weit die Transplantationsmedizin ausgedehnt wird. Der Begriff des Mangels suggeriert zudem eine gewisse Dringlichkeit. Es scheint geboten, Menschen, die ein Ersatzorgan brauchen, eines zur Verfügung zu stellen.[140]

Die Frage, die sich hier stellt, bezieht sich auf die Art und Weise dieser Zurverfügungstellung. Anthropologin Nancy Scheper-Hughes verweist in diesem Zusammenhang auf den Körper als fetischistisches Objekt, als teilbare, veräußerbare Ware, die getauscht, verkauft oder gestohlen werden kann.[141] In diesem Zusammenhang nutzt sie die Begriffe „Biopiraterie" und „kannibalische Märkte" und verweist damit auf einen räuberischen Bedarf, der durch den Mangel an menschlichen Biomaterial, vor allem in Form von Organen, bedingt wird.[142] Aus den sich hierdurch ergebenden Möglichkeiten (unter anderem verbrecherische Machenschaften), wundert es nicht, dass in Deutschland das Transplantationsgesetz (TPG) und in den USA der National Organ Transplant Act (NOTA) explizit auf das Verbot des Organ- und Gewebehandels hinweist (§ 17 TPG; Sec. 301 NOTA). So spielt sich der Prozess der Organspende und Transplantation in Deutschland und in den

---

[135] Martina Keller: *Ausgeschlachtet. Die menschliche Leiche als Rohstoff.* Berlin 2008, S. 13.
[136] Friedrich Breyer et al.: *Organmangel. Ist der Tod auf der Warteliste unvermeidbar?* Berlin, Heidelberg 2006, Buchtitel.
[137] Breyer et al.: *Organmangel* (Anm. 136), S. 9.
[138] Keller: *Ausgeschlachtet* (Anm. 135), S. 13.
[139] Motakef: *Körper Gabe* (Anm. 92), S. 16.
[140] Ebd.
[141] Nancy Scheper-Hughes: *Bodies for Sale – Whole or in Parts.* In: *Body & Society* 7 (2001), S. 1–8, hier S. 1.
[142] Nancy Scheper-Hughes: *Neocannibalism, Military Biopolitics, and the Problem of Human Evil.* In: William C. Olsen, Walter E. A. van Beek (Hg.): *Evil in Africa. Encounters with the Everyday.* Bloomington 2016, S. 267–301, hier S. 267 (eigene Übersetzung).

USA im Rahmen eines nicht kommerziellen Handelns ab. Dies wird in Deutschland ferner durch die Arbeit der Deutschen Stiftung Organtransplantation (DSO) und Eurotransplant (ET) streng überwacht. Eine Garantie, welche Manipulationen vollkommen ausschließt, gibt es indes auch hier nicht. Auch die WHO-Transplantationsleitlinien (Resolution WHA63.22) verweisen in den Guiding Principles on Human Cell, Tissue and Organ Transplantation (GPT 2010) auf die Menschenwürde und die zwischenmenschliche Solidarität; sie klagen die Ausbeutung der Schwachen und die damit einhergehende Kommodifizierung menschlicher Körperteile an und sie lehnen kapitalistische Strukturen in der Transplantationsmedizin ab.

Neben der postmortalen Organspende (§ 3 TPG) ist in Deutschland unter bestimmten Voraussetzungen auch die Lebendorganspende möglich, wobei ersterer im Sinne des Subsidiaritätsprinzips Vorrang gegeben wird (§ 8 TPG). Bei der Lebendorganspende lautet eine Voraussetzung, dass eine „nach Landesrecht zuständige Kommission gutachtlich dazu Stellung genommen hat, ob begründete tatsächliche Anhaltspunkte dafür vorliegen, dass die Einwilligung in die Organspende nicht freiwillig erfolgt" (§ 8 Abs. 3 Satz 2 TPG). So sollen sowohl finanzielle Anreize als auch familiäre Drucksituationen ausgeschlossen werden, die die spendende Person aus einer Not heraus oder aufgrund eins moralischen Dilemmas zur Lebendorganspende treiben. Die Regelungen zur Lebendspende sind in den USA weniger restriktiv. Das bezieht sich insbesondere auf den Fakt, dass es keine nahen Verwandtschaftsbeziehungen oder eine länger bestehende Freundschaft zwischen Spender*in und Empfänger*in braucht, wie es in Deutschland laut § 8 Abs. 1 Satz 2 TPG vorgeschrieben ist. Diese altruistischen Personen, die eine Niere an jemanden Fremdes ohne Erwartung einer Belohnung spenden, werden in den USA „nondirected donors" oder „Good Samaritan donors" genannt.[143] Alle relevanten Anforderungen an eine Lebendorganspende in den USA finden sich in den Organ Procurement and Transplantation Network (OPTN)-Richtlinien unter Punkt 14.[144]

Neben allogenen Transplantationen (selbe Spezieszugehörigkeit) nach einer Lebend- oder Postmortalspende stehen auch andere Optionen zur biopolitischen Debatte, die in unterschiedlicher Ausprägung bereits zum Einsatz kommen, wenn es darum geht, den Organmangel (zum Teil in Form von Organersatz) zu beheben. Diese sollen im Folgenden als Überblick (Tab. 3) dargestellt werden.

---

[143] Veatch, Ross: *Transplantation Ethics* (Anm. 131), S. 188.
[144] Organ Procurement and Transplantation Network (OPTN) Policies. https://optn.transplant.hrsa.gov/media/1200/optn_policies.pdf (abgerufen am 13.11.2021).

Xenogene Transplantationen	Verpflanzung von artfremden Organen auf den Menschen (heftige Abstoßungsreaktionen des menschlichen Immunsystems aufgrund fehlender Spezieskompatibilität), gezielte genetische Veränderungen (unter anderem der Gewebefaktoren von Schweinen),[145] Analyse anthropozentrischer und pathozentrischer Gesichtspunkte[146]		
Technische Überbrückung, Substitution oder Assistenz	Dialyse	Kunstherz	ECMO
Züchtung im Labor/Organoide	Tissue Engineering: gezüchtete Variante aus eigenen Körperzellen (humane Stammzellen) vor allem mit dem Ziel, die Abstoßungsreaktion zu unterbinden[147]		
Drucktechnologie	3D-Drucker: dreidimensionale Drucktechnik; Zahn-, Hand- oder Beinprothesen, Hörgeräte, Kniegelenke, Gefäßnachbildungen gedruckt mit speziellen Kunststoffen oder Metallen[148]		3D-Bioprinting: aus Blut-, Fett- oder anderen Gewebszellen, dreidimensionale Struktur einer menschlichen Zelle[149]
Präimplantationsdiagnostik/HLA-kompatible Embryos	Erzeugung eines gewebekompatiblen Menschen, der nach seiner Geburt verschiedene Spende-Tätigkeiten für ein erkranktes Geschwisterkind durchläuft („saviour sibling" oder „Rettungsgeschwisterkind")[150]		
Therapeutisches Klonen	Nutzen embryonaler Stammzellen (aus künstlicher Zygote, die zur Entwicklung eines Embryos angeregt wird) für Therapiezwecke; keine Abwehrreaktion aufgrund genetischer Identität[151]		

Tab. 3 Übersicht über Formen/Arten des möglichen Organersatzes (eigene Zusammenstellung)

[145] Jochen Sautermeister: *Vorwort.* In: Jochen Sautermeister (Hg.): *Tierische Organe in menschlichen Körpern. Biomedizinische, kulturwissenschaftliche, theologische und ethische Zugänge zur Xenotransplantation.* Paderborn 2018, S. 9–11, hier S. 9f.

[146] Tatjana Višak: *Researching Xenotransplantation. Moral Rights of Animals.* In: Hansen, Schicktanz (Hg.): *Ethical Challenges of Organ Transplantation* (Anm. 94), S. 305–316.

[147] Interdisziplinäre Arbeitsgruppe Gentechnologiebericht und German Stem Cell Network: *Organoide – von der Stammzelle zur zukunftsweisenden Technologie.* Berlin 2020, S. 28–30.

[148] Dieter Krause: *3D-Druck in der Medizin: Einführung und Anwendungsmöglichkeiten am Beispiel der Entwicklung von Aneurysmamodellen.* In: *RöFo* 187 (2015), Kongressbeitrag.

[149] Christopher B. Highley: *3D Bioprinting Technologies.* In: Murat Guvendiren (Hg.): *3D Bioprinting in Medicine. Technologies, Bioinks, and Applications.* Cham 2019, S. 1–66, hier S. 4.

[150] Alena M. Buyx: *Tissue typing und saviour siblings: Überlegungen zu einer besonderen Anwendung der Präimplantationsdiagnostik.* In: Carl Friedrich Gethmann, Stefan Huster (Hg.): *Recht und Ethik in der Präimplantationsdiagnostik.* München 2010, S. 211–229; Sabrina Maureen Dücker: *Die Regelung der Präimplantationsdiagnostik in Deutschland und in England.* Tübingen 2019, S. 314.

[151] Christian Illies: *Das so genannte Potentialitätsargument am Beispiel des therapeutischen Klonens.* In: Bernd Goebel, Gerhard Kruip (Hg.): *Gentechnologie und die Zukunft der Menschenwürde.* Münster 2003, S. 21–40, hier S. 26; Marion Weschka: *Präimplantationsdiagnostik, Stammzellforschung und therapeutisches Klonen: Status und Schutz des menschlichen Embryos vor den Herausforderungen der modernen Biomedizin.* Berlin 2010, S. 59f.

2.3 Illegaler Organhandel

Organhandel bezeichnet laut Kriminologin und Völkerrechtlerin Frederike Ambagtsheer den Verkauf und Kauf von Organen, um damit einen finanziellen und materiellen Gewinn zu erzielen. Es lassen sich folgende Attribute damit verbinden.

> Anwerbung, Beförderung, Verbringung, Unterbringung oder Entgegennahme [noch] lebender oder [schon] verstorbener Personen oder ihrer Organe durch die Androhung oder Anwendung von Gewalt oder anderen Formen der Nötigung wie beispielsweise durch Entführung, Betrug, Täuschung, Machtmissbrauch [...] oder durch Gewährung oder Entgegennahme von Zahlungen oder Vorteilnahmen an oder durch einen Dritten, um die Kontrolle über den potenziellen Spender zu bekommen [...].[152]

Medizinhistoriker Thomas Schlich verweist auf den sowohl rechtlichen als auch moralischen Widerspruch, den menschlichen Körper als eine Sache handzuhaben, die nach Belieben zur Verfügung gestellt werden kann.[153] Die Instrumentalisierung des menschlichen Körpers ist im Rahmen des illegalen Organhandels indes bittere Realität. Motakef spricht vor dem Hintergrund, dass „Menschen wie Eigentum behandelt werden", von einer „modernen Form der Sklaverei [...], da Körperteile des Menschen als veräußerbarer Besitz gehandelt werden".[154] Grundsätzlich ist der illegale Organhandel vor dem Hintergrund zweier Szenarien vorstellbar. Zum einen die unerlaubten Absprachen über monetäre Zahlungen für ein Organ im Rahmen einer Lebendorganspende. Hierbei handelt es sich um einen Schwarzmarkt, also ein illegaler Markt, der eine Nachfrage zu befriedigen versucht, die altruistische Systeme nicht erfüllen können.[155] In Entwicklungsländern ist ein hohes Aufkommen solcher Organe aufgrund der finanziellen Notlage der Lebendspender*innen gehäuft anzutreffen; „to *feed* the family [is] the most common explanation given by kidney sellers world-wide".[156] Ein Nachteil liegt außerdem in der schlechten medizinischen (Nach-)Versorgung dieser Spender*innen.

> In Indien und anderen weniger entwickelten Ländern ist die Lebendspende [...] ohnehin der einzig gangbare Weg der Organgewinnung. Organentnahmen von Toten sind dort äußerst selten. Es fehlen die notwendige Logistik sowie die Voraussetzungen zur Feststellung des Hirntodes.[157]

Gegen die Praxis dieses ersten Szenarios (Organankauf) sprechen nicht nur rechtliche Aspekte. Sowohl für die Seite der Spender*innen als auch für die der Empfänger*innen

---

[152] Frederike Ambagtsheer: *Organ Trade. Erasmus University. Dissertation.* Rotterdam 2017, S. 7, 12 (eigene Übersetzung).

[153] Thomas Schlich: *Transplantation. Geschichte, Medizin, Ethik der Organverpflanzung.* München 1998, S. 51.

[154] Motakef: *Körper Gabe* (Anm. 92), S. 89.

[155] Ambagtsheer: *Organ Trade* (Anm. 152), S. 12.

[156] Scheper-Hughes: *Bodies for Sale* (Anm. 141), S. 1 (Hervorhebung im Original).

[157] Schlich: *Transplantation* (Anm. 153), S. 51.

ergeben sich triftige medizinische und moralische Ablehnungsgründe, die im Folgenden tabellarisch (Tab. 4) aufgeführt werden:

Auf Seite der Lebendorganspender*innen	Auf Seite der Lebendorganempfänger*innen
Ausbeutung der Armen, fehlende Freiwilligkeit bei materieller Not, Profit aus dem Leiden von Menschen, Kommodifizierung des menschlichen Körpers,[158] unzureichende Aufklärung und Nachbehandlung[159]	Ausbeutung einer gesundheitlichen Notlage, gesundheitliche Gefährdung, schwerwiegende Komplikationen, Missachtung der Indikationsstellung, Vernachlässigung der Gewebeübereinstimmung (erhöhtes Abstoßungsrisiko und stärkere Unterdrückung der Immunabwehr), unzureichende Kontrolle des Spenderorgans (mögliche Infizierung mit Viren und Parasiten)[160]

Tab. 4 Ablehnungsgründe bezüglich des illegalen Organankaufs (eigene Zusammenstellung)

Zum anderen gibt es die, mit weitaus größerer krimineller Energie verbundene, gewaltsame Organbeschaffung, die mit „body stealing, child kidnapping, and body mutilations to procure organs for transplant surgery" einhergeht.[161] Im Rahmen dieses Menschenhandels ist ein weiteres Überleben nach Organentnahme oft nicht vorgesehen. Gegen diese Praxis sprechen alle relevanten sowohl gesetzlichen als auch moralischen Grundfesten des menschlichen Miteinanders.

> The organs [sic] trade is extensive, lucrative, explicitly illegal in most countries, and unethical according to every governing body of medical professional life. It is therefore covert [and] in some sites […] links the upper strata of biomedical practice to the lowest reaches of the criminal world. The transactions can involve police, mortuary workers, pathologists, civil servants, ambulance drivers, emergency workers, eye bank and blood bank managers, and transplant coordinators.[162]

Schepher-Hughes beschreibt den Menschenhandel als ein Verbrechen in Friedenszeiten, welches nichtsdestotrotz ein Verbrechen gegen die Menschlichkeit darstellt. Die Gewalt richtet sich dabei gegen „the sick-poor, the immigrant, the refugee, the displaced, the dispossessed, and the mentally or cognitively challenged".[163] Dieses Verbrechen setzt in Zeiten des Krieges nicht aus. Hier kommt es als „ideal cover for the inhumane treatment of the bodies of the enemy, the terrorist, and those seen as mentally or morally deficient, as ‚better off dead'" zum Einsatz.[164] In Bezug auf das Thema illegaler Organhandel möchte ich auf das internationale Forschungsprojekt „HOTT – Combating trafficking in persons for the purpose of organ removal" verweisen, welches über einen Zeitraum von

---

[158] Breyer et al.: *Organmangel* (Anm. 136), S. 131–139.
[159] Schlich: *Transplantation* (Anm. 153), S. 51.
[160] Ebd., S. 52.
[161] Nancy Scheper-Hughes: *The Global Traffic in Human Organs*. In: *Current Anthropology* 41 (2000), S. 191–224, hier S. 191.
[162] Scheper-Hughes: *The Global Traffic* (Anm. 161), S. 192.
[163] Scheper-Hughes: *Neocannibalism* (Anm. 142), S. 278.
[164] Ebd.

drei Jahren (2012–2015) von der Europäischen Kommission finanziell unterstützt wurde und in dessen Rahmen verschiedene Berichte und Publikationen veröffentlicht wurden.[165]

Das Unterkapitel 2.4.1 mit dem Titel „Organisiertes Verbrechen" wird sich mit genau diesen Szenarien in der Literatur auseinandersetzen. Drei Werke werden diesbezüglich einer umfangreichen Literaturanalyse unterzogen.

2.4 Belletristische Aushandlungsszenarien zum Organmangel

Für diese Arbeit ist der Diskurs der Organtransplantation insbesondere vor dem Hintergrund der knappen Organressourcen von Bedeutung. Fiktionen halten diesbezüglich viele Szenarien bereit, wie mit der mangelnden Zahl der zur Verfügung stehenden Organe umgegangen werden kann. Dabei lassen sich bestimmte Muster wiedererkennen, die diesbezüglich in der belletristischen Literatur verhandelt werden. Bei den Szenarien, die die Grundpfeiler dieser Arbeit ausmachen, handelt es sich um das organisierte Verbrechen, den Verweis auf Menschen als Ersatzteillager sowie um endo- und exogene Formen der biotechnologischen Überbrückung. Die Verfügbarkeit des menschlichen Körpers zeigt sich hier nicht selten im Zusammenhang mit einer brachialen Form der Organbeschaffung.[166] Die Dramatik, die sich in der Literatur durch diese Skrupellosigkeiten aufbaut, kann vor dem realistischen Hintergrund des bereits erwähnten Ressourcenmangels, aber auch aufgrund der Vergänglichkeit (begrenzte Ischämiezeit) der zur Verfügung stehenden, entnommenen Organe verstanden werden. So ist es laut Soziologin Véronique Campion-Vincent unabdingbar für das Verständnis solcher Fiktionen, ihre Fundierung im realen Leben zu berücksichtigen.[167] Derartige Plots fokussieren weniger auf die (subjektiven) Selbst- beziehungsweise Grenzerfahrungsmotive der Organtransplantation (Identitätsfindung, Anpassungsleistung) oder kontextualisieren die Organbeschaffung mit Großzügigkeit, Wohltätigkeit oder Freiwilligkeit in Form einer Spende. Solche Plots beschreiben das tendenzielle (objektive) zur Ware werden des menschlichen Körpers beziehungsweise das zur Ware werden des Organs im Sinne eines kostspieligen Ersatzes.[168]

Im Folgenden werden die drei belletristischen Szenarien zur Behebung des Organmangels in drei Unterkapiteln, die alle identisch aufgebaut sind, genauer im Sinne eines *close readings* und ergänzt durch ein *wide reading*, untersucht. Nach den exemplarischen Einzelanalysen mit besonderem Blick auf den Plot und den Handlungsstrang, die verschiedenen Motive und einem Fazit, schließt sich je Unterkapitel eine Zwischenzusammenfassung der hier analysierten Werke an. Der letzten Zwischenzusammenfassung folgt dann ein Diskussionsteil, der alle Literaturanalysen dieser Arbeit in einen Zusammenhang bringt und gemeinsame Muster bündelt und analysiert. Im Anschluss wird Raum für

---

[165] HOTT project. University Medical Center Rotterdam. Erasmus MC. http://hottproject.com/ (abgerufen am 13.11.2021).

[166] Kathan: *Das Indiskrete Organ* (Anm. 122), S. 102.

[167] Véronique Campion-Vincent: *Organ Theft Narratives as Medical and Social Critique*. In: *Journal of Folklore Research* 39 (2002), S. 33–50, hier S. 33.

[168] Christiane Vogel: *„What's New in You?" Artificially Reshaped and Indebted Bodies in Eric Garcia's Dystopia The Repossession Mambo*. In: Florian Steger (Hg.): *Jahrbuch Literatur und Medizin*. Bd. 10. Heidelberg 2018, S. 31–54, hier S. 33.

Schlussbetrachtungen gelassen. Diese beziehen sich nicht mehr auf die einzelnen Literaturanalysen, sondern gewähren neben der Rekapitulation der Arbeit dem literaturwissenschaftlichen Blick auf den biomedizinischen Fortschritt sowohl eine abschließende Betrachtung als auch einen Ausblick.

2.4.1 Organisiertes Verbrechen

> The enormous value of human organs, combined with the equally enormous shortage, has led to worldwide attempts to increase the supply of organs through international trafficking.[169]

Diese Tatsache, dass es einen Organhandel verbunden mit organisiertem Verbrechen in Bezug auf die Organbeschaffung gibt, bietet der Populärkultur eine Grundlage, sich mit dieser Entwicklung künstlerisch auseinanderzusetzen; zumal es hierbei immer um die Grenze zwischen Leben und Tod geht. Dramatisiert wird laut Campion-Vincent ferner die Tatsache des „ungleichen Zugangs zu medizinischer Versorgung, der in Entwicklungsländern und in Industrieländern wie den Vereinigten Staaten weiterhin besteht".[170] Campion-Vincent klassifiziert Narrative, die den Raub von Organen thematisieren, in die folgenden Untergruppen: die zweckentfremdete Adoption („baby parts abduction") sowie die Entführung und Verstümmelung im Sinne des „kidney thieves" oder „kidney heist".[171] Die Inhalte dieser Untergruppierungen nehmen Bezug auf zwei Themen: 1.) Die Darstellung einer fortschrittlichen Medizin mit potenziell katastrophalen Auswirkungen für die Menschlichkeit – eine Äußerung des Misstrauens in Bezug auf medizinische Einrichtungen, die Wunder vollbringen, aber im Zuge ihres Fortschritts auch die Limitierungen von Leben und Tod verändern („medical critique"), 2.) die Darstellung der gegenseitigen Dämonisierung beider Seiten der sozialen Spaltung als Kommentar zu Differenz und Gerechtigkeit („social critique").[172] Medizinische Kritik zeigt sich in den entsprechenden Organraub-Narrativen anhand typischer Elemente, „including a powerful medical establishment that organizes recurrent malpractice [...] opposed by a courageous young female doctor who relies on solid help from her devoted [...] companion to expose the criminal scheme"[173] – ein Szenario, wie es beispielsweise in Tess Gerritsens Medizinthriller *Kalte Herzen* anzutreffen ist. So beinhaltet ein Schreckensszenario beispielsweise die Jagd von gesunden Durchschnittsmenschen durch skrupellose Ärzt*innen, die ausweiden und töten, „um Organe für wohlhabende bzw. gesellschaftlich bedeutende Patienten zu erlangen".[174] Das Genre des Medizinthrillers kann in der Leserschaft Ängste hervorrufen und schüren, die von der „power to cure, kill, or maim" erzeugt werden – „[t]hus, the deliberate killing of patients [...] is a recurrent element in the genre".[175]

---

[169] Veatch, Ross: *Transplantation Ethics* (Anm. 131), S. 165.
[170] Campion-Vincent: *Organ Theft Narratives* (Anm. 167), S. 45 (eigene Übersetzung).
[171] Ebd., S. 34.
[172] Campion-Vincent: *Organ Theft Narratives* (Anm. 167), S. 35.
[173] Ebd., S. 36.
[174] Krüger-Fürhoff: *Verpflanzungsgebiete* (Anm. 54), S. 33.
[175] Campion-Vincent: *Organ Theft Narratives* (Anm. 167), S. 36–38.

Bezogen auf die Unterschiede zwischen Arm und Reich zeigt sich die Kritik an der Gesellschaft in Organraub-Narrativen in Form einer Warnung bezüglich möglicher schrecklicher Konsequenzen für die Menschenrechte, die aus dem biomedizinischen Fortschritt erwächst: „The vast difference between rich and poor countries undoubtedly has been a shaping factor in organ theft narratives."[176]

> As medical technology becomes more sophisticated and less complicated, procedures such as organ transplants will become commonplace for those who can afford them. The major road block to a transplant will be availability of organs. [...] A criminal organization working with unscrupulous doctors will provide whatever body parts are needed, if the price is right. [...] Matching tissue and blood types will become less important as the rejection problem is solved. The greater risk will be that those in need of organ transplants will be willing to accept body parts or organs without questioning their source or the method by which they were obtained. By the first quarter of the 21st century ‚organ legging' will be big business for organized crime."[177]

Das aus den englischen Nomen organ und bootlegging bestehende Portmanteau organ legging verweist auf ein Verbrechen in Larry Niven's *Known Space*-Universum in einigen seiner Fiktionen, in dem der US-amerikanische Science-Fiction Autor die technologischen Auswirkungen auf die Gesellschaft am Beispiel der Perfektionierung der Organtransplantation thematisiert. Beim organlegging handelt es sich um ein Verbrechen, wie es auch in anderen belletristischen Werken aufgegriffen wird. Es ist dabei an kein bestimmtes Genre gebunden, was sich auch in den ausgewählten Werken dieser Arbeit widerspiegelt.

Im Folgenden werden drei belletristische Werke unter dem Themenschwerpunkt des organisierten Verbrechens als literarische Aushandlungsszenarien zum Organmangel analysiert. Es handelt sich dabei um *Kalte Herzen* von Tess Gerritsen, um *Tod auf der Warteliste* von Veit Heinichen sowie um *Das Leben meiner Tochter* von Steffen Weinert. In einer sich anschließenden Zwischenzusammenfassung wird unter anderem auf die unterschiedlichen Fokussierungen der Autor*innen Bezug genommen sowie auf Gemeinsamkeiten in Bezug auf bestimmte Motive, die bei den Literaturanalysen hervorstechen. Das erste Werk, das untersucht wird, ist der Medizinthriller *Kalte Herzen* von Ärzteliteratin Tess Gerritsen. Bei ihr steht der Menschenhandel mit russischen Waisenkindern im Zentrum und wird als Aushandlungsszenario des Organmangels gelesen.

---

[176] Campion-Vincent: *Organ Theft Narratives* (Anm. 167), S. 40f.
[177] Richter H. Moore: *The Activities and Personnel of Twenty-First Century Organized Crime*. In: *Criminal Organizations* 9 (1994), S. 3–11, hier S. 6.

2.4.1.1 Zweckentfremdete Adoption: Tess Gerritsen *Kalte Herzen*

Im Folgenden wird der Medizinthriller *Kalte Herzen* (im Original *Harvest* aus dem Jahr 1996) der US-Amerikanerin Tess Gerritsen analysiert.[178] Dabei findet auch die Sozialisation der Schriftstellerin Beachtung. Gerritsen ist eine Ärzteliteratin, die an der Stanford University und der University of California Medizin studiert hat. Sie ist staatlich geprüfte Internistin und hat als solche in Honolulu, Hawaii gearbeitet. Mit dem Erfolg ihrer ersten Kurzgeschichten und Romane und darauf aufbauend die weltbekannten Thriller der *Rizzoli-&-Isles*-Reihe, ist sie längst hauptberufliche Schriftstellerin.[179] Nachfolgend werden der Plot und die verschiedenen Handlungsstränge des Romans vorgestellt und genauer untersucht. Danach gehe ich auf einzelne Motive ein, die sich in Bezug auf *Kalte Herzen* unter anderem aus einem genaueren Blick auf das Genre des Medizinthrillers ergeben. Laut Didaktiker Jean-Pierre Charpy handelt es sich um „one of the most prolific generic conventions in contemporary popular fiction" und gleichzeitig um ein „typically American genre".[180] So wird im Rahmen eines Exkurses auf dieses Genre und seine besonderen Eigenschaften eingegangen – nah am Text und vor dem Hintergrund von Gerritsens Art und Weise, sich in diesem Genre zu bewegen. Abschließend werden in einem Fazit die wichtigsten Punkte zusammengetragen.

2.4.1.1.1 Plot und Handlungsstrang

Gerritsens erster Medizinthriller mit 384 Seiten und 26 Kapiteln thematisiert eine dunkle Seite der Transplantationsmedizin. Hierbei werden ethische Fragestellungen des Organhandels unter Ausnutzung der wirtschaftlichen Notlage der Opfer und der Besserstellung der Organempfänger*innen aufgegriffen. Nach der Klassifizierung von Campion-Vincent handelt es sich um ein Organraub-Narrativ der Kategorie zweckentfremdete Adoption.[181] Krankenakten werden gefälscht, Organe gehen an Patient*innen, die nicht an erster Stelle der Warteliste stehen, jedoch privatversichert sind. Durch das Bild korrumpierender Ärzt*innen, verzweifelter Angehöriger und krimineller Menschenhändler*innen tun sich ethisch fragwürdige Abgründe auf.

---

[178] Der Roman von Tess Gerritsen wurde von mir bereits im Rahmen meiner Bachelorarbeit mit dem Thema „The Vivid Ambiguity in Tess Gerritsen's Suspense Thriller *Harvest* – A Portmanteau of Medical Science and Fiction" (Universität Leipzig, Bachelorstudiengang Amerikanistik 2010) bearbeitet. Für das Unterkapitel 2.4.1.1 werden einige Überlegungen in grundlegend überarbeiteter Form verwendet, nicht ohne diese nach den Regeln der guten wissenschaftlichen Praxis kenntlich zu machen.

[179] Offizielle deutschsprachige Website der Autorin Tess Gerritsen. Penguin Random House Verlagsgruppe GmbH. https://www.penguinrandomhouse.de/Tess-Gerritsen/aid87144.rhd (abgerufen am 13.11.2021).

[180] Jean-Pierre Charpy: *Medical Thrillers: Doctored Fiction for Future Doctors?* In: *Journal of Medical Humanities* 35 (2014), S. 423–434, hier S. 423, 425.

[181] Campion-Vincent: *Organ Theft Narratives* (Anm. 167), S. 35.

Erwägungen zum Titel

Der Originaltitel *Harvest* bezieht sich auf die unfreiwilligen Lebendspender*innen, die in diesem Fall nicht über das registrierte System der Organdatenbank des United Network for Organ Sharing (UNOS) laufen, so wie es nach standardisierten Vorschriften, ähnlich dem Allokationsverfahren bei Eurotransplant, vorgesehen ist. Sie sind Opfer eines „geheime[n] Netzwerk[s] zur Beschaffung von Organen".[182] Das englische Nomen harvest wird im Deutschen übersetzt als Ernte oder Ertrag. Mit Landwirtschaft hat der Plot indes nichts zu tun. Es handelt sich um eine Analogie – das System der Ernte übertragen auf das der Organentnahme. Dieses benötigt zuallererst einen Ertrag in Form eines Organs, um es in einen anderen Körper verpflanzen zu können. Der englische Titel spielt mit der Doppeldeutigkeit des Erntebegriffs und meint hier die Organ-Ernte in seiner schwärzesten, nämlich verbrecherischen Aushandlung, die eng mit dem Menschenhandel und der Organ-Mafia verknüpft ist. Der deutsche Titel *Kalte Herzen* geht offensiver mit der verarbeiteten Thematik um. Zum einen werden Spenderorgane nach der Entnahme auf Eis gelegt, bevor sie transplantiert werden. *Kalte Herzen* lässt sich darüber hinaus gleichermaßen als pseudosynästhetische Metapher lesen; gekennzeichnet durch das Adjektiv kalt als modifizierendes Element aus dem perzeptiven und das Nomen Herz als modifiziertes Element aus dem nicht perzeptiven Bereich.[183] Verschiedene Interpretationen lassen sich hieraus lesen. Ein kaltes Herz kann nicht schlagen, es wird nicht durchblutet. In der Medizin wird dieser Zustand als Ischämie beschrieben und unterstreicht den zeitkritischen Zustand des lebenswichtigen Organs zwischen Entnahme und Verpflanzung. Das Adjektiv kalt kann sich ebenso darauf beziehen, dass während einer Herztransplantation – betrachtet man die chirurgische Technik – die Körpertemperatur über die Herz-Lungen-Maschine gesenkt wird. Erst wenn das Spenderherz eingesetzt und reperfundiert wird, erfolgt die Wiedererwärmung auf normale Körpertemperatur. Eine weitere Lesart des kalten Herzens bezieht sich auf die Seite der skrupellosen Antagonist*innen. Sie besitzen ein kaltes Herz, da sie nicht davor zurückschrecken, Kinder für ihre Zwecke zu töten.

Zwei Handlungsstränge

Der Plot von *Kalte Herzen* teilt sich in zwei Handlungsstränge: Der erste Schauplatz ist ein Krankenhaus namens Bayside Medical Center in Boston, im US-amerikanischen Bundesstaat Massachusetts an der Ostküste. Hier sticht die Protagonistin Dr. Abigail DiMatteo heraus. Die Endzwanzigerin ist Assistenzärztin im zweiten Jahr, die im Rahmen des Bayside-Chirurgie-Programms gerade in den Bereich der Thoraxchirurgie einsteigt. Außerdem bekommt sie das Angebot, dem Transplantationsteam im Rahmen eines Stipendiums beizutreten. Eine vielversprechende Möglichkeit für eine junge Ärztin, ihre medizinische Karriere zu forcieren. Selbst in ihrem Privatleben ist sie der Medizin nah. Sie führt eine Beziehung mit dem 41-jährigen Dr. Mark Hodell, einem brillanten Thoraxchirurgen des Bayside Herztransplantationsteams. Beruflich und privat eine rundum

---

[182] Tess Gerritsen: *Kalte Herzen*. Übersetzt von Kristian Lutze. 23. Aufl. München 2003, S. 257.

[183] Swetlana Vogt: *Die Analyse synästhetischer Metaphern mittels Frames*. In: *Metaphorik.de* 23 (2013), S. 19–48, hier S. 26.

glückliche Person, gerät ihre Welt und ihr Umfeld plötzlich aus den Fugen.[184] Der zweite Schauplatz spielt auf dem Atlantik, wo die Leserschaft die Reise eines Transportschiffes von Riga (Lettland) zum Bostoner Hafen verfolgt. Im Mittelpunkt stehen hier der elfjährige Jakov, dem die linke Hand fehlt, ein laut Gerritsen „crippled but resourceful Russian child who would survive by his wits alone"[185] und weitere russische Waisenkinder. Sie werden von einer skrupellosen Verbrecherbande namens Sigajew-Gesellschaft gekidnappt und nach Amerika gebracht, um ihre gesunden Organe zahlungswilligen Amerikaner*innen zur Verfügung zu stellen. Bereits im ersten Kapitel wird Jakov vorgestellt, noch nicht auf dem Frachter aber in Moskau, wo ein Mann, der Onkel Misha genannt wird, sich neben Jakov noch um drei weitere Waisen kümmert: den 15-jährigen Pjotr, den 13-jährigen Stepan und den 10-jährigen Alexei. Dieser Mann verkauft die Jungen an eine Agentur, die sich als Vermittlerfirma zwischen russischen Waisen und amerikanischen Familien maskiert. Die Jungen und Misha selbst werden in dem Glauben gelassen, dass es sich um eine Vermittlung in bessere Hände handelt, zu fürsorglichen Adoptiveltern in den USA. Misha bekommt dafür 20.000 Dollar. Die Agentur wird repräsentiert von den Charakteren Gregor und Nadja. Was die Kinder nicht mehr mitbekommen, ist, dass Misha von Gregor erschossen wird, als sie das Haus schon verlassen haben. Die Jungs werden zum Hafen von Riga gebracht, wo ihre Reise in ein neues Leben mit neuer Familie beginnen soll. In diesem Glauben werden sie zumindest vorerst gelassen. Frühzeitig kristallisiert sich für die Leserschaft heraus, dass die Geschehnisse auf dem Frachter mit den Vorgängen im Bostoner Krankenhaus zusammenhängen. Eine wirkliche Aufklärung lässt indes bis zu den letzten Kapiteln auf sich warten, wodurch der Spannungsbogen konstant aufrechterhalten wird. Hier treffen die beiden Handlungsstränge dann aufeinander. Der Showdown findet auf dem Schiff im Hafen von Boston statt. Die Geschichte spielt in den 1990er Jahren. Der erzählte Zeitrahmen überschreitet ungefähr einen Monat. Die beiden Schauplätze werden chronologisch erzählt, so dass es kein zeitliches Hin- und Herwechseln zwischen den beiden Handlungssträngen gibt. Der Plot bietet Wendepunkte in Bezug auf beide Schauplätze.[186]

2.4.1.1.2 Motive

Wendepunkte

Der Wendepunkt auf dem Schiff ist nachvollziehbar, als Jakov beginnt, den Zweck der Schifffahrt nach Amerika zu hinterfragen. Er beginnt die ominösen Vorkommnisse zu untersuchen, insbesondere, weil alle anderen Jungen auf dem Schiff seekrank sind oder sie wurden bereits abgeholt, um zu ihrer neuen Familie gebracht zu werden. „Pjotr und

---

[184] Christiane Vogel: *The Vivid Ambiguity in Tess Gerritsen's Suspense Thriller Harvest – A Portmanteau of Medical Science and Fiction.* Unveröffentlichte Bachelorarbeit, Universität Leipzig 2010, S. 20.

[185] Tess Gerritsen: *The Medical Thriller.* In: Sue Grafton (Hg.): *Writing Mysteries. A Handbook by the Mystery Writers of America.* 2nd Edition. Cincinnati 2001, S. 233–239, hier S. 234.

[186] Vogel: *The Vivid Ambiguity* (Anm. 184), S. 21, 24.

Valentin waren nicht beim Frühstück. [Sie] waren auserwählt worden und nun auf dem Weg zu ihren neuen Eltern, hatte Nadja ihnen erklärt."[187]

> An ihrem vierten Tag auf See, als die Jungen noch alle spuckend und stöhnend in ihren Kojen lagen, gingen Nadja und Gregor mit einem Tablett voller Nadeln und Röhrchen herum. ‚Es ist nur ein *kleiner Pieks*‘, hatten sie gesagt, ‚ein *kleines Röhrchen* voll Blut, um sicherzugehen, daß ihr gesund seid. Denn niemand wird euch adoptieren, wenn ihr nicht nachweislich gesund seid!‘[188]

Das Verb pieksen (jemanden eine kleine Wunde zufügen) beziehungsweise die Kombination aus kleiner Pieks als verharmlosende Form für stechen sowie die Kombination aus dem augenscheinlichen Diminutiv Röhrchen mit dem Adjektiv klein verweisen auf eine Verharmlosung einer medizinischen Prozedur – hier die der Blutabnahme – qua des mutmaßlich nützlichen Zwecks, der sich aus ihr ergibt. Der Einsatz dieser verharmlosenden Sprache trägt dazu bei, dass sich bei den Kindern ein Druck aufbaut, sich der Prozedur, die für sie mit Angst und Schmerzen verbunden ist, zu unterziehen, um an eine Familie vermittelt zu werden.

In Bezug auf den Schauplatz des Krankenhauses findet der Wendepunkt statt, als Abby im Zusammenhang mit der Herztransplantation von der finanziell gut gestellten Patientin Nina Voss aufgrund der schnellen Verfügbarkeit des Organs und fehlender Spenderreferenzen ins Grübeln gerät. „„Aber wir wissen nichts über den Spender oder seine Krankengeschichte. Wir wissen nicht einmal, aus welchem Krankenhaus das Herz gekommen ist‘".[189] Hinzu kommt der Umstand, dass ihr Kollege Dr. Aaron Levi, Internist im Transplantationsteam und Kardiologe, kurz nach der Herztransplantation von Frau Voss angeblich einen Selbstmord begangen haben soll. Als Abby diesbezüglich von Kommissar Bernard Katzka des Morddezernats verhört wird, findet sie heraus, dass Selbstmord nicht die alleinige mögliche Erklärung für seinen Tod darstellt. Aus Abbys Sicht geht es fortan darum, die Lücken in Bezug auf das Transplantationsverfahren im Bayside Medical Center ausfindig zu machen. Das schließt auch das Verfolgen einer Schattenorganisation mit ein, in der auch einige ihrer Kolleg*innen, unter ihnen sogar ihr Verlobter, involviert sind. Nebenbei sieht sie sich innerhalb von zwei Wochen mit zwei Klagen konfrontiert und erkennt diesbezüglich eine eindeutige Verbindung zu Victor Voss, einem reichen und erfolgreichen Unternehmer sowie Ehemann von Patientin Nina Voss. Abby hatte sich in sein Fadenkreuz begeben, als sie gemeinsam mit der leitenden Assistenzärztin der Chirurgie Dr. Vivian Chao das Herz einer hirntoten Patientin in den schwerkranken, herzinsuffizienten 17-jährigen Joshua O'Day verpflanzt hat. Dieses war ursprünglich für Privatpatientin Nina Voss, die zu dieser Zeit weder stationär aufgenommen noch kritisch war, vorgesehen.

> ‚Ich habe gerade wegen des Lymphozytenkreuzvergleichs in der Intensivstation angerufen. Sie haben gesagt, daß sie bei Karen Terrio bereits einen Kreuzvergleich vornehmen.‘

> ‚Großartig. Endlich sind meine Leute mal auf Draht.‘

---

[187] Gerritsen: *Kalte Herzen* (Anm. 182), S. 219.
[188] Ebd., S. 213 (eigene Hervorhebung).
[189] Ebd., S. 130.

‚Aber, Dr. Chao, er bezieht sich nicht auf Josh O'Day.' Vivien drehte sich um und sah die Sekretärin an. ‚Was?'

‚Die Intensivchirurgie sagt, daß es um jemand anderen geht. Eine Privatpatientin namens Nina Voss.'

‚Aber Joshs Zustand ist kritisch! Er steht ganz oben auf der Liste.'

‚Sie haben nur gesagt, daß das Herz an die andere Patientin gehen soll.'[190]

Abby gerät aufgrund dieser Situation auch in einen Disput mit ihrem Freund Mark, der in die Vorgänge involviert zu sein scheint.

‚Zwei Patienten brauchen ein Herz. Der eine ist ein armer, nicht versicherter Junge im Studentenkurs. Der andere hat ein Sommerhaus in Newport. Und wer kriegt den Hauptpreis? Es ist ziemlich offensichtlich.'

‚Es ist nicht allein meine Entscheidung', sagte Mark. ‚Daran sind auch noch andere beteiligt. Das ganze Transplantationsteam. [Der Klinikdirektor] möchte, daß unsere Statistiken gut aussehen. Und die Forschung bestätigt, daß nicht-stationäre Patienten bei Transplantationen eine sehr viel höhere Überlebenschance haben.'

‚Ohne Transplantation hat Josh O'Day gar keine Überlebenschance.'

‚Ich weiß, es ist eine Tragödie. Aber so ist das Leben.'[191]

Nachdem Dr. Chao aufgrund des Stattfindens von Joshs Herztransplantation vom Ausbildungsprogramm ausgeschlossen wird, möchte Victor Voss auch Abby nicht mehr im Krankenhaus wissen und setzt alles daran, einen Anlass für die Beendigung ihres Beschäftigungsverhältnisses zu finden. Als kurz darauf für Nina Voss ein neues Herz zur Verfügung steht und die Papiere hierzu unvollständig sind, realisiert Abby, dass es nicht nur um die gute Statistik beziehungsweise die Reputation des Hauses in Bezug auf die Überlebenszeit nach Transplantation geht. Immer offensichtlicher zeigt sich die massive Beteiligung des Transplantationsteams. Abby, Dr. Chao und Kommissar Katzka, der im Verlauf der Geschichte eine immer prominentere Rolle einnimmt, versuchen gemeinsam die illegalen Machenschaften aufzudecken. Dabei stoßen sie auf eine Schattenfirma namens Amity, angeblich ein Unternehmen, welches medizinische Güter verkauft. Unter deren Deckmantel werden die Strippen des illegalen Organ- und Menschenhandels gezogen und über deren Konten findet der illegale Geldtransfer für die Organe statt.

[190] Gerritsen: *Kalte Herzen* (Anm. 182), S. 56f.
[191] Ebd., S. 59, 61.

AMITY MEDIZINISCHER BEDARF. VERKAUF UND BERATUNG

Hinter den vergitterten Fenstern sah man eine verstaubte Ausstellung der Firmenprodukte: Krücken und Stöcke, Sauerstoffflaschen, eine Schaufensterpuppe in einer Schwesterntracht, die aus den sechziger Jahren zu stammen schien. Abby blickte über die Straße auf das schäbige Schaufenster und sagte: ‚Das kann nicht die richtige Amity sein.'

‚Es ist die einzige Firma dieses Namens im Telefonbuch', erwiderte Katzka.

‚Warum sollte er [Victor Voss] fünf Millionen Dollar an dieses Unternehmen überweisen?'

‚Es könnte ein Tochterunternehmen einer größeren Firma sein. Vielleicht war es eine günstige Anlagemöglichkeit.'

Sie schüttelte den Kopf. ‚Das Timing spricht dagegen. Versetzen Sie sich in Victor Voss' Lage. Seine Frau liegt im Sterben, er versucht verzweifelt, ihr die benötigte Operation zu verschaffen. Da würde er doch nicht über Anlageobjekte nachdenken.'[192]

Aus Jakovs Sicht wird die schreckliche Wahrheit über die Sigajew-Gesellschaft erst nach und nach enthüllt. Anfänglich kann es die Leserschaft aufgrund einiger Gespräche, die Jakov mit der Crew des Frachters führt, intuitiv erfassen.[193]

‚Warst du schon mal in Amerika?' fragte Jakov über den Maschinenlärm hinweg.
‚Zweimal', antwortete Koubichev [der Schiffstechniker].
‚Hat es dir da gefallen?'
‚Weiß nicht. Wir kriegen kein Landgang. Sie stellen uns unter Arrest, sobald wir in den Hafen einlaufen. Ich kriege nie irgendwas zu sehen.'
‚Warum befiehlt der Kapitän das?'
‚Das kommt nicht vom Kapitän. Das kommt von den Leuten auf dem Achterdeck.'
‚Was für Leute? Ich habe da noch nie jemand gesehen.'
‚Die kriegt keiner zu sehen.'[194]
‚Was zahlen sie dir denn?' […]
‚Mehr, als ich vorher gekriegt habe. Mehr, als die meisten anderen kriegen. Und nur dafür, auf dem verdammten Atlantik hin- und herzuschippern.'[195]

‚Machen Sie was Illegales? […] Sollen Sie deswegen nicht darüber reden? […]
‚Ich bin nur dafür verantwortlich, dieses Schiff heil von Riga nach Boston und zurück nach Riga zu bringen.'
‚Sind immer Waisenkinder an Bord?'
‚Nein. Normalerweise sind es Frachtcontainer. Ich frage nicht, was drin ist. Ich stelle überhaupt keine Fragen. Punkt.'
‚Also könnten Sie was Illegales tun?'[196]

---

[192] Gerritsen: *Kalte Herzen* (Anm. 182), S. 305f.
[193] Vogel: *The Vivid Ambiguity* (Anm. 184), S. 22.
[194] Gerritsen: *Kalte Herzen* (Anm. 182), S. 114f.
[195] Ebd., S. 115.
[196] Ebd., S. 116.

Charakterentwicklung

Gerritsen wählt für ihren Medizinthriller die auktoriale Erzählperspektive, was die Leserschaft dazu befähigt, einen Überblick über die verschiedenen Charaktere, Schauplätze, Zeitrahmen und die gesamten Geschehnisse zu bekommen.[197] Um einer Monotonie entgegenzuwirken, nutzt sie ferner das Gestaltungsmittel des Dialogs. Diese Kombination befähigt die Leser*innen zu wissen, was eine Figur tut, denkt und sagt. Die Charaktere werden durch lebhafte Dialoge sowie Gedanken- und Gefühlsäußerungen hervorgehoben. Insbesondere die Protagonistin durchläuft einige erwähnenswerte Modifikationen, die sich meist in Form von Problembewältigungsstrategien zeigen, die ihr Wesen im Verlauf der Geschichte enorm prägen. Auch einige andere Figuren durchlaufen während der fortschreitenden Geschichte Änderungsprozesse. Ein Großteil des Bayside Transplantationsteams stellt sich als lebhafter Teil des Organverkaufrings, der Sigajew-Gesellschaft, heraus. Das waren sie bereits von Anfang an, der Leserschaft fehlte allerdings diese Information bis zu einem gewissen Punkt, an dem die Spannung ihr höchstes Ausmaß erreicht. Gleichzeitig werden auch die Antagonist*innen, insbesondere Nadja, nicht ausschließlich auf ihren verbrecherischen Charakter reduziert. Folgende Textstelle soll dies verdeutlichen:

> Gregor verschloß die Plastiktüte und legte sie in die Kühlbox. Er gab die Box Nadja und forderte sie auf: ‚Nun nimm schon.' Zuerst schien sie ihn gar nicht zu hören. Dann sah sie ihn mit *aschfahlem Gesicht* an, und er dachte: Die dumme Gans *hat nicht die Nerven*. ‚Es braucht Eis. Los, mach schon.' Er schob die Kühlbox zu ihr rüber. Sie schien entsetzt zurückzuweichen. Dann atmete sie tief ein, nahm die Kühlbox und trug sie zu dem Tisch auf der anderen Seite des Raumes. Er bemerkte, daß sie *auf wackeligen Beinen* ging. Das erste Mal war immer ein *Schock*. Ihm selbst war beim ersten Mal zwischendurch auch ziemlich *flau* geworden.[198]

An mehreren Stellen dieses Textbeispiels lässt sich ableiten, dass diese Antagonistin mit der gerade stattfindenden Handlung und ihrer Rolle hierin – ein illegal entnommenes Organ von einem der Kinder wird auf Eis gelegt und für den Transport fertiggemacht – nur schwer umgehen kann. Das wird durch die Beschreibung ihrer Gesichtsfarbe deutlich. Das Adjektiv aschfahl, in der Medizin als livid oder livide beschrieben, meint eine blasse Gesichtsfarbe. Ein blasses Gesicht lässt auf Gefühlsregungen oder gesundheitliche Probleme schließen, es sollte als Warnzeichen gelesen werden. Die Redensart auf wackeligen Beinen stehen verbildlicht einen unsicheren Stand. Beschrieben wird außerdem eine Schocksituation, wobei das Nomen Schock hier nicht im medizinischen Sinne einer schweren Kreislaufstörung zu lesen ist, sondern im umgangssprachlichen einer plötzlichen seelischen Erschütterung. Daher auch Gregors Gedanke: „Die dumme Gans hat nicht die Nerven". Die Redensart keine Nerven haben verdeutlicht einen Zustand der psychischen Erschöpfung. Zu guter Letzt findet das Adjektiv flau als Reaktion auf eine solche Schockreaktion Erwähnung. Das Gefühl von Übelkeit, Schwindel, Schwäche und Kraftlosigkeit wird damit in Verbindung gebracht. Es wird deutlich, dass Nadja sich in dieser Handlungssituation erkennbar nicht wohl fühlt.

---

[197] Vogel: *The Vivid Ambiguity* (Anm. 184), S. 23.
[198] Gerritsen: *Kalte Herzen* (Anm. 182), S. 293 (eigene Hervorhebung).

Gerritsens Schreibstil

Gerritsen verfügt, abgesehen von ihren offensichtlichen medizinischen Erfahrungen, über einen spannenden, aufregenden Schreibstil. Dank dieser Verknüpfung schafft sie es, dass die Leserschaft sich direkt in die Geschichte hineinversetzt fühlt. Es wird eine dunkle Seite der Medizin angesprochen, die hier zwar fiktional verpackt ist, die Leser*innen wissen aber, dass sie so in der Welt durchaus praktiziert werden könnte. Ihr bewusst eingesetzter Wortschatz, gespickt mit Fachtermini, Metaphern, Idiomen und weiteren stilistischen Mitteln, gibt der Geschichte eine persönliche Note und unterstützt die Lesbarkeit.[199] Als Ärzteliteratin ist Gerritsen in der Lage, medizinisches Wissen aus erster Hand in ihren Plot einzuarbeiten und so das Wechselverhältnis von Fiktion und wissenschaftlichen Fakten gekonnt zu inszenieren. So gelingt es ihr auch, die Funktionsdimensionen an der Schnittstelle von Medizin und Literatur (Tab. 1) zu erfüllen. Medizinisch-fachliche Passagen werden von ihr beispielsweise mit Emotionen und individualitätsstiftenden Passagen ergänzt. Evident wird dieser Umstand vor allem im Rahmen der Beschreibung einer hirntoten Patientin.

> Es war drei Uhr nachmittags, einundsechzig Stunden, nachdem ein betrunkener Fahrer frontal mit Karen Terrios Wagen zusammengeprallt war. Karen war vierunddreißig Jahre alt, HIV negativ und karzinom- und infektfrei. Außerdem war sie hirntot. Kurz: Sie war ein lebendiger Supermarkt gesunder Spenderorgane. Herz und Lunge, Nieren, Bauchspeicheldrüse, Leber, Knochen, Augenhornhaut und Haut. Mit einer einzigen schrecklichen Entnahme konnte ein halbes Dutzend Leben gerettet oder zumindest verbessert werden. […] Und lange nachdem Karen Terrio beerdigt war, würden Teile von ihr weiterleben. Das Herz, das sie einst in ihrer Brust schlagen spürte, als sie mit fünf gespielt, mit zwanzig geheiratet und mit einundzwanzig ihre Kinder geboren hatte, würde in der Brust eines Fremden weiterschlagen.[200]

Das faktenbasierte Aufzählen der zur Verfügung stehenden Organe, der Vergleich mit einem lebendigen Supermarkt und das Zahlenspiel, wie viele Menschen damit gerettet werden können, demzufolge vom Hirntod der Karen Terrio profitieren, wird hier gekonnt mit dem Schicksal der Verunglückten in Verbindung gebracht. Es handelt sich um eine kerngesunde, junge Frau und Mutter mit einer Vergangenheit und Erinnerungen. Ein betrunkener Fahrer hat ihre Zukunft und eine Familie zerstört. Selten werden die ambivalenten Umstände, die ein irreversibler Hirnfunktionsausfall mit sich bringt, so deutlich anhand eines Einzelschicksals in wissenschaftlicher Literatur vermittelt. In der Betreuung von Angehörigen einer hirntoten Person sind diese Einblicke jedoch unerlässlich. Selbst wenn sie Trost in dem Gedanken finden sollten, dass der Tod ihrer geliebten Person durch die Organspende zumindest einen Sinn ergibt, wird ein reines Zahlenspiel im Angehörigengespräch nicht ausreichen; es braucht Emotionen und Empathie, um der Situation gerecht zu werden. Karen Terrio ist keine Körperhülle, die eine gewisse Anzahl von zu verpflanzenden Organen beherbergt, sie ist in erster Linie ein Mensch, umgeben von Menschen, die sie lieben.

---

[199] Vogel: *The Vivid Ambiguity* (Anm. 184), S. 25.
[200] Gerritsen: *Kalte Herzen* (Anm. 182), S. 50ff.

Exkurs: Medizinthriller

Laut Gerritsen reicht es nicht aus, ein Krankenhaus in das Zentrum einer Geschichte zu stellen, um sie als Medizinthriller zu verkaufen. Sie nutzt folgende Definition.

> The definition I myself use for the term *medical thriller* is this: It is a suspense novel set in the world of medicine, with characters who are medically trained. It is *also* a novel in which the central conflict or evil involves medical science or medical ethics. These different elements combined – the hospital setting, the physician or nurse protagonist, and a premise based on situations unique to medicine – are what make these novels so compelling.[201]

Darüber hinaus stellt sie fest, dass neben der technischen Korrektheit und dem doc-talk noch ein Merkmal fehlt, um die Konzeption des Medizinthrillers abzurunden. Es geht darum, dass die Leser*innen die Welt durch die Augen eines Health Professionals sehen, die Geräusche und Gerüche und Emotionen erleben, mit denen diese Personen während ihrer Arbeitszeit unentwegt konfrontiert werden. Gerritsen bezieht sich auf sensorische Besonderheiten, die die Aufmerksamkeit der Leserschaft fesseln. „The feel of the needle tip ‚popping' into a vein. The smell of burnt flesh as it's cauterized. The screech a bone saw makes as it cuts through the sternum."[202] Einige dieser, von der Autorin selbst gesetzten, Charakteristika eines Medizinthrillers sollen im Folgenden in Bezug auf *Kalte Herzen* näher betrachtet werden.

Die Mehrzahl der Figuren hat eine medizinische Ausbildung. Durch deren Handlungsspielraum wird ein realitätsnaher Einblick in das Setting des Krankenhauses gewährt. Dies geschieht insbesondere bezüglich der Transplantationsmedizin und die dadurch involvierten „high stress areas" – Abteilungen, in denen die Energien und Fähigkeiten des Behandlungsteams stärker gefragt sind als auf anderen Stationen.[203] „From a narrative viewpoint, these medical units [Notaufnahme, Intensivstation, Operationssaal] are characterized by action and suspense in which reality and medical fiction are likely to blend harmoniously."[204] Es sind vor allem die Geschehnisse, die während der Explantation und Organtransplantation stattfinden und damit verbunden die spannenden, schockierenden und adrenalinreichen Dramen, die den Leser*innen in einem rasanten Tempo präsentiert werden, die den Medizinthriller auszeichnen. Gefühle von Angst, Nervosität und Kollaps werden hervorgerufen. Das zentrale Motiv (Organhandel) betrifft einen Kern der medizinischen Wissenschaft und Ethik. Die mangelnde Verfügbarkeit menschlicher Organe für den Zweck der Transplantation und die verbotenen Methoden, diese Unzulänglichkeit aus technisch und medizinisch möglichen, aber auch aus Angst vor Reputationsverlust und nicht zuletzt aus finanziellen Gründen, zu beheben. Die sensorischen Besonderheiten werden durch genaue Szenendarstellungen in Bezug auf beispielsweise Selbstmord, Mord, Forensik und Operationen sowie unter Einsatz einer Vielzahl stilistischer Mittel, vor allem Metaphern und Onomatopoesie, inszeniert.[205]

---

[201] Gerritsen: *The Medical Thriller* (Anm. 185), S. 234 (Hervorhebung im Original).

[202] Ebd., S. 239.

[203] Christiane Vogel: *Der heimliche Lehrplan in Samuel Shems medizinischem Bildungsroman The House of God (1978)*. In: Jansohn, Steger (Hg.): *JLM* 8 (Anm. 17), S. 97–124, hier S. 103.

[204] Charpy: *Medical Thrillers* (Anm. 180), S. 427.

[205] Vogel: *The Vivid Ambiguity* (Anm. 184), S. 29f.

Neben Gerritsens Vorstellungen, was einen guten Medizinthriller ausmachen sollte, zeigen sich auch in Bezug auf die generellen Merkmale des Thrillers Überschneidungen in *Kalte Herzen*. Ähnlich einem Suspense-Thriller schreitet die Geschichte schnell voran. Action und Abenteuer verbinden sich mit wissenschaftlichen Informationen. Es ist ein Sub-Genre, welches sich wesentliche Merkmale der Genres Abenteuer, Spannung und Mystery teilt.[206]

> Basically this genre focuses on a particular profession – espionage, medicine, or the law, for example – and tells an action-packed story that reveals the intricacies of that profession and the potential dangers faced by those involved in it. [A thriller] is a gripping, plot-centered story, set in the detailed framework of a particular profession, which places heroes or heroines in dangerous situations from which they must extricate themselves.[207]

In *Kalte Herzen* wird häufig Bezug zu medizinischen Aspekten genommen. Angefangen beim wiederholten Einsatz medizinischer Terminologie, Vorstellung von Verfahrenswegen institutioneller Einrichtungen wie dem United Network for Organ Sharing (UNOS) und der New England Organ Bank (NEOB), die US-amerikanischen Pendants zu Eurotransplant und der Deutschen Stiftung Organtransplantation (DSO), bis hin zu eingängigen Arbeitsplatzbeschreibungen im System Krankenhaus, die sowohl in ihrer inhaltlichen als auch strukturellen Ausprägung Erwähnung finden. Nur so können die Leser*innen durch die Augen von Health Professionals sehen. Ein Insiderblick, der viele Details im Operationssaal, im Labor oder im Kampf gegen eine tödliche Krankheit lebendig werden lässt. Dabei ist wichtig, dass der Einsatz von technischem Know-How in einer schnellen, aber verständlichen und nicht in einer trockenen, überwältigend unverständlichen Art vermittelt wird. Dass die Profession, die im Zentrum steht, aus einem negativen Blickwinkel dargestellt wird, der auf bestimmte Probleme und Gefahrenpotenziale hinweist, ist keine Ausnahme – wie sich auch deutlich in *Kalte Herzen* zeigt.[208] Die Leserschaft wird mit Verschwörungen, Korruption und kriminellen Machenschaften konfrontiert, die meist über das hinausgehen, was sie selbst für möglich halten. So kann es den Autor*innen gelingen, mit dem schlimmsten Ängsten ihrer Leserschaft zu spielen.[209] Aufgrund der Bandbreite und Beliebtheit von Medizinthrillern könnten eine Vielzahl von Autor*innen als Schlüsselfiguren genannt werden, die auch regelmäßig auf Bestseller-Listen erscheinen. Laut Charpy gehört Gerritsen – nach den „founding fathers" Michael Crichton, Robin Cook und Michael Palmer – zu der zweiten Generation von Autor*innen, die bezüglich des Schreibens von Medizinthrillern, hervorstechen.[210] Saricks beschreibt ihre Medizinthriller wie folgt: „Gerritsen, who usually features a sympathetic female protagonist as well as graphic medical detail and more far-fetched plots, crosses between strictly medical and more scientific plot emphases".[211] Wie genau sie die Fachsprache der Medizin und Wissenschaft in *Kalte Herzen* präsentiert, wird im Folgenden am Beispiel einer

---

[206] Joyce G. Saricks: *The Readers' Advisory Guide to Genre Fiction*. 2. Aufl. Chicago 2009, S. 71.
[207] Ebd., S. 71f.
[208] Ebd., S. 74.
[209] Ebd., S. 76.
[210] Charpy: *Medical Thrillers* (Anm. 180), S. 426.
[211] Saricks: *The Readers' Advisory Guide* (Anm. 206), S. 82.

Szene näher betrachtet. Situiert auf der Intensivchirurgie stellt die Protagonistin dem Vorsitzenden des chirurgischen Ausbildungsprogramms eine ihrer Patientinnen vor.

> Abby hatte eine Heidenangst vor dem [Professor für Chirurgie], genau wie alle anderen Assistenzärzte auch. Elf von ihnen standen jetzt in einem Halbkreis aus weißen Kitteln und grünen OP-Anzügen in der Intensivchirurgie. Ihre Blicke waren auf den Chefarzt gerichtet. Sie wußten, daß jeder von ihnen mit einer Frage attackiert werden konnte. Wer dann keine Antwort wußte, mußte sich einer längeren Prozedur persönlicher Demütigung unterziehen.[212]

Diese Textstelle gibt einen Einblick in die hierarchischen Beziehungen, die in einer Klinik herrschen können. Sie sind insbesondere für Assistenzärzt*innen wegweisend, da sie sich trotz eines sechsjährigen Studiums von der untersten Stufe der Karriereleiter gegenüber den Oberärzt*innen und Chefärzt*innen beweisen müssen.

> Die Patientin ist eine vierunddreißigjährige Frau weißer Hautfarbe. Ein Rettungsteam brachte sie gegen ein Uhr heute morgen nach einer Frontalkollision auf der Route 90. Sie wurde vor Ort *intubiert* und stabilisiert und dann mit dem Rettungshubschrauber hierhertransportiert. Bereits bei ihrer Ankunft in der Notaufnahme zeigten sich verschiedenste Verletzungen. Sie hatte offene und *imprimierte Schädelfrakturen*, einen Bruch des linken Schlüsselbeins und des linken Oberarmknochens sowie *schwere Riß-Quetsch-Wunden* der Gesichtsweichteile. Meine Erstuntersuchung ergab, daß die Frau von mittlerer Statur und in gutem Ernährungszustand ist. Sie zeigte *keinerlei Reaktionen auf alle Stimuli* mit Ausnahme einiger zweifelhafter *Strecksynergismen* [...]. Sie hatte einen Blutdruck von neunzig zu sechzig und einen Puls von hundert. [...] Sie zeigte *keinerlei Spontanatmung*. Sie wurde mit einer Frequenz von fünfundzwanzig Atemzügen pro Minute *vollautomatisch beatmet* [um] den *Kohlendioxidgehalt des Blutes* zu senken und damit das *Hirnödem* zu minimieren.[213]

Mit Hilfe dieser Erläuterungen erfährt die Leserschaft nicht nur, wie der Gesundheitszustand von Patient*innen dem direkten Vorgesetzten vorgestellt wird, sondern auch, was eine solche Untersuchung beinhaltet. Auch für fachfremde Personen, die vielleicht nicht jedes einzelne Wort verstehen können, zum Beispiel Intubation, Stimuli oder imprimieren, wird schnell deutlich, dass diese Patientin sich aufgrund des Verkehrsunfalls an der Schwelle zwischen Leben und Tod befindet. Bei hier besagter Patientin (Karen Terrio) verschlechtert sich der Gesundheitszustand, was weitreichende Auswirkungen hat; nicht nur für sie persönlich, sondern für all die Personen, die ihr nahestehen. Gleichzeitig, und das verdeutlicht die Ambivalenz einer solchen Situation, wird ihr sich verschlechternder Zustand positive Auswirkungen haben in Bezug auf Patient*innen, die auf ein neues Organ warten. Es gibt jedoch bestimmte Richtlinien, die Ärzt*innen im Rahmen einer möglichen Spende einhalten und nachweisen müssen.

---

[212] Gerritsen: *Kalte Herzen* (Anm. 182), S. 21.
[213] Ebd., S. 21f. (eigene Hervorhebung, um die von Gerritsen verwendete Fachsprache zu unterstreichen).

Eine *Blutung im Mittelhirn* ist eine vernünftige Annahme. Zusammen mit einer *Glasgow-Komaskala* von […] eineinhalb, ist die *Prognose* ungünstig. Die Patientin hat *keine spontane Atmung, keine Spontanbewegungen*, und die scheint alle *zentralen Reflexe verloren* zu haben. Im Moment habe ich keine anderen Vorschläge als die Durchführung aller lebenserhaltenden Maßnahmen. Außerdem rege ich an, sie als Organspenderin in Betracht zu ziehen.[214]

Indem eine hirntote Patientin in den Plot eingebaut wird, thematisiert Gerritsen medizinethische – sowie rechtliche Fragen, die in einer solchen Situation zu Tage treten. Gemeint ist hier vor allem die Entscheidung, welches Leben geschützt und gefördert wird, und welches Leben man beenden kann.[215] Zu denken ist an die Familie von Karen Terrio, die sich der schlimmsten vorstellbaren Situation konfrontiert sieht. Sie müssen handlungsleitende Entscheidungen treffen und gleichzeitig von einem geliebten Menschen Abschied nehmen.

> Er [Joe Terrio, der Ehemann] sah die Formulare kaum an, sondern setzte nur seinen Namen darunter […]. Eine Schwester der Intensivstation und Abby waren Zeugen. Kopien des Formulars würden in Karen Terrios Krankenakte abgelegt und auch an die New England Organ Bank, kurz NEOB, und zu den Akten der Koordinationsstelle für Transplantationen am Bayside-Hospital gehen. Die Organe konnten entnommen werden. [Joe Terrio setzte] seine stille Wache am Bett seiner Frau [fort].[216]

In *Kalte Herzen* wird auch mehrmals auf die prekäre Situation in Bezug auf die Verfügbarkeit von Spenderorganen angespielt sowie auf die nötigen Systeme und Netzwerke, die den Transfer der Organe gemäß den Wartelisten gewährleisten. So interessiert sich auch Gerritsens Medizinthriller „für die Risiken, die mit einer biopolitischen Vermessung des Lebens einhergehen“.[217] Folgende Textstellen sollen dies hervorheben. „Das eigentliche Problem ist der Mangel an Organen. Tausende von Menschen brauchen neue Herzen, und es stehen immer nur ein paar zur Verfügung.“[218]

> Das System ist im Grunde ziemlich einfach […]. Es gibt sowohl eine nationale wie auch eine regionale Warteliste von Patienten, die Organe brauchen. Das bundesweite System ist das United Network for Organ Sharing, kurz UNOS. Die regionale Liste wird von der New England Organ Bank, kurz NEOB, geführt. Beide Systeme listen die Patienten in der Reihenfolge ihrer Bedürftigkeit auf, unabhängig von Einkommen, Rasse oder Status.[219]

---

[214] Gerritsen: *Kalte Herzen* (Anm. 182), S. 25 (eigene Hervorhebung, um die von Gerritsen verwendete Fachsprache zu unterstreichen).

[215] Stella Butter: *Riskante Körper. Der zeitgenössische amerikanische Medizinthriller als Gattung der Risikokommunikation über Biopolitik.* In: Eva von Contzen, Tobias Huff, Peter Itzen (Hg.): *Risikogesellschaften. Literatur- und geschichtswissenschaftliche Perspektiven.* Bielefeld 2018, S. 245–266, hier S. 246.

[216] Gerritsen: *Kalte Herzen* (Anm. 182), S. 52.

[217] Butter: *Riskante Körper* (Anm. 215), S. 246.

[218] Gerritsen: *Kalte Herzen* (Anm. 182), S. 92.

[219] Ebd., S. 177.

Innerhalb eines fiktionalen Rahmenwerks erfährt die Leserschaft von den grausamen Details in Bezug auf den illegalen Organhandel und die damit verbundene zweckentfremdete Adoption der russischen Waisenkinder. Dies zeigt sich oft in Form von Dialogen.

> ‚Organe gegen Cash. Ist das möglich?‘ […]
> ‚Natürlich gab es immer wieder mal Gerüchte. […] Jedesmal, wenn ein Prominenter ein Spenderorgan erhält, fragen sich die Leute, ob Geld im Spiel war. Aber es gab nie irgendwelche Beweise, nur Vermutungen.‘
> ‚Was für Gerüchte haben Sie gehört?‘
> ‚Daß man sich einen höheren Platz auf der Warteliste kaufen kann. […] Das würde die UNOS nie zulassen oder die NEOB. Sie haben strikte Vorschriften.‘[220]

> ‚Es ist eines der führenden Transplantationszentren des Landes. Warum sollten sie das offizielle System umgehen und Ärger mit der NEOB und der UNOS riskieren?‘
> ‚Die Antwort liegt auf der Hand. […] Geld.‘[221]

> ‚Allein in diesem Land gibt es fünftausend Menschen, die auf Herztransplantationen warten. Das regionale System […] ist absolut unparteiisch. Allein der Zustand des Patienten ist ausschlaggebend für seine Priorität auf der Liste, nicht sein Vermögen. Das heißt, wenn man ganz unten auf der Liste steht, muß man lange warten. Nun mal angenommen, Sie sind reich und machen sich Sorgen, daß Sie sterben, bevor man ein Herz für Sie findet. Natürlich wären Sie versucht, sich unter Umgehung der Liste ein Organ zu besorgen.‘
> ‚Ist das möglich?‘
> ‚Dafür müßte es ein geheimes Vermittlungssystem geben, einen Weg, potentielle Spender aus dem System rauszuhalten und ihre Herzen direkt an wohlhabende Patienten zu leiten. Es gibt sogar noch eine schlimmere Möglichkeit.‘
> ‚Und die wäre?‘
> ‚Sie produzieren neue Spender.‘
> ‚Sie meinen, sie ermorden die Leute?‘[222]

Diese Textbeispiele verweisen mit dem kritischen Hinterfragen verschiedener „Kriterien zur Auslotung des Werts des Lebens" im Sinne einer Skalierung von wertvoll und weniger wertvoll, auf einen weiteren Aspekt des Medizinthrillers.[223]

2.4.1.1.3 Fazit

Es ist diese schlimmere Möglichkeit, die sich hinter der Beschreibung der zweckentfremdeten Adoption versteckt. Eine hermetisch für sich agierende Gesellschaft macht hohe Gewinne in einem Geschäftsbereich, der keiner sein darf. Nur wenige sind eingeweiht und wissen, „wieviel Geld die Hand gewechselt hatte. Es war genug, um die allerbesten

---

[220] Gerritsen: *Kalte Herzen* (Anm. 182), S. 255.
[221] Ebd., S. 257.
[222] Ebd., S. 275.
[223] Butter: *Riskante Körper* (Anm. 215), S. 247f.

Ärzte zu kaufen, das allerbeste Team [...]. Die Russen besorgten bloß die Teile und erledigten, wenn nötig, die Drecksarbeit".[224] Dieses Zitat fasst nüchtern in nur wenigen erschreckend ehrlichen Worten zusammen, was Gerritsen auf den 380 Seiten zuvor mit einer Handvoll an Charaktere, Schauplätzen und menschenverachtenden Handlungen für die Leserschaft aufbereitet hat. Als Ärzteliteratin ist sie in der Lage, dies in einer von medizinischer Terminologie und biomedizinischer Aufschlüsse gespickten Sprache zu verpacken. Zusätzlich bedient sie sich der Eigenheiten der Gattung des Medizinthrillers, die sich unter anderem durch ihre Schnelligkeit, durch ihre „Dichotomisierung der Figuren in gut/böse" sowie durch die „detektivische Aufklärung" der Protagonistin, die sowohl der Schattenorganisation und den dahinter getarnten Menschenhändler*innen als auch den eigenen, falschspielenden Kolleg*innen auf die Spur kommt.[225]

Folgend schließt sich die Untersuchung des Krimis *Tod auf der Warteliste* von Veit Heinichen an. Bei ihm steht eine Schönheitsklinik, die als Nebengeschäftszweig illegale Organtransplantationen koordiniert und durchführt, im Zentrum und wird als Aushandlungsszenario zum Organmangel gelesen.

2.4.1.2 Deckmantel-Chirurgie: Veit Heinichen *Tod auf der Warteliste*

Veit Heinichen, Jahrgang 1957, ist ein deutscher Schriftsteller, der seit den späten 90er Jahren in seiner Wahlheimat, der italienischen Hafenstadt Triest, lebt. Hier siedelt er auch den Protagonisten seiner Kriminalromane, den Kommissar Proteo Laurenti, an.[226] Der Titel des dritten Bandes aus der Laurenti-Reihe lautet *Tod auf der Warteliste* (2003). Diese fiktionale Bezeichnung wird auch in der wissenschaftlichen Auseinandersetzung als sprachliches Gerüst genutzt, um auf die Diskrepanz zwischen der zur Verfügung stehenden und benötigten Organe zu verweisen.[227] Im Folgenden werden neben einigen Merkmalen des Krimis, der Plot und die verschiedenen Handlungsstränge vorgestellt. Darauf folgt eine genauere Untersuchung der Motive, die anhand der einzelnen Schauplätze betrachtet werden. Abschließend werden in einem Fazit die wichtigsten Punkte zusammengetragen.

2.4.1.2.1 Plot- und Handlungsstrang

Das organisierte Verbrechen geschieht bei Heinichens Krimi unter dem Deckmantel der ästhetisch-plastischen Chirurgie in einer Stadt, die durch ihre geografische Schnittstellen-Lage ein Schmelztiegel für internationale Verbrechen zu sein scheint. So beschreibt der Autor seine Wahlheimat und gleichzeitig Inspirationsgeber Triest in einem Interview folgendermaßen.

---

[224] Gerritsen: *Kalte Herzen* (Anm. 182), S. 379.

[225] Butter: *Riskante Körper* (Anm. 215), S. 249.

[226] Veit Heinichen. Der Autor (2020). https://veitheinichen.com/de/der-autor/ (abgerufen am 13.11.2021).

[227] Breyer et al.: *Organmangel* (Anm. 136).

Kein Ort in Europa verfügt über mehr Grenzen als Triest. Direkt oder über den Seeweg steht die Stadt täglich mit über zwölf Ländern in Verbindung. Sie ist ein Schnittpunkt Europas, der Übergang zwischen der mediterranen Welt und der des Nordens, des Balkans und Westeuropa, Meer und Berg, Kommerz und Kultur. Dazuhin wurde Triest einst in friedlichem Zusammenleben von über 90 Ethnien geschaffen. Dies ist der Prototyp der europäischen Stadt – auch in vielerlei anderer Hinsicht. Kommissar Proteo Laurenti, der Protagonist meiner Bücher, hat mit all dem zu tun: Schmuggel jeglicher Art, Korruption, Geheimdienste, Menschenschleuserei, Organhandel, Neue Sklaverei.[228]

Osteuropäer*innen, denen eine finanzielle Entlohnung geboten wird, werden hinter den Kulissen einer angesehenen Schönheitsklinik um ihre Organe gebracht. Letztendlich werden sie nur mit einem Bruchteil des versprochenen Geldes in ihre Heimat zurückgeschickt oder sie überleben die Explantation nicht, da auch lebenswichtige Organe entnommen werden. Ein junger Rumäne kann zwar im letzten Moment, nur in OP-Kittel gekleidet, der Klinik entfliehen, wird aber unmittelbar Opfer eines Verkehrsunfalls. Als kurz darauf ein renommierter Chirurg der besagten Schönheitsklinik überfallen und kastriert wird und in Folge dieser Verstümmelung verblutet, zeichnet sich ein Zusammenhang zwischen beiden Todesfällen ab. Dieses Handlungsgeflecht rund um die Schönheitsklinik La Salvia bietet die Grundlage für den dritten Fall des Triester Ermittlers und zum Vizepolizeidirektor aufgestiegenen Proteo Laurenti. Der Krimi stellt die gnadenlose Ausbeutung von Armut vor dem Hintergrund des illegalen menschlichen Organhandels unter dem Deckmantel einer erfolgreich geführten und exklusiven Beauty-Klinik in das Zentrum. Ähnlich wie bei Gerritsen, die den Rezipierenden verschiedene Schauplätze mitverfolgen lässt, vereinen sich bei Heinichen durch verschiedene Handlungsstränge die Blickwinkel von Opfer, Unrechtsperson, sich rächende Person und Verfolgende. Sie verbinden sich somit zu einem packenden Krimigeflecht aus Geldgier, Protektion, Korruption, Mord und Vergeltung. Der 334-seitige Roman unterteilt sich in zwanzig Kapitel unterschiedlicher Länge, die nicht numerisch, jedoch durch kurze Zwischenüberschriften voneinander getrennt sind. Das verleiht beim Lesen Struktur und bereitet darauf vor, dass der Schauplatz und die Charaktere womöglich wechseln. Jedoch wird durch die Überschrift keinerlei Anhaltspunkt gegeben, in welche Richtung die nächste Passage gehen mag. Dies geschieht allenfalls im metaphorischen Sinne und ist auch erst nach dem Lesen des Kapitels zu entschlüsseln. Heinichen setzt in seinem Krimi die Erzählperspektive des auktorialen Erzählers ein, die er mit Figurenrede in Form direkter und indirekter Rede verknüpft. Die verschiedenen Kapitel springen in der Zeit hin und her, so dass die Geschichte keinen chronologischen Verlauf nimmt. Einige Geschehnisse werden so aus verschiedenen Perspektiven und Zusammenhängen beleuchtet, was die Leserschaft oft wissender macht als die handelnden Figuren im Roman. Den Handlungs- und Zeitsprüngen geschuldet, wird vom Rezipierenden eine gewisse Aufmerksamkeit abverlangt. Wie einige der in dieser Arbeit ausgewählten Romane wurde auch der von Heinichen verfilmt, allerdings nicht

---

[228] Jörg Steinleitner: Prominterview. Veit Heinichen. Schriftsteller. Schönheit, Schmuggel, Sklaverei. http://www.steinleitner.org/prominterview.php?id=28&ts= (abgerufen am 13.11.2021).

52

für das Kinopublikum. Es handelt sich um eine Fernsehproduktion der ARD, die den Krimi im Jahr 2007 ausstrahlte.[229]

Die Handlungsstränge

Nach dieser kurzen Zusammenfassung werden die verschiedenen Handlungsstränge kurz vorgestellt. Mit Blick auf die Motive werden sie einer genaueren Analyse unterzogen. Den Anfang macht dabei das exklusive Refugium, die Schönheitsklinik La Salvia. Für die Handlung lässt sich dieser Ort als Dreh- und Angelpunkt beschreiben. Zwei weitere Handlungsstränge begleiten jeweils die Rachefeldzüge von Personen, die durch die Machenschaften der La Salvia-Beteiligten schweres Leid erfahren haben. Dabei handelt es sich zum einen um den Zwillingsbruder des verunglückten Rumänen, der aus der Klinik geflohen ist, zum anderen um einen Journalisten, der seine verstorbene Frau rächen möchte. Diese drei Handlungsstränge werden stets durch die polizeilichen Ermittlungen von Kommissar Proteo ergänzt.

2.4.1.2.2 Motive

Den verschiedenen Handlungssträngen lassen sich jeweils spezifische Motive zuordnen, die im Folgenden vorgestellt und einer genaueren Analyse unterzogen werden.

Der Deckmantel

> ‚La Salvia' war eine weit über die Grenzen hinaus bekannte Privatklinik, die vor fünf Jahren mit zahlreichen steuerlichen Abschlägen und einigen Kompromissen in bezug [sic] auf Bebauungsplan und Naturschutzgesetz auf dem Karst gebaut worden war.[230]

Bezüglich des Namens der Klinik lohnt aus zweierlei Hinsicht eine nähere Betrachtung. Die Stadt Triest, der Handlungsort im Roman, ist in ihren Ausläufern im Karst von Steinmauern und Abhängen umgeben, die mit wildem Salbei bewachsenen sind; ein Produkt, für das die Stadt und ihr Umland bekannt sind. Gleichzeitig handelt es sich bei Salbei um eine Heilpflanze mit entzündungshemmender Wirkung.[231] Etymologisch betrachtet ent-

---

[229] Commissario Laurenti – Tod auf der Warteliste. Spielfilm Deutschland 2007 (87 Min.), Erstausstrahlung am 20.12.2007. Filme im Ersten. https://www.daserste.de/unterhaltung/film/filme-im-ersten/sendung/commissario-laurenti-tod-auf-der-warteliste-156.html (abgerufen am 13.11.2021).

[230] Veit Heinichen: *Tod auf der Warteliste. Ein Proteo-Laurenti-Krimi.* 7. Aufl. München 2008, S. 21.

[231] Angelika Prentner: *Heilpflanzen der Traditionellen Europäischen Medizin. Wirkung und Anwendung nach häufigen Indikationen.* Berlin 2017, S. 91f.

lehnt sich der Name Salbei vom lateinischen *salvia*, eine Wortbildung aus dem lateinischen *salvare* (retten, heilen).[232] Sieht man den Namen nun im Verbund mit einer medizinischen Praxis, hier in Form einer Klinik, liegt eine Verknüpfung zur *salvatio* (Rettung, Heilung) nicht fern. Der Versuch der Heilung beziehungsweise das Überwinden körperlicher und seelischer Leiden ist Hauptintention der Medizin und sollte demzufolge auch Handlungsmaxime im Umgang mit Personen sein, die sich in medizinische Hände begeben. Dass es sich bei dieser Klinik um eine Einrichtung für ästhetisch-plastische Chirurgie handelt, ändert grundsätzlich an der Maxime nichts, aber der Arbeits- beziehungsweise Handlungsschwerpunkt verlagert sich in einen bestimmten Teilbereich der Medizin. Es handelt sich um ein ästhetisches Anliegen, welches auf Wunsch und via Selbstzahlerleistung chirurgisch durchgeführt wird und sich somit im Kompetenzbereich der Medizin befindet.[233]

> Die Patienten von ‚La Salvia' wurden Kunden genannt und kamen vorwiegend aus Italien, Österreich, Deutschland und der Schweiz, um ein paar Korrekturen an ihren von den Jahren gezeichneten Körpern vornehmen zu lassen. […] Natürlich gehörte es zum ehernen Gesetz der Klinik, die illustren Gäste vor der Öffentlichkeit *hermetisch abzuschirmen* und ihre Namen nicht preiszugeben. […] Diskretion war die Voraussetzung für *glänzende Geschäfte*. […] Angeblich mußten alle, die in ‚La Salvia' arbeiteten, die Hauptbedingung der Klinik unterschreiben, bevor sie beginnen durften: *eisernes Schweigen*.[234]

Der Hinweis auf die Verschwiegenheit und Diskretion, die das international besetzte Behandlungsteam mitbringen soll, erscheint vor dem Hintergrund der Regelungen zur ärztlichen Schweigepflicht oder ähnlichen ethischen Kodizes in der Medizin als nicht verwunderlich. Die synästhetische Metapher eisernes Schweigen deutet allerdings darauf hin, dass Verschwiegenheit und Diskretion hier in einer anderen Dimension gedacht werden. Das Angebot der Klinik, doppeldeutig als glänzendes Geschäft beschrieben, geht über das der ästhetisch-plastischen Chirurgie weit hinaus. Es erstreckt sich in Gefilde, die sich weder mit ethischen Kodizes noch rechtlichen Vorschriften verträgt: Es handelt sich um Menschenhandel und illegale Organtransplantationen. Die Anteilshabenden der Klinik – unter ihnen auch ärztliches Fachpersonal – verdienen viel Geld in diesem kaltblütigen Geschäft. Dafür nehmen sie den Tod der Spender*innen nicht nur in Kauf, sie planen ihn mitunter von vornherein bereits ein, um ihre Organe gewinnbringend in ihre solvente Kundschaft zu transplantieren. Die Schönheitschirurgie und die damit einhergehende Abschirmung der Klientel von der Außenwelt dient hier als perfider Deckmantel der eigentlichen Vorgänge in und um La Salvia. Die Empfänger*innen, die bereit sind, für Organe viel Geld zu zahlen, erfahren durch die Transplantation wohlmöglich eine *salvatio*, wenn diese auch nicht im Sinne einer *restitutio ad integrum* zu verstehen ist. Dass ein gesunder Mensch, der auf das Geld angewiesen ist, dafür sein Leben riskiert, nehmen sie in ihrer eigenen verzweifelten Lage in Kauf. Für die Leserschaft bleibt der illegale Organhandel,

---

[232] Helmut Genaust: *Etymologisches Wörterbuch der botanischen Pflanzennamen*. Stuttgart 1976, S. 197.

[233] Mariacarla Gadebusch Bondio: *Medizinische Ästhetik: Kosmetik und plastische Chirurgie zwischen Antike und früher Neuzeit*. München 2005.

[234] Heinichen: *Tod auf der Warteliste* (Anm. 230), S. 22f. (eigene Hervorhebung).

der in der Klinik unter dem Deckmantel der Schönheitschirurgie betrieben wird, kein Geheimnis, welches sich erst im Laufe der Geschichte gegen Ende auflöst. Der Rezipierende ist instantan im Geschehen und bekommt einen Einblick in das menschenverachtende Geschäft, in dem Geld über allen Werten zu stehen scheint. Folgende Textstellen unterstreichen diese Einschätzung:

> Der Markt ist gigantisch. Die Methoden werden immer ausgefeilter [...]. Wir haben inzwischen einen so guten Ruf, daß wir ohnehin bald anbauen müßten, weil die Warteliste immer länger wird.[235]

> Petrovacs [ein Aktionär der Klinik] bisheriger Anteil deckt nicht nur seine Kosten für die Lieferung des Rohmaterials, sondern bringt ihm jedes Jahr einen dicken Batzen Geld zusätzlich.[236]

> Dreißigtausend Euro in bar und pro Kopf war ein ausgezeichneter Tagesverdienst für den Streß, das Risiko lohnte sich. Man konnte zufrieden sein.[237]

Hier wird sowohl mit dem Leid, der verzweifelt auf ein Organ Wartenden, als auch mit dem der verzweifelt auf finanzielle Entschädigung Wartenden, gespielt. Beide Notlagen werden ausgenutzt, um größtmöglichen Gewinn zu erzielen. Insbesondere ein sich verschlechternder Gesundheitszustand des potenziellen Empfängers wird als Grundlage für neue Verhandlungen genutzt: „Wenn der Schweizer wirklich so übel dran ist, erhöhen wir den Preis."[238]

> ‚Hat er bezahlt?‘
> ‚Die erste Hälfte. Gerade heute kam die Nachricht von unserer Schweizer Bank. Er hat die Verdopplung akzeptiert, ohne zu mucksen.‘
> ‚Viele Alternativen hat er auch nicht.‘ [...]
> ‚Er wird mit dem Jet seiner Firma eingeflogen. Den Rest bringt er in bar mit. Wir teilen wie üblich.‘[239]

Die Rache des Zwillingsbruders

> Vasiles Traum von der Eismaschine, mit der er die Zukunft seiner Familie sichern wollte, endete in der Kühlkammer der Gerichtsmedizin von Triest.[240]

Dieser Chiasmus, der wie im Beispiel eisernes Schweigen wieder das Thema Kälte (Eismaschine, Kühlkammer) beinhaltet, bezieht sich auf die Lebensumstände des 32-jährigen Rumänen Vasile Dealul, der sich von Constanţa aus, erst an Bord eines Zementfrachters

---

[235] Heinichen: *Tod auf der Warteliste* (Anm. 230), S. 16.
[236] Ebd., S. 17.
[237] Ebd., S. 162.
[238] Ebd., S. 121.
[239] Ebd., S. 162.
[240] Ebd., S. 64.

und später auf einer LKW-Fähre, versteckt auf den Weg nach Triest gemacht hat, um in der Klinik La Salvia mit einer seiner Nieren Zehntausend Dollar zu verdienen. Das Geld kann seine Familie in Rumänien gut gebrauchen. Er wollte davon die oben erwähnte Eismaschine kaufen, mit der sein Bruder und er Speiseeis herstellen und anschließend an den Uferpromenaden des Schwarzen Meeres hätten verkaufen können. Nach überstandener Schleusung und Ankunft in La Salvia hört er in der Klinik zufällig ein Gespräch mit, das ihn in Panik versetzt. Es geht um seine Organe, die ihm entnommen werden sollen und was er hört, geht über seine Niere weit hinaus. Der Traum von einer gesicherten Zukunft wird zum Alptraum. In Krankenhauskittel und Gummipantoffeln gekleidet, flüchtet er aus der Klinik. Auf einer Küstenstraße in der Nähe der Klinik wird er von einer Limousine überfahren.

> [Vasile erzählte seinem Bruder vor seinem Verschwinden], daß er mit einem Vermittler gesprochen hatte. Er würde abreisen […], nur für ein paar Tage, und mit Geld zurückkommen, das ihre Situation schlagartig verändern würde. […] Dimitrescu versuchte, Vasile von seinem Plan abzubringen, doch sein Bruder blieb stur, Der Vermittler sei seriös […] und anders kämen sie sowieso nie aus der Misere heraus.[241]

Über den Vermittler, der auch Vasile angesprochen hatte, kann der Zwillingsbruder Dimitrescu den Namen der Klinik in Erfahrung bringen. Es handle sich hierbei um „eine internationale Spitzenklinik [die] Nierentransplantationen wie den Wechsel eines Autoreifens [erledige]".[242] Der Vergleich einer Nierentransplantation mit dem Reifenwechsel eines Autos unterstreicht die menschenverachtende Dimension dieses Geschäfts. So macht sich Dimitrescu, der Rache schwört, auf den Weg, durchläuft die gleiche Route wie sein Bruder und visiert das gleiche Ziel an: La Salvia. „Dimitrescu wollte die Ärzte ausschalten, die seinen Bruder auf dem Gewissen hatten, mit beiden Nieren wieder zurück nach Hause, mit dem Geld, das er im Voraus fordern wollte. Der Operation würde er sich auf keinen Fall unterziehen."[243] In der Klinik angekommen, wird er von Professor Severino persönlich betreut, der damit das Vertrauen des Rumänen zu gewinnen versucht.

> ‚Du mußt dir Zeit für ihn nehmen, freundlich mit ihm reden und erklären, daß die Entnahme einer Niere keine Gefahr für ihn darstellt. Mach ihm klar, daß das kaum schlimmer ist als die Operation eines Weisheitszahns. […] Er muß Vertrauen bekommen. Wir sperren ihn nicht ein. Er bekommt ein anderes Zimmer, hell und groß. […] Behandle ihn wie einen Freund. […] Du vermittelst väterliche Gefühle und bist das Idealbild des erfahrenen Professors.‘[244]

Dass gerade dieser mutmaßliche Spender der Klinik zugeneigt sein soll, liegt in der Kompatibilität, also der Übereinstimmung der Gewebemerkmale seiner Organe, begründet. Gleich zwei schwer erkrankte Kunden warten sehnlichst auf eines seiner Organe. Der eine ist ein Patient aus der Schweiz.

---

[241] Heinichen: *Tod auf der Warteliste* (Anm. 230), S. 213f.
[242] Ebd., S. 194f.
[243] Ebd., S. 232.
[244] Ebd., S. 213f.

Der Verwaltungsratspräsident eines mächtigen europäischen Chemiekonzerns flog offiziell zu einem Erholungsurlaub an die Adria, in eine über die Grenzen hinweg berühmte Privatklinik, die ihn wieder in Form bringen und zum Nichtraucher machen sollte, wie es offiziell hieß. Eine beliebte Ausrede. In Wahrheit stand der achtundfünfzigjährige Spitzenmanager schon seit Jahren auf der Warteliste der Organbank und konnte nicht länger warten, seit sich sein Gesundheitszustand rapide verschlechterte.[245]

Aus diesem Grund ist er auch bereit, den doppelten Preis als ursprünglich angesetzt, zu zahlen. Der andere Patient ist ein Freund und Mitarbeiter von Klinikaktionär Petrovac, der diesem noch einen Gefallen schuldet. Es handelt sich dabei um Viktor Drakiĉ, einen „eiskalten Verbrecher,"[246] dem Proteo Laurenti bereits seit Jahren auf der Spur ist. Drakiĉ war einem schweren Unfall nur knapp und mit erheblichen Nierenschäden, die ihn dialysepflichtig werden ließen, entkommen. Eine neue Niere würde ihm die Tortur der Blutwäsche ersparen.

> Der Schweizer Patient trifft am Freitag ein, ebenso der Freund von Petrovac. Der Spender aus Rumänien [Dimitrescu] ist gestern nacht eingetroffen und kerngesund. [...] Wann könnt ihr operieren?[247]

Die Operation, der die Empfänger und Klinikakteur*innen entgegenfiebern, wird nicht stattfinden. Der Plan scheint für Dimitrescu aufzugehen. Er kann der Klinik samt dem versprochenen Geld entkommen, ohne den Operationssaal von innen gesehen zu haben. Doch sein Racheplan endet hier noch nicht. Während der Beerdigung von Klinikkollege Professor Lestizza, bei der alle wichtigen Personen, die im illegalen Organhandel der Klinik verstrickt sind, an einem Ort zusammenkommen, plant er einen Anschlag, bei dem er einen gestohlenen LKW direkt auf die Menge der Trauernden zusteuert. „Er sah sie vor sich. Alle seine Feinde waren beisammen. Auf diesen Moment hatte er gewartet. In ein paar Augenblicken war er am Ziel. Jetzt Ruhe bewahren, dann fliehen."[248] Laurenti, der zu diesem Zeitpunkt die Puzzleteile des komplexen Falls noch nicht zu einem Bild zusammenfügen kann, stoppt den für ihn fremden Osteuropäer im LKW mit mehreren Schüssen, wobei einer tödlich ist.

Die Rache des Witwers

Ein weiterer Handlungsstrang begleitet den Rachefeldzug des Enthüllungsjournalisten Lorenzo Ramses Frei. Dieser hat sich in Triest niedergelassen, weil er hier den Mörder seiner damals schwangeren Lebensgefährtin ausfindig machen konnte. Sie hatte vor zwei Jahren einen Verkehrsunfall in Malta, der ihren toten Körper als Strohleiche zurückließ. „Die Obduktion des Leichnams der Matilde Leone ergab, daß im Krankenhaus von Valletta/Malta alle inneren Organe bereits entnommen waren. Die präzise Todesursache

---

[245] Heinichen: *Tod auf der Warteliste* (Anm. 230), S. 251.

[246] Ebd., S. 262.

[247] Ebd., S. 161.

[248] Ebd., S. 307.

konnte nicht mehr ermittelt werden. Die Leiche wurde nach Triest überstellt."[249] Das angebliche Unfallopfer hatte so schwere Verletzungen erlitten, dass die inneren Organe zerstört wurden. Von einem Fötus war im Obduktionsbericht keine Rede. Eine Strohleiche wird im Text als Leichnam beschrieben, dem alle Organe entnommen und der entstandene Hohlraum mit Zellstoff oder Palmblättern ausgestopft wurde.[250] Im Rahmen der Filmbeschreibung einer TV-Vorschau wird der Begriff der Strohleiche folgendermaßen beschrieben: „Körper von unter meist mysteriösen Umständen im Urlaub ums Leben gekommenen Touristen, denen alle verwendbaren Organe entnommen sind, bevor sie unter der Hülle ausgestopft zurück in ihre Heimat übergeführt werden."[251] Dank seiner journalistischen Raffinesse konnte Lorenzo den 50-jährigen Professor Lestizza, einen der Klinikaktionäre von La Salvia, auf die Spur kommen. Seine bereits seit Jahren andauernde Beteiligung im illegalen Netzwerk von Menschen- und Organhandel in mehreren europäischen Ländern und Kliniken (unter anderem vor zwei Jahren auf Malta), bringt den Chirurgen eindeutig mit dem Tod seiner Lebensgefährtin in Verbindung. An Matildes zweitem Todestag schwört der Journalist Rache und begibt sich als Monteur einer Energieversorgungsgesellschaft im Overall bekleidet zum Haus des Professors. Nichts ahnend gewährt dieser Einlass und wird unmittelbar bewusstlos geschlagen. Lorenzo lässt keine Zeit verstreichen und fährt mit seinem bis ins Detail geplantem Vorhaben fort.

> Er hob Leos Hose und Unterhose bis zu den Knien hinunter, die Latexhand packte sein Glied und den Hodensack und riß sie nach oben. In der Rechten blitzte die Edelstahlklinge eines Filetiermessers. Er führte den Schnitt präzise mit einer leichten Kreisbewegung durch. Dem Strahl des herausschießenden Blutes wich er mit einem raschen Schritt aus. Leo seufzte einmal auf. Dann zog ihm der Monteur den Knebel heraus, schaute einmal kurz angewidert auf das labbrige Amputat, zwang seine Finger noch einmal zwischen die Kiefer Lestizzas und stopfte ihm das Gemächt in den Mund.[252]

Ziel dieses Vorgehens war, die Polizei auf eine falsche Fährte zu locken und sie denken zu lassen, dass es sich um einen Anschlag der Mafia handelt. „Wenn die Mafia jemanden umlegt, der das Gesetz des Schweigens gebrochen hat, stopft der Killer dem Opfer das abgeschnittene Glied in den Mund. Eine ziemlich wirksame Warnung für alle anderen."[253] Nur wenig später verstirbt der entmannte Professor an dem erheblichen Blutverlust. Lorenzos Plan geht auf. Der Mord hinterlässt viele Fragenzeichen, insbesondere was das Tatmotiv angeht. In erster Linie wird über einen Racheakt mit sexuellem Hintergrund spekuliert: „Die ganze Sache riecht verdammt nach Rache. Schwulenmilieu oder Pädophilie."[254] Eine Verbindung zu dem Todesfall auf Malta vor zwei Jahren und damit zum Journalisten Lorenzo Ramses Frei zieht die Polizei und damit auch Kommissar Laurenti nicht in Erwägung. Schon eher zeichnen sich erste Zusammenhänge zwischen dem toten Rumänen und dem kastrierten Arzt ab: „Der eine wird, nur mit einer grünen OP-Schürze

---

[249] Heinichen: *Tod auf der Warteliste* (Anm. 230), S. 329.
[250] Ebd., S. 28f.
[251] TV-Vorschau. In: *Spiegel* 51 (2007), S. 108.
[252] Heinichen: *Tod auf der Warteliste* (Anm. 230), S. 111.
[253] Ebd., S. 124.
[254] Ebd., S. 117.

bekleidet, […] überfahren, und der andere ist Operateur. Also?"[255] Indes hört Lorenzos Plan mit der Rache am Mörder seiner Lebensgefährtin nicht auf. Als erfolgreicher Enthüllungsjournalist ist er in seiner Recherche tief in die Abgründe des illegalen Organhandel-Netzwerkes der Klinik La Salvia eingetaucht und hat wasserdichte Beweise gesammelt, die die kriminellen Machenschaften belegen können. Die Veröffentlichung des Artikels, der die Grundfesten der Klinik-Anteilshabenden sprengen wird, steht kurz vor dem Abschluss und läuft zeitlich mit den Geschehnissen zusammen, die sich rund um den Rumänen Dimitrescu abspielen.

Der Showdown

Die Puzzleteile, die zur Schönheitsklink weisen, fügen sich mehr und mehr zu einem Bild zusammen. Beide Rachefeldzüge werden nun im Rahmen des Showdowns spannungsvoll miteinander verbunden. „Der Tote aus dem LKW sieht genauso aus wie der [andere] Tote. Der erste hatte eine Krankenhausschürze an, der zweite will die Ärzte beseitigen. […] Es gibt einen Zusammenhang."[256] Es ist die Figur des pensionierten Gerichtsmediziners Galvano, der den Kommissar mit seiner Fachkompetenz zur Seite steht, „zwei und zwei zusammenzähl[t]" und Laurenti damit die Augen öffnet.

> ‚Nieren, Organtransplantation vom Lebendspender. Die ist bis auf streng geregelte Ausnahmen verboten. Deshalb passiert das in illegalen Krankenhäusern in der dritten Welt. Es gibt Dörfer in Indien, da hat jeder zweite junge Mann eine fünfundzwanzig Zentimeter lange Narbe auf der linken Seite. [Aktuell verlagert] sich die Sache näher zu uns […], wo die medizinischen Standards unseren entsprechen. Und natürlich näher zur Kundschaft. Es ist ein florierendes Geschäft.'[257]

> ‚Sagen Sie mir lieber, was das mit Lestizza zu tun hat. Der arbeitete in einer Beautyklinik und nicht in einem Transplantationszentrum.'[258]

Im Rahmen der Ermittlungen im Haus von Lestizza hatte Laurenti Galvano gebeten, einen Blick auf seine Bibliothek im Arbeitszimmer zu werfen. Die Untersuchung hatte ergeben, dass es sich unter anderem um Spezialliteratur zum Thema Transplantationschirurgie handelte. Die Möglichkeit, dass die Klink auf dem Karst einen heimlichen, zweiten Geschäftszweig verfolgte, beziehungsweise anbot und sich in diesem Rahmen auch um die Organisation des Rohmaterials kümmerte, wird immer wahrscheinlicher. Die Rolle des Journalisten, der sich bisher gegenüber Laurenti als Schriftsteller tarnte, kommt mit der Veröffentlichung des Zeitungsartikels ans Licht.

---

[255] Heinichen: *Tod auf der Warteliste* (Anm. 230), S. 143.
[256] Ebd., S. 310.
[257] Ebd., S. 219f.
[258] Ebd., S. 222.

,Mafia! In meinem Artikel habe ich deutlich gemacht, daß der Organhandel kein Delikt von Einzelpersonen ist. Niemals. Es ist ein Geschäftszweig, der rasant zunehmen wird. Länderübergreifend. [...] Die Ärmsten der Armen trifft es. Und neben der Organisation kassieren solche Schweine wie Lestizza ab. Er hat es nicht anders verdient.'[259]

Es sind die Worte des Gerichtsmediziners Galvano, die das ethische Dilemma, aus dem heraus sich für einige Personen die Option des illegalen Organhandels eröffnet, trefflich beschreiben.

Geld macht's möglich. Ein heikles Kapitel, ethisch betrachtet. Nicht daß du glaubst, ich sei ein blinder Fortschrittsfanatiker. Einerseits hat man die Technik, andererseits müssen die Organe ja von irgend jemand kommen. Die Erfolgschancen bei Lebendtransplantationen sind ungleich höher. [...] Bei den illegalen Verpflanzungen helfen sich zwei aus völlig unterschiedlichen existentiellen Nöten. Der eine hat ein gesundes Organ, aber kein Geld zum Leben, und der andere hat Geld, ist aber todkrank.[260]

Er geht sogar so weit, in einigen Fällen von Neokannibalismus zu sprechen.

Wir schauen mit Gier auf den Körper des anderen wie auf ein Ersatzteillager, mit dem wir das eigene Leben verlängern können. Für meinen Geschmack ist das das Ende der Evolutionsgeschichte.[261]

2.4.1.2.3 Fazit

Unter dem Deckmantel der Schönheitschirurgie wird die Leserschaft von *Tod auf der Warteliste* mit sogenannten Strohleichen konfrontiert. Es tritt ein Geschäftszweig zu Tage, der mit dem glamourösen Geschäft der Schönheit lediglich eines gemeinsam hat – die Kundschaft wird narkotisiert und zahlt für den operativen Eingriff. Ansonsten geht es, im gegenteiligen Verständnis, um dunkle, hässliche, menschenverachtende Machenschaften, die das Schlechte eines Menschen hervorbringen: Habgier, Herrschsucht, Profitstreben, Egoismus und Unbarmherzigkeit. Heinichen arbeitet diese Attribute sehr überzeugend heraus. Vor allem die beiden Figuren, deren Motiv die Rache ist, kämpfen überzeugend gegen diesen korrupten Zweig der Medizin an. Sie haben das Leid, welches durch das System transportiert wird, persönlich (in Person des Zwillingsbruders und in Person der Lebensgefährtin) erfahren.

Im folgenden Kapitel schließt sich die Untersuchung des Romans *Das Leben meiner Tochter* von Steffen Weinert an. Bei ihm steht die illegale Rettung mittels Organhandel aus der Perspektive einer Familie mit einer herzkranken Tochter im Zentrum und wird als Aushandlungsszenario zum Organmangel gelesen.

---

[259] Heinichen: *Tod auf der Warteliste* (Anm. 230), S. 332.
[260] Ebd., S. 221.
[261] Ebd.

2.4.1.3 Illegale Rettung: Steffen Weinert: *Das Leben meiner Tochter*

Legal unsere Tochter sterben sehen oder sie illegal retten?[262]

Diese fundamental-existenzielle Frage berührt den Kern des 122-seitigen Romans *Das Leben meiner Tochter* (2014) des deutschen Autors Steffen Weinert. Die Thematik des illegalen Organhandels, wie sie auch von Gerritsen und Heinichen aufgegriffen wird, imponiert hier weniger mit einem spezifischen Blick auf kriminalistische Aspekte wie mafiöse Machenschaften, Kindsentführung und Menschenhandel. Weinert fokussiert auf das Schicksal einer einzelnen Familie, deren schiere Verzweiflung sie zu der obenstehenden Frage führt. Der Blickwinkel auf das Motiv Organhandel ist also ein anderer. Wir erleben nicht länger den Werdegang einer jungen Ärztin, die sich gegen diese kriminellen Machenschaften aufbäumt oder den Blickwinkel der Organ-Mafia wie sie ihre menschenverachtenden Stricke ziehen. Zentral ist bei Weinert die Not der Familie Faber, die mit der plötzlich eintretenden schweren Herzerkrankung der achtjährigen Tochter Jana und der nicht enden wollenden Wartezeit auf ein Spenderherz nur schwer zurechtkommen und aus der Verzweiflung heraus für die Rettung der Tochter auch in Kauf nehmen, legale Grenzen zu sprengen. Weinerts Plot, der den direkten, sogar ausschließlichen Fokus auf die Familie in dieser existenziellen Krise legt, erzeugt individuelle Betroffenheit und Empathie bei der Leserschaft. Jedes der Familienmitglieder kommt zu Wort. So werden die verschiedenen Blickwinkel von Vater, Mutter und Tochter dargelegt.

Im Folgenden werden der Plot und der Handlungsstrang vorgestellt. Darauf folgt eine genauere Untersuchung verschiedener Motive, die vor dem Hintergrund des Familienschicksals hervorstechen. Auf die Symbolkraft des Herzens wird im Rahmen eines Exkurses eingegangen. Abschließend werden in einem Fazit die wichtigsten Punkte zusammengetragen.

2.4.1.3.1 Plot und Handlungsstrang

Die achtjährige Jana bricht während eines Urlaubs in den Allgäuer Alpen in der Ferienunterkunft bewusstlos zusammen. Ihr Herz steht still, sie muss reanimiert werden. Im Krankenhaus wird eine schwere Herzmuskelentzündung diagnostiziert. Jana wartet fortan auf ein Spenderherz, was laut der behandelnden Kinderkardiologin statistisch betrachtet acht Monate dauert. Nach einem Jahr muss Jana immer noch stationär behandelt werden, da sie auf ein Herunterstützungssystem angewiesen ist. Die Situation spitzt sich mit ihrer zunehmenden gesundheitlichen Verschlechterung zu. Sie erleidet aufgrund eines Gerinnsels einen Schlaganfall. Vater Micha sieht sich im Zugzwang: er macht sich mit der Idee vertraut, ein Organ illegal auf dem Schwarzmarkt zu kaufen und kontaktiert dafür einen Organbroker. Eine Antwort lässt nicht lange auf sich warten: die Eltern eines hirntoten

---

[262] Steffen Weinert: *Das Leben meiner Tochter.* Leipzig 2014, S. 38.

zehnjährigen Jungen aus dem Kosovo wären gegen Bezahlung bereit, das Herz ihres Kindes zu spenden. Während Micha die Mitteilung erleichtert entgegennimmt, hegt Mutter Natalie bezüglich der Pläne ihres Mannes Zweifel und versucht diese zu verhindern. Vergeblich – Micha fliegt gemeinsam mit Jana in die Hauptstadt des Kosovo, nach Priština. Hier finden sie eine heruntergekommene und unhygienische Transplantationsklinik vor. In den Kellerräumen macht Micha eine folgenschwere Entdeckung. Der zehnjährige, vermeintlich hirntote, Herzspender liegt gefesselt an einem Bett und ist lebendig. Das Leben des Jungen liegt jetzt in Michas Hand – denn es ist sein Auftrag, der dem Jungen potenziell das Herz und somit das Leben kostet. Dieser bewegende, aufwühlende Stoff bildet das Handlungsgerüst des Familiendramas *Das Leben meiner Tochter* (2014) von Weinert, der im Doppelberuf zweier Künste zu Hause ist: als Autor und Regisseur. So liegt es auch nah, dass Weinert bei der Roman-Verfilmung selbst das Zepter in die Hand genommen hat.[263] Die Handlung rund um die Transplantationsthematik wird aus der Perspektive des Ich-Erzählers beschrieben. Die Geschichte wird indes nicht aus der Sicht einer einzigen Figur, die eines Rahmenerzählers, berichtet. Abwechselnd nimmt der Ich-Erzähler die Perspektive der drei Hauptfiguren ein. So werden Erzähler- und Figurenrede aneinandergereiht. Es handelt sich dabei um die Mitglieder der Familie Faber: Vater Micha, der Programmierer von Beruf ist, Mutter Natalie, die gerade ein zweites Kind zur Welt gebracht hat und Tochter Jana. Damit handelt es sich um einen alternierenden Ich-Erzähler, der der Leserschaft die jeweiligen Wirklichkeitsversionen der Figuren subjektiv vor Augen führt – meist im Präsens, in wenigen Rückblenden auch im Präteritum. Nicht selten kommt die wörtliche Rede zum Einsatz, die dazu führen kann, dass der Rezipierende in das Gespräch hineingesogen und unmittelbar mit der inneren Gefühlswelt des jeweiligen Erzählenden konfrontiert wird. Weinert verzichtet auf komplizierte, an wissenschaftlicher Genauigkeit orientierte, Formulierungen und verwendet eine verständliche Alltagssprache, die trotzdem prägnant erscheint. Vor allem, und dies ist sicherlich der Thematik des Romans geschuldet, fällt eine stark emotionsgeladene Sprache auf, deren Einsatz sich auf Tabubrüche aufgrund von Extremsituationen zurückführen lässt.

2.4.1.3.2 Motive

Die Herztransplantation als Extremerfahrung

Laut der australischen Medical Humanities-Professorin Jill Gordon können kranke Menschen allzu leicht auf ein „nicht-hygienisches, nicht-rationales, ungeordnetes ‚other'" reduziert werden.[264] Dies trifft insbesondere auf Erkrankungen zu, die von anderen, meist

---

[263] Camino Filmverleih. *Das Leben meiner Tochter*, 92 Minuten, Deutschland 2019. https://www.camino-film.com/filme/daslebenmeinertochter/ (abgerufen am 13.11.2021).

[264] Jill Gordon: *Medical Humanities. To Cure Sometimes, to Relieve Often, to Comfort Always.* In: *Medical Journal of Australia* 182 (2005), S. 5–8, hier S. 5.

nicht betroffenen Personen, stigmatisiert werden. Beispiele hierfür sind psychische Erkrankungen, Suchterkrankungen und AIDS.[265] Auf der anderen Seite gibt es schwere Erkrankungen wie maligne Tumore oder kardiologische Krankheitsbilder, die in der Öffentlichkeit weniger mit negativen Stigmata in Verbindung gebracht werden als mit Überlebenskampf- beziehungsweise mit Kriegs-Metaphern. Diese größtenteils chronischen Erkrankungen gehen für die betroffenen Personen und ihren nahen Angehörigen indes nicht weniger oft einher mit ambivalenten Gefühlen und Zerrüttung, die eine Wiederherstellung der Ordnung im Leben erfordert. Das schließt das Überdenken des Selbst- und Weltverständnisses mit ein.[266] Konflikte und Unsicherheiten sind in der Bewältigung des sowohl subjektiven als auch objektiven Krankheitserlebens vorprogrammiert und schlagen sich vordergründig in der Kommunikation nieder.[267] Muss bis zum lebensrettenden Eingriff eine Wartezeit überbrückt werden, wie es in der Transplantationsmedizin meist der Fall ist, so wird diese Zeitspanne von Wiebel-Fanderl passend als „Phase der höchsten Anspannung" beschrieben.[268] Diese Anspannung entsteht durch die Unsicherheit und Ungewissheit bezüglich des zukünftigen Krankheitsverlaufs, was unmittelbar mit der Frage, ob und wann ein passendes Organ zur Verfügung stehen wird, verknüpft ist. Es ist diese Phase, das Warten auf die rettende Herztransplantation oder auf den möglichen Tod, die in Weinerts Roman den größten Platz einnimmt. Damit regt er mit seiner Lektüre gesellschaftsethische Fragen an, die sich seit der Möglichkeit der Herztransplantation immer wieder ergeben und die insbesondere beim Herz, als überlebenswichtiges Organ, imponieren. In vielerlei Hinsicht kann im Rahmen der Notwendigkeit einer Herztransplantation von einer Extremsituation gesprochen werden.

Exkurs: Die Symbolkraft des Herzens – nicht nur ein blutbewegender Hohlmuskel

Verglichen zu anderen menschlichen Organen, die sich wie Leber, Lunge und Niere verpflanzen lassen, wohnt dem symbolträchtigen Herzen eine Vielzahl kultureller Muster zur Erklärung und mitunter auch zur Bewältigung verschiedener Situationen, die sich zwischen Leben, Krankheit, Sterben und Tod abspielen, inne.[269] Das liegt mitunter in der „größeren Anpassungsleistung[] bei Herztransplantationen im Vergleich mit anderen Organtransplantationen" begründet.[270] Durch die rapide Entwicklung medizinischer Techniken, die die Grenzen eines menschlichen Lebens immer wieder neu definieren, ergeben sich mitunter auch Konflikte im Rahmen des metaphorischen Gebrauchs des Wortes.[271] So verweisen Thomas Effert, Mita Banerjee und Norbert W. Paul in einem Artikel zu der

---

[265] Susan Sontag: *AIDS and Its Metaphors.* London 1991; Florian Steger (Hg.): *Was ist krank? Stigmatisierung und Diskriminierung in Medizin und Psychotherapie.* Gießen 2007; Dominik Groß, Sabine Müller, Jan Steinmetzer (Hg.): *Normal – anders – krank? Akzeptanz, Stigmatisierung und Pathologisierung im Kontext der Medizin.* Berlin 2008.

[266] Gay Becker: *Disrupted Lives. How People Create Meaning in a Chaotic World.* Berkeley 1998, S. 4.

[267] Wiebel-Fanderl: *Herztransplantation als erzählte Erfahrung* (Anm. 121), S.126.

[268] Ebd., S. 127.

[269] Ebd., S. 133.

[270] Ebd., S. 151.

[271] Ebd., S. 133.

Metapher des gebrochenen Herzens (*tako-tsubo*) auf mögliche medizinische Auswirkungen, die sich am Beispiel dieser „kulturell mächtigen und doch wertbeladenen" Bildersprache darin zeigen können, dass „Wege zu einem besseren Verständnis, zur Vorbeugung und zum klinischen Umgang mit der Krankheit [versperrt werden]".[272] Das gebrochene Herz wurde demnach eher als „Metapher für die Schwere der emotionalen Not als für einen körperlichen Zustand gelesen," was zu einer Verzögerung beitrug, diese rhetorische Figur als potenziell körperliche Erkrankung zu erforschen.[273]

Gefühlsorgan und Muskelpumpe

Neben einem „magische[n] Muskel" spricht Redakteur Rainer Taub von einem „kapriziöse[m] Organ", einem „universale[m] Sinnbild des Menschen".[274] Literaturkritiker Marcel Reich-Ranicki sieht in der „ominöse[n] und sentimentale[n] und eben doch nicht ersetzbare[n] Vokabel" des Herzens den „Joker der deutschen Sprache, der deutschen Dichtung".[275] Keinem anderen Organ im menschlichen Körper werden so viele Attribute zugeschrieben, wie dem Herzen. Die Betrachtung seiner physiologischen Funktion und Leistung als stärkster Muskel spielen aus geisteswissenschaftlicher Betrachtungsweise eine eher untergeordnete Rolle. Seine metaphorische Bedeutung ist jedoch vielgestaltig, sphärenübergreifend im körperlich-sinnlichen Verständnis und nicht zuletzt mythenumrankt, was sich oft in der engen Verknüpfung mit verschiedenen Gefühlszuständen und Persönlichkeitseigenschaften zeigt. Das Herz kann sich infolge der starken und anschaulichen Sprachbilder also nicht nur an verschiedenen Orten im Körper befinden, es kann laut Wiebel-Fanderl gleichermaßen „Phänomene des Bewusstseins, des Gewissens und Gedächtnisses, der Urteilskraft, des Charakters und des Emotionalen wie des Menschseins schlechthin" aufgreifen.[276] Die Rede ist vom Sitz der Seele und der Gefühle, vom Symbol für Liebe, vom kalten, schweren oder weichen Herzen, vom Löwenherzen; „[w]ir sprechen von barmherzigen, engherzigen und hartherzigen, von herzlichen und herzhaften, von herzlosen und herzgläubigen Menschen."[277]

Bewältigungsstrategien der Familie Faber

> Die Kindertransplantation macht zwar nur einen kleinen prozentualen Anteil aller Transplantationen aus, aber hinter jeder einzelnen Zahl steht ein großes Schicksal. Für Kinder und ihre Familien ist alleine schon die Wartezeit eine große psychische Belastung. Es ist

---

[272] Thomas Efferth, Mita Banerjee, Norbert W. Paul: *Broken heart, tako-tsubo or stress cardiomyopathy? Metaphors, meanings and their medical impact.* In: *International Journal of Cardiology* 230 (2017), S. 262–268, hier S. 262 (eigene Übersetzung).

[273] Ebd, S. 262f.

[274] Rainer Taub: *Der magische Muskel.* In: *Spiegel Wissen* 3 (2012), S. 100–105, hier S. 101f.

[275] Marcel Reich-Ranicki: *Meine Geschichte der deutschen Literatur. Vom Mittelalter bis zur Gegenwart.* Herausgegeben von Thomas Anz. München 2014, S. 24, 35.

[276] Wiebel-Fanderl: *Herztransplantation als erzählte Erfahrung* (Anm. 121), S. 147.

[277] Reich-Ranicki: *Meine Geschichte* (Anm. 275), S. 24.

ein ständiges Hoffen und Bangen, ob rechtzeitig ein passendes Organ zur Verfügung steht.[278]

Das Warten auf Janas lebensrettende Herztransplantation stellt für Familie Faber eine solche psychische Belastung dar. Es ist eine familiäre Krisensituation, mit der jeder der Familienmitglieder verschiedenartig umgeht und demzufolge unterschiedliche Bewältigungsstrategien ausbildet. Dass hier der Blickwinkel beziehungsweise die Perspektive, von der aus man auf die Krisensituation schaut, eine große Rolle spielt, wird von Weinert mit Feingefühl – insbesondere in Bezug auf Vater Micha und seine Gratwanderung zwischen Hoffnung und Zweifel – herausgearbeitet. Eine Frage, die sich die Leserschaft unweigerlich selbst stellen wird, lautet: Wie würde ich in einer solchen Situation fühlen, denken und handeln? Wie würde ich in Janas Situation reagieren? Was würde ich als Mutter oder Vater in Erwägung ziehen? Wie weit würde ich gehen, um das Leben meines eigenen Fleisches und Blutes zu retten? Lehrt uns die Perspektive auf eine schicksalhaft betroffene Familie, aus deren individuellen Situation heraus wir das Geschehen als Rezipierende begleiten, das Thema des illegalen Organhandels mit anderen Augen zu sehen? Lehrt es uns bei der moralischen Beurteilung mit neuen Für- und Wider-Argumenten zu hantieren, die aus diesen Situationen heraus nachvollziehbarer sind?

Die Figur der Tochter Jana wirkt trotz ihrer lebensbedrohlichen Erkrankung eher interessiert als abgeschreckt. Ausgiebig informiert sie sich in dem Buch *Kindern den Tod erklären* über das Thema Sterben. Sie scheut nicht davor zurück, sich mit ihrer eigenen Wirklichkeit – ihrer Erkrankung und ihrer Sterblichkeit – auseinanderzusetzen. Dabei imponiert sie für ihr junges Alter durch realistische Standpunkte und eine rationale Denkweise:

> Später schlüpfe ich zurück unter meine Bettdecke, schließe die Augen und mit einem Mal weiß ich, dass alles gut werden wird. Alles ist ok. Alles. Auch Sterben ist ok. [...]
> ,Natürlich will ich gerne weiterleben und uralt werden, so wie ihr ... aber wenn ich etwas nicht ändern kann, dann muss ich es doch akzeptieren. [...] Ich weiß jetzt genug über den Tod. [...] Es ist nichts wovor man Angst haben muss. ... Und wenn ich sterben muss, weil mein Herz nicht mehr funktioniert, dann ist das eben so.'[279]

Sie hat die Situation, in der sie seit dem Zusammenbruch in den Bergen steckt, akzeptiert. Sie fungiert mit ihrer Leichtigkeit und Unbeschwertheit als Gegenpol zu ihrem verzweifelten Vater, der sich zunehmend weigert, die Situation hinzunehmen und unentwegt nach Lösungen sucht, in dem Wissen, dass ihm die Hände gebunden sind. „Ich fühle mich so hilflos und so überfordert wie noch nie in meinem Leben."[280] Dass das Versterben der eigenen Tochter im Raum steht, verdrängt Vater Micha. Das bemerkt auch Jana und passt ihr Verhalten beziehungsweise ihre Aussagen gegenüber ihrem Vater an: „,Wenn ich Fußball sage, ist er immer zufrieden. Man darf nur nicht sagen, dass man über den Tod

---

[278] Deutsche Stiftung Organtransplantation*: Jahresbericht 2019. Organspende und Transplantation in Deutschland.* Frankfurt am Main 2020, S. 12.

[279] Weinert: *Das Leben meiner Tochter* (Anm. 262), S. 63, 65f.

[280] Ebd., S. 26.

redet. Damit kann er nicht umgehen.'"[281] Janas Leben zu retten, bestimmt Michas Lebensinhalt. Verzweifelt versucht er, seine Frau Natalie für die Idee, ein Organ zu kaufen, zu gewinnen.

> ‚Du hast doch gehört, was sie [Janas behandelnde Ärztin Dr. Benesch] gesagt hat. Hier regiert das Prinzip Hoffnung!', redet Micha auf mich ein. ‚Wir können nicht länger warten und zusehen, wie unsere Tochter stirbt. Wir müssen jetzt handeln, Natalie. Wir müssen für Jana ein Herz besorgen.'[282]

Besonders hervorzuheben ist in diesem Zitat das geflügelte Wort Prinzip Hoffnung. Dieses lässt sich auf das Hauptwerk *Das Prinzip Hoffnung* (1959) des deutschen Philosophen Ernst Bloch (1885–1977) zurückführen. Hierin verweist der Autor unter anderem auf den aktiven Charakter, der dem Gefühl des Hoffens innewohnt. Er sieht die Hoffnung als Gegenbegriff zur Angst. Es sei „ein durch Erfahrungen bereichertes, durch Theorie korrigiertes, durch Denken geleitetes Moment einer gelenkten Theorie-Praxis, die schließlich auch ihr Korrelat in der Welt findet."[283] Mit eher sarkastischem Unterton untermalt Micha die Aussage der Ärztin, die Hoffnung jetzt nicht zu verlieren. Doch Micha kann nach dem zweiten medizinischen Notfall, den Jana erleidet, mit diesem gutgemeinten aber floskelhaft erscheinenden Rat nicht mehr viel anfangen. Dieser kehrt sich eher ins Gegenteil: die sich krisenhaft zuspitzende Situation löst zermürbende Hoffnungslosigkeit aus, die wiederrum die folgenschwere Reaktion auf den Plan ruft, sich auf den illegalen Handel einzulassen.

Betrachtet man das Verhalten der Mutter Natalie, so lässt sich erkennen, dass auch für sie die Situation schwer zu ertragen ist. Hinzu kommen Schuldgefühle, da sie zuhause viel Kraft und Zeit für ihr zweites Kind, Janas kleinen Bruder, den neugeborenen Sohn Timo, aufbringen muss. Sie legt vor allem Wert darauf, die Zeit, die ihr mit ihrer Tochter noch bleibt, so gut wie möglich zu nutzen.

> ‚Ich denke den ganzen Tag nur daran, wie es Jana jetzt wohl geht und wie ich ihr helfen könnte. Und wenn ich eine bessere Idee als deinen Vorschlag hätte, würde ich sie dir sagen …. […] Aber ich habe keine. … Außer abzuwarten bis sie endlich ein Spenderherz bekommt und ihr das Leben bis dahin so erträglich wie möglich zu machen.'[284]

Janas Leben mit allen Mitteln zu retten, wird von ihr zunehmend kritisch hinterfragt. Vor allem die Worte der behandelnden Ärztin, die aufgrund der bereits stattgefundenen Diskussion zum Thema Organkauf auf dem Schwarzmarkt[285] und der vehementen Einforderung der Krankenunterlagen von Seiten des Vaters einen Verdacht schöpft, rütteln Natalie auf:

---

[281] Weinert: *Das Leben meiner Tochter* (Anm. 262), S. 57.

[282] Ebd., S. 52.

[283] Ulrich Müller-Schöll, Francesca Vidal: *Ernst Blochs ‚neue Philosophie' des ‚Neuen'. Zum Vorwort des Prinzips Hoffnung.* In: Rainer E. Zimmermann (Hg.): *Ernst Bloch. Das Prinzip Hoffnung.* Berlin, Boston 2017, S. 9–34, hier S. 12.

[284] Weinert: *Das Leben meiner Tochter* (Anm. 262), S. 69.

[285] Ebd., S. 39.

‚Jana wird irgendwann verstehen, dass ihr Leben durch eine illegale Transplantation gerettet wurde und sie wird anfangen sich und Ihnen Fragen zu stellen. Sie wird sich informieren und herausbekommen, dass möglicherweise ein anderes Kind in einem armen Land sein Leben lassen musste, damit sie weiterleben kann. Und egal wie sehr Sie sich absichern, dass können Sie nicht zu 100% ausschließen. Dafür haben Sie viel zu wenig Einblick in die Arbeit von Organhändlern. Es wäre eine schwere Bürde, die Sie ihrer Tochter auf dem weiteren Lebensweg mitgeben würden. Denken Sie da mal drüber nach.'[286]

Die Zweifel und Bedenken, die Mutter Jana zunehmend gegenüber dem Vorhaben Organkauf äußert, kontert Vater Micha mit folgender impulsiver Schuldzuweisung: „Ist dir klar, dass du mit deiner Verweigerungshaltung das Leben unseres Kindes aufs Spiel setzt?!"[287] Weder die Berichte der Ärztin noch die Einwände seiner Frau können Micha davon abhalten, sein Vorhaben voranzutreiben. Ihm ist bewusst, dass es laut Gesetz (§ 17 und § 18 Transplantationsgesetz) in Deutschland verboten ist, ein Organ zu kaufen und er mit einer Gefängnisstrafe von bis zu fünf Jahren zu rechnen hat.[288] Eine Tatsache, die er aufopferungsvoll in Kauf nehmen würde, um das Leben seiner Tochter zu retten. Er hat Angst, ist „aber fest entschlossen, die Sache [auch gegen Natalies Willen] durchzuziehen".[289]

Illegale Rettung

Der Organbroker hat ein passendes Spenderherz gefunden und eine sofortige Entscheidung ist von Nöten. Micha hatte sich etwas Bedenkzeit erhofft, was deutlich macht, in welcher Pattsituation er sich befindet. Sein zögerliches Verhalten wird vom Broker mit folgender Aussage konterkariert:

> ‚Herr Faber, ich bin mir zwar nicht ganz im Klaren, über was genau Sie noch nachdenken müssen. Wenn es um meine Tochter ginge und ich vor die Frage gestellt werde: Will ich ihr Leben retten oder nicht, wäre für mich die Antwort klar. Aber gut, das müssen Sie für sich entscheiden. […] [W]ir haben genügend Interessenten. Dann freut sich eben ein anderes Kind.'[290]

Der nun massiv unter Druck stehende Micha willigt ein – allerdings nicht ohne Informationen über die Herkunft des Spenderherzens einzufordern, die ihn ein Gefühl von Sicherheit vermitteln sollen. Laut Aussage des Brokers stammt das Herz von einem zehnjährigen Jungen aus dem Kosovo, der nach einem schweren Verkehrsunfall im Koma liegt und dessen Zustand irreversibel ist – „quasi hirntod"[291]. Die Eltern des Jungen konnten überzeugt werden, seine Organe gegen Bezahlung zur Spende freizugeben. Der Broker sichert Micha ebenfalls zu, dass ein Großteil des Geldes, welches er aufbringen

---

[286] Weinert: *Das Leben meiner Tochter* (Anm. 262), S. 64f.
[287] Ebd., S. 68.
[288] Ebd., S. 39.
[289] Ebd., S. 73.
[290] Ebd., S. 72.
[291] Ebd.

67

musste, der mittellosen Familie zugutekomme.[292] In Sicherheit wiegend, macht sich Micha nachts heimlich auf den Weg, holt Jana aus dem Krankenhaus mit der Aussage: „Wir zwei machen einen kleinen Ausflug. Es gibt nämlich ganz tolle Neuigkeiten: Wir haben ein Spenderherz für dich gefunden!!"[293]. Gemeinsam fliegen die beiden nach Priština. Für Natalie hat Micha lediglich folgende Notiz auf dem Küchentisch hinterlassen: „Sorry, ich musste es tun. Mach dir keine Sorgen."[294]

Das Gebäude, in dem die Transplantation stattfinden soll, „[s]ieht aus wie ein Gefängnis".[295] Dieser Vergleich beschreibt die Situation, in der sich Micha gerade befindet, sehr bildhaft. Durch die Erkrankung der eigenen Tochter sind ihm die Hände gebunden, er ist machtlos, kann zur Heilung nicht beitragen. In diesem Gedankengefängnis versucht er verzweifelt die Mauern niederzureißen, die ihn in seiner Handlungsfähigkeit limitieren. Wissentlich übertritt er dabei die Grenzen der Legalität und steht sprichwörtlich mit einem Bein im Gefängnis. In Micha bricht sich zunehmend ein mulmiges Gefühl bahn, denn er beobachtet in Bezug auf die anderen Patient*innen und Angestellten seltsame Vorgänge in dem Gebäude. Dies hat zur Folge, dass er beginnt, an seiner Entscheidung zu zweifeln. Hinzu kommt, dass Jana sich nur operieren lassen möchte, wenn sie vorher die Möglichkeit bekommt, mit den Eltern des Unfallopfers zu sprechen. Der Arzt Dr. Bix beteuert, dass die Eltern dies nicht wünschen, da es zu schmerzhaft sei. Für Jana steht fest: „Dann will ich mich auch nicht operieren lassen. [...] Wir können nach Hause fahren."[296] Dies ist der Moment, in dem Micha das zweite Mal die kindliche Unbekümmertheit Janas ausnutzt und sie belügt. Nach der legalen, übertritt er hier vor allem eine moralische Grenze. Um die Durchführung der Operation nicht zu gefährden, heuert er ein kosovarisches Paar an, die Eltern des Jungen zu spielen. Micha „schäm[t] [s]ich sehr für das, was [er] da [tut]" und dass er überhaupt auf einen solchen „verwegene[n] Gedanke[n]" gekommen ist.[297] Diese eindeutige Sprache spiegelt seine Gefühlslage sehr eindrücklich wider. Die sowieso schon schwierige Situation, auf die er sich eingelassen hat, spitzt sich durch Janas Forderung, die Eltern zu sprechen, so sehr zu, dass das ganze Vorhaben – für das er bisher alles riskiert hat (seine Familie, seine Freiheit, das Leben seiner Tochter), zu scheitern droht. Die Notlüge in Bezug auf die gefälschten Eltern ist ein Tabubruch, der – bemessen an dem bereits Geschehenem – aus Michas Sicht nur konsequent ist, um die eigentliche Mission, die Rettung der Tochter, nicht zu konterkarieren. Jana ist froh darüber, dass sie sich bei den Eltern bedanken konnte. Der Operation steht demzufolge nichts mehr im Weg. Noch vom schlechten Gewissen geplagt, kommt Micha auf dem Flur mit einer Pflegekraft ins Gespräch. So erfährt er, dass der Junge, dessen Herz Jana bekommen soll, sich im Keller des Gebäudes befindet. Diese Aussage und sein ohnehin mulmiges Gefühl lassen ihm keine Ruhe. Um Gewissheit zu haben, was tatsächlich in diesem Haus vor sich geht, schleicht er sich in den Keller. Was er dort vorfindet, bestätigt sein ungutes Gefühl in hohem Maße.

---

[292] Weinert: *Das Leben meiner Tochter* (Anm. 262), S. 72.
[293] Ebd., S. 81.
[294] Ebd., S. 88.
[295] Ebd., S. 90.
[296] Ebd., S. 100.
[297] Ebd., S. 101.

Der reglose Junge ist durch Schläuche an mehrere Spritzenpumpen angeschlossen. […] [Seine] Hände und Füße […] sind mit Gurten ans Bett fixiert. Er ist gefesselt! […] Er ist ganz sicher nicht durch einen Autounfall getötet worden, sondern einzig und alleine hier, weil ich ein neues Herz für meine Tochter beauftragt habe. […] In diesem Augenblick erwacht der Junge plötzlich und starrt mich mit weit aufgerissenen Augen an. Mir bleibt fast das Herz stehen.[298]

Die Metapher jemanden bleibt fast das Herz stehen hätte Weinert trefflicher nicht einsetzen können. In diesem Zusammenhang lässt sich allerdings nicht nur der Schreck, den Micha in diesem Moment im Keller erfahren muss, durch das Stilmittel beschreiben. Ein Herz, welches fast stehenbleibt, ist die Ausgangslage der gesamten Situation, in der er sich gerade befindet. Gemeint ist das kranke Herz seiner Tochter. Damit dieses nicht stehenbleibt, wird ihm, nachdem er beginnt, die Gurte des Jungen zu lösen, klar, welche Konsequenzen dies für Jana hätte. „Ich blicke ihn lange an und fasse dann einen neuen Entschluss. Ich ziehe den Gurt wieder fest, entferne mich langsam rückwärts von ihm in Richtung Tür."[299] Über eine Überwachungskamera hat Dr. Bix mitverfolgt, was sich im Keller abgespielt hat. Er konfrontiert Micha mit folgender Aussage: „Ihre Tochter hat eine Chance auf ein gesundes, glückliches Leben. Dieser Straßenjunge hat diese Chance nicht."[300] Mit diesem utilitaristischen Ansatz rechtfertigt Dr. Bix seine Handlungen. Hier zeigt sich, dass diese Art der moralischen Kalkulation aus Glück und verursachtem Leid, die sich an der Größe der Befriedigung/des Schmerzes misst, in der Praxis kein handlungsgebender Faktor sein darf. Das Leben des Straßenjungen – menschliches Leben – wird in diesem Szenario nicht nur abgewertet, es wird gleichzeitig als Produkt gesehen und demzufolge kommerzialisiert. Vater Micha begreift das vollumfängliche Ausmaß seiner Handlungen zu einem späten Zeitpunkt. Weinert kann so den Spannungsbogen bis zur wortwörtlich letzten Sekunde aufrechterhalten. Erst als Jana und der mutmaßliche Spender sich bereits im Operationssaal befinden, schreitet er ein. Er rettet den Jungen aus der Situation, in die er ihn selbst gebracht hat. Dass der Junge während seiner Rettung an einer Straßenkreuzung einfach aus dem Auto springt und in der Menge verschwindet, geschieht auf Kosten der Glaubwürdigkeit und wird gleichzeitig zu Gunsten der Dramatik künstlich überzogen. Auch die Gerichtsverhandlung, die nach einem umfassenden Geständnis Michas in Deutschland stattfindet, wird auf nur einer Seite erwähnt. Er wird zwar nach Paragraf 18 des Transplantationsgesetzes schuldig gesprochen, doch aufgrund der familiären Umstände und seiner guten Zusammenarbeit mit den Ermittlungsbehörden, sieht das Gericht dennoch von einer Strafe ab.[301] Jana wartet derweilen weiterhin auf ein Herz und ist froh, dass der Junge nicht für sie sterben musste.

2.4.1.3.3 Fazit

Weinert arbeitet mit einem sehr abrupten, offenen Ende. Wiederum kann so Raum gewährt werden, um sich eigene Gedanken zu machen und das Gelesene nachwirken zu

[298] Weinert: *Das Leben meiner Tochter* (Anm. 262), S. 106.
[299] Ebd., S. 108.
[300] Ebd., S. 110.
[301] Ebd., S. 120.

lassen. Dies ist insbesondere vor dem Hintergrund der moralischen Dimension des Romans lohnend. Nicht zuletzt bietet er einen Schnittpunkt zwischen individuellem Familienschicksal und die daraus folgenden Handlungen und der aktuellen gesellschaftlichen Problemlage, dass zu wenig Spenderorgane zur Transplantation zur Verfügung stehen und eine unbestimmte Wartezeit überbrückt werden muss. Der Komparativ besser in der anfangs gestellten Frage: „[W]as ist besser: Legal unsere Tochter sterben sehen oder sie illegal retten?"[302] impliziert bereits, dass weder die eine noch die andere Option eine gute – im Sinne der Ansprüche aller genügenden – Problemlösung darstellt. Sie zeigt vor allem das Leid und die Hilflosigkeit auf, die Betroffene in einer solchen Situation empfinden. Dass die Begriffe legal und illegal sowie Sterben und Rettung hier als Begriffspaare im Sinne eines Chiasmus zusammengebracht werden, unterstreicht die paradoxe Situation, dass es kein richtiges Handeln zu geben scheint.

Das organisierte Verbrechen als erstes in dieser Arbeit bearbeitetes Aushandlungsszenario für den vorherrschenden Organmangel in der literarischen Auseinandersetzung soll im Folgenden mit Bezug auf Gerritsens, Heinichens und Weinerts analysiertes Werk und daraus folgende motivische Gemeinsamkeiten, zusammenfassend betrachtet werden.

2.4.1.4 Zwischenzusammenfassung: Organisiertes Verbrechen

Die drei bearbeiteten Romane, die den Kern dieses Kapitels ausmachen, sollen im Folgenden im Sinne einer Zwischenzusammenfassung unter dem Augenmerk des organisierten Verbrechens vergleichend betrachtet werden. Gerritsen, Heinichen und Weinert thematisieren im Rahmen ihrer vielschichtigen Romane, die sich unterschiedlichen Subgenres zuordnen lassen (Medizinthriller, Krimi und Drama), den illegalen Organhandel. Die hierin Beteiligten bereichern sich durch ein korruptes System, worauf durch die Autor*innen mit unterschiedlichen Fokussierungen Wert gelegt wird. Die Hauptfiguren nehmen verschiedene Positionen in Bezug zum organisierten Verbrechen ein.

Bei Gerritsen sind es zwei Handlungsstränge, die verschiedene Blickwinkel auf die Thematik bieten. Im Vordergrund steht die Geschichte der Ärztin Abby DiMatteo, die im Kampf gegen die Organmafia und korrumpierende Ärzt*innen als Heldin hervorgeht. Ein hoher Einsatz der Protagonistin, denn sie weiß, dass nicht nur ihre Karriere, sondern auch ihr Leben auf dem Spiel stehen. Die Leserschaft verfolgt außerdem die illegale Reise mehrerer russischer Jungen aus einem Waisenhaus, die im Rahmen von Menschenhandel als Organlieferanten für zahlungswillige Amerikaner*innen zur Verfügung stehen. Hier imponiert insbesondere das Schicksal des zehnjährigen Jakovs.

Heinichen inszeniert zwei Rachefeldzüge und eine polizeiliche Ermittlung, in deren Verläufen die Leserschaft einen detaillierten Einblick in die systemrelevanten Personen und deren Logistik im Geschäftszweig des Menschen- und Organhandels bekommen. Dabei werden auch die Handlungen der exekutiven Gewalt in Frage gestellt, die genauso von Korruption und Protektion betroffen sein können. Die Erzählstränge rund um die rumänischen Zwillingsbrüder sowie des Journalisten, der seine ermordete Lebensgefährtin rächt, verleihen der Geschichte eine persönliche Nuance.

---

[302] Weinert: *Das Leben meiner Tochter* (Anm. 262), S. 38.

Weinert stellt das Schicksal einer Familie in den Mittelpunkt. Vater Micha möchte um jeden Preis seine kranke Tochter retten und zieht aus seiner Verzweiflung heraus auch illegale Wege in Betracht – scheinbar ohne Rücksicht auf Verluste. Der Fokus liegt hier weniger auf den illegalen Machenschaften an sich. Es sind eher die Perspektiven der drei Familienangehörigen und ihr persönliches Empfinden und Handeln in einer solchen Extremsituation, die ein Hineinversetzen in eine solche Krisensituation ermöglichen. Deutlich wird der Leserschaft vor Augen geführt, dass der Mangel beziehungsweise die Knappheit in Bezug auf die zur Verfügung stehenden transplantierbaren Herzen „als dringend zu änderndes Schicksal" imponiert.[303] Es fällt als Leser*in ungleich leichter, Empathie mit Jana und deren Eltern zu empfinden im Vergleich zu den zahlenden Empfänger*innen aus Gerritsens oder Heinichens Geschichte. Es gibt eine Textstelle bei Heinichen, die sehr passend ist für das, was beim Lesen von Weinerts Drama passiert: „Schweres menschliches Schicksal liefert Projektionsflächen und setzt sofort das gesamte Vorstellungsvermögen des Gegenübers in Gang."[304]

Primum Non Nocere

Die Medizin ist gegen Fehler und Irrtümer nicht gefeit. Um die Gesundheit zu erhalten oder wiederherzustellen, begeben sich Patient*innen in die Hände von ärztlichem Fachpersonal, welches nach bestem Wissen und Gewissen im Interesse der Patient*innen handelt – nach bestehendem medizinischem Standard und stets im Bewusstsein der eigenen Sorgfaltspflicht. „Der Facharztstandard wird inhaltlich als das zum Behandlungszeitpunkt in der ärztlichen Praxis und Erfahrung bewährte, nach naturwissenschaftlicher Erkenntnis gesicherte und von einem durchschnittlich befähigten Facharzt verlangte Maß an Kenntnis und Können definiert."[305] Der traditionelle Grundsatz ärztlicher Praxis *primum non nocere*[306] beschreibt die Verpflichtung, Patient*innen kein Leid zuzufügen. Nicht zu schaden ist neben der Autonomie, dem Wohltun und der Gerechtigkeit gleichzeitig eines von vier Prinzipien der biomedizinischen Ethik nach Moralphilosoph Tom L. Beauchamp und Theologe und Philosoph James F. Childress.[307] Dass im Rahmen des illegalen Organhandels unmittelbar die Arbeit von ärztlichem Personal involviert sein muss und damit Schaden, der Menschen zugefügt wird, auf ärztliches Handeln zurückzuführen ist, begründet einen intensiveren Blick auf diesen Beruf, der gleichzeitig in allen drei Werken thematisiert wird. Mediziner*innen stehen oft mit einem sprichwörtlichen Bein im Gefängnis. Das ist ihrer oft invasiven, stechenden und schneidenden Handlungs-

---

[303] Fittkau: *Beschaffen als Mission* (Anm. 134), S. 20.

[304] Heinichen: *Tod auf der Warteliste* (Anm. 230), S. 72f.

[305] Michael Imhof: *Behandlungsfehler in der Medizin. Was nun? Verborgenes im Arzt-Patienten-Verhältnis.* Idstein 2010, hier S. 15.

[306] Tom L. Beauchamp: *Prinzipien und andere aufkommende Paradigmen in der Bioethik.* In: Oliver Rauprich, Florian Steger (Hg.): *Prinzipienethik in der Biomedizin. Moralphilosophie und medizinische Praxis.* Frankfurt am Main, New York 2005, S. 48–73, hier S. 52.

[307] Tom L. Beauchamp, James F. Childress: *Principles of Biomedical Ethics.* 8th Edition. New York 2019.

praxis geschuldet, die ohne Zustimmung (*informed consent*) eine Körperverletzung darstellt. Das Potenzial, sich als Mediziner*in auf illegale Pfade zu begeben, ist demzufolge von Haus gegeben und bedarf einer ständigen Überprüfung der eigenen Handlungspraxis.

Einen realistischen Einblick gibt hier sicherlich Gerritsen, die als Nebenplot die juristischen Folgen (angeblicher) Behandlungsfehler thematisiert, indem sich ihre Protagonistin gleich zweimal einer Anklageschrift stellen muss. Die Anschuldigungen sind in diesem Fall haltlos, denn der Antagonist versucht sie mit allen Mitteln aus dem Krankenhaus zu vertreiben. Nichtsdestotrotz spiegelt sich hier die Tatsache wider, dass die meisten Behandlungsfehler in den operativen Disziplinen auftreten. In allen drei Werken sind Ärzt*innen am Werk, die ihre Ausbildung und Expertise nicht nur für illegale, sondern auch für schädigende Zwecke einsetzen. Die Hauptgründe dafür sind schnelles Geld, das Verlangen nach Luxusgütern und Prestige. Dabei ist der ärztliche Beruf bekanntermaßen kein Gewerbe. Es wundert nicht, dass Heinichen in *Tod auf der Warteliste* die Schönheitschirurgie als Deckmantel wählt. Hier kommt die Medizin einem Gewerbe, für das bezahlt wird, sehr nahe; wie generell in Bereichen, die unter das Stichwort der wunscherfüllenden Medizin fallen. Weinert thematisiert neben den monetären Anreizen, die den Schritt in die Illegalität bedeuten, auch einen Anreiz, der sich aus einem persönlichen Schicksal ergeben kann. „Ich hätte alles gegeben, alles getan, um sie zu retten."[308] Janas behandelnder Arzt Dr. Bix erzählt Micha während seines Aufenthalts in Priština, dass er seine eigene Tochter verloren hat, weil Eltern eines hirntoten Mädchens sich weigerten, ihre Organe zur Spende freizugeben. Auch wenn dieser persönliche Hintergrund andeutet, warum der Arzt seine Fähigkeiten für das illegale Transplantationsgeschehen einsetzt, kann es keine Entschuldigung dafür sein, ein fremdes Leben wissentlich aufs Spiel zu setzen, um ein Vertrautes für eine monetäre Gegenleistung zu retten.

Wirtschaftlichkeit im Krankenhaus

Wirtschaftliche Aspekte spielen auch beim nächsten gemeinsamen Motiv der drei Werke eine Rolle. Besonders bei Gerritsen und Heinichen wird deutlich, dass dem Schreiben von schwarzen Zahlen, und darüber hinaus, ein handlungsleitender Aspekt im Krankenhausalltag innewohnt. In diesem Zusammenhang lässt sich von einer „Ökonomisierung von Therapiesituationen" sprechen.[309] Es wird offensichtlich, wenn Gerritsen den Klinikdirektor zu Wort kommen lässt, der möchte, dass die Statistiken in Bezug auf die Transplantationszahlen gut aussehen.[310] Das hat mit der Reputation des Hauses als erfolgreiches Transplantationszentrum zu tun, aber natürlich auch mit dem Erhalt von Geldern, die für solche Art von Eingriffen eingesetzt werden. Bei Gerritsen kommt noch der Aspekt der illegalen Transplantationen hinzu, die einen zusätzlichen Gewinn für die Klinik und für einzelne Akteur*innen darin abwerfen; auch hier soll möglichst das Maximum an Gewinn erzielt werden und keine Transplantation an das Nachbarhaus verloren gehen. Ein weiterer Aspekt, der sich mit der Wirtschaftlichkeit im Krankenhaus auseinandersetzt und bei Heinichen thematisiert wird, bezieht sich auf die Unterscheidung von privater versus öffentlicher Anstellung von ärztlichen Fachkräften: „Ohne ihn [Petrovac] gäbe es

---

[308] Weinert: *Das Leben meiner Tochter* (Anm. 262), S. 109.
[309] Fittkau: *Beschaffen als Mission* (Anm. 134), S. 29.
[310] Gerritsen: *Kalte Herzen* (Anm. 182), S. 61.

dies alles nicht und die Herren Mediziner würden noch immer an öffentlichen Krankenhäusern arbeiten."[311] Damit wird auf die mögliche Unzufriedenheit von angestellten Ärzt*innen im öffentlichen Sektor angespielt. Eine Anstellung, die oft mit mehr Arbeitszeit und Bereitschaftsdiensten bei weniger Lohn im Vergleich zum privaten Sektor einhergeht. Bei Heinichen ist die Anstellung im La Salvia nicht nur überaus lukrativ aufgrund der Einkünfte durch die Schönheitsoperationen, sondern auch durch die hohen Nebeneinkünfte der illegalen Organtransplantationen.

Deckmantel-Metapher

Die Metapher des Deckmantels, die im Rahmen dieser Arbeit insbesondere für Heinichens Szenario der Schönheitsklinik, die über die illegalen Transplantationen hinwegtäuschen soll, eingesetzt wurde, lässt sich in den beiden anderen untersuchten Werken, wenn auch weniger offensichtlich, wiederfinden. Bei Gerritsen kommt sie im Rahmen des Schattenunternehmens Amity zum Tragen, in dem die Geldgeschäfte des illegalen Organhandels abgewickelt werden. Bei Weinert lässt sich die Metapher in der Geschichte des Organbrokers wiedererkennen. Er vertuscht gegenüber Micha den wirklichen Hintergrund der kriminellen Organbeschaffung, indem er die Geschichte eines Familienschicksals erfindet. Beim Herzspender für Jana handele es sich angeblich um einen in einem Verkehrsunfall verunglückten Jungen, der hirntot sei und die verzweifelte Familie ziehe das Beste aus der Situation. In Wahrheit ist das Opfer ein Straßenjunge ohne Familie, der lebendig ist und für die Transplantation sterben muss.

Das folgende Kapitel mit dem Titel „Menschliche Ersatzteillager" wird sich mit verschiedenen Arten der Zurverfügungstellung von Körpern beziehungsweise Organen und diesbezüglichen Beweggründen auseinandersetzen. Drei Werke werden mit besonderem Augenmerk auf die Kategorie des Ersatzteillagers einer umfangreichen Literaturanalyse unterzogen.

2.4.2   Menschliche Ersatzteillager

Neben Szenarien, die Formen des organisierten Verbrechens in Bezug auf die Organbeschaffung in den Mittelpunkt stellen, legt das zweite Unterkapitel zum Thema „literarische Aushandlungsszenarien zum Organmangel" den Fokus auf Personen, die ihre Körper für die Transplantation zur Verfügung stellen – mehr oder weniger freiwillig. Der Schwerpunkt wird hier nicht auf die verbrecherischen Aspekte der Organbeschaffung gelegt. Es soll um den Aspekt der Instrumentalisierung für einen speziellen Zweck gehen, der sich in den verschiedenen Werken unterschiedlich ausgestaltet. Mit menschlichen Ersatzteillagern sind keine Klone, sondern Menschen gemeint, die „als [noch] lebende (fühlende, leidende, kurzum: wahrhaftes Menschsein demonstrierende) Ersatzteillager für lebenswichtige Organe [dienen]".[312] Dabei wird der Nebeneffekt, dass sie im Rahmen der

---

[311]   Heinichen: *Tod auf der Warteliste* (Anm. 230), S. 16.
[312]   Ekkehard Knörer: Alternativhistorisch. Die Filmkolumne. Perlentaucher. Das Kulturmagazin. 13.4.2011.   https://www.perlentaucher.de/im-kino/alternativhistorisch.html   (abgerufen am 13.11.2021).

Organspende möglicherweise versterben, in Kauf genommen oder der Tod ist ohnehin alternativlos.

Es sind insbesondere zwei der vier von Wasson identifizierten symbolischen Vertreter, welche die Repräsentation der Organübertragung in diesem Unterkapitel charakterisieren. Die erste Metapher (machine parts) bezieht sich nicht auf den Aspekt, dass es sich um ein künstliches Maschinenteil als Organersatz handelt, sondern, dass es sich beim Gewinn menschlicher Ersatzteile in Form von Gewebe oder Organen um einen entmenschlichenden Prozess handelt. Der menschliche Körper wird hier als fremdbestimmtes Nutzobjekt dargestellt, welches zum Wohle anderer, die womöglich als wertvoller eingeschätzt werden, zur Verfügung steht. Diese Szenarien sind unter anderem bekannt aus den dystopischen Romanen *Alles, was wir geben mussten* des britischen Autors Kazuo Ishiguro sowie *Die Entbehrlichen* der schwedischen Autorin Ninni Holmqvist. Die zweite Metapher, die nach der Klassifizierung von Wasson zutrifft, ist die der Gabe beziehungsweise die des Geschenks (gift).[313] Hier liegt das Hauptaugenmerk in der Motivation zur Spende, aber auch in der menschlichen Bindung, die zwischen Spender*in und Empfänger*in herrscht. Das kann sich sowohl auf den Zustand vor der Transplantation als auch auf den der Post-Transplantation beziehen. Ergänzt werden kann diese Repräsentation der Organübertragung mit dem Begriff der Rettung. Die Metaphern der Gabe und der Rettung imponieren insbesondere im Rahmen der Lebendorganspende einer nahestehenden Person. Dabei spielen die von Krüger-Fürhoff erwähnten einhergehenden Sozialbeziehungen im Sinne von Zwangs- beziehungsweise Wahlverwandtschaften und der möglichen Imagination des verpflanzten Transplantats als Verkörperung des Gebenden eine wichtige Rolle.[314] Indes ist auch hier die Geschenk-Rhetorik als möglicher Deckmantel für eine ausbeuterische Behandlung nicht ganz ohne Relevanz.[315] Auch die Metapher des Abfallprodukts (waste) und die der Vegetation (vegetation) lassen sich unter dem Stichwort des Ersatzteillagers, das sich in diesem Kapitel verschiedenartig ausdifferenziert, ausmachen. Dies zeigt sich insbesondere im Werk *Vollendet* von Neal Shusterman. Die Vorstellung, die der Begriff des Ersatzteillagers evoziert, lässt sich mit dem Verlust der Ursprünglichkeit, der Identität, der Einzigartigkeit der einzelnen Person beschreiben. Darin erkennen lässt sich außerdem das asymmetrische Verständnis, welches zwischen dem Original und seinem Ersatz vorherrschen kann. Es geht oft mit dem Verlust der Gleichberechtigung und der Wertigkeit eines Menschenlebens einher. Die Verletzlichkeit des einen wird für die Zwecke des oder der anderen instrumentalisiert.[316] Das Gefühl, welches in der Person des Ersatzteillagers hervorgerufen wird, kann laut Franklin dem des Verlusts, der Herabwürdigung sowie der Wertlosigkeit zugeordnet werden. Es zeigt sich in der Einstellung, sich als wenig originell wahrgenommen zu fühlen.[317] Daher wundert es nicht, dass insbesondere in diesem Kontext Fragen nach dem Wert der Würde der einzelnen Person sowie deren zugesprochenen Anteil an Selbstbestimmung gestellt werden. Auch die Themen Altruismus, Verschulden, Vertrauen, Gerechtigkeit oder die

---

[313] Wasson: *Scalpel and Metaphor* (Anm. 117), S. 108.
[314] Krüger-Fürhoff: *Verpflanzungsgebiete* (Anm. 54), S. 38f.
[315] Wasson: *Scalpel and Metaphor* (Anm. 117), S. 115.
[316] Franklin: *Dolly Mixtures* (Anm. 14), S. 204.
[317] Ebd.

eigene Selbstlosigkeit im Umgang mit anderen Menschen werden im Zusammenhang mit der Ersatzteillager-Metapher verhandelt.

Im Folgenden werden drei belletristische Werke unter diesem Themenschwerpunkt als literarische Aushandlungsszenarien zum Organmangel analysiert. Es handelt sich dabei um *Vollendet* von Neal Shusterman, um *Beim Leben meiner Schwester* von Jodi Picoult sowie um *Achtzehn* von Angela Gerrits. In einer sich anschließenden Zwischenzusammenfassung wird unter anderem auf die unterschiedlichen Fokussierungen der Autor*innen Bezug genommen sowie auf Gemeinsamkeiten in Bezug auf bestimmte Motive, die im Rahmen der Literaturanalysen hervorstechen.

Das erste Werk, das untersucht wird, ist die Dystopie *Vollendet* von Neal Shusterman. Bei ihm steht unter anderem die Umwandlung als Form der Freigabe zur Organspende einer bestimmten Gruppe Adoleszenter im Zentrum und wird als utilitaristisch-ausgerichtetes Aushandlungsszenario zum Organmangel gelesen.

2.4.2.1 Delinquenten: Neal Shusterman *Vollendet*

Eine Debatte um das Thema Abtreibung mündet in einem Bürgerkrieg mit der Konsequenz einer alternativen, nämlich verspäteten, Form der Abtreibung. Diese normative Regelung sieht unter anderem die Deeskalation von Delinquenz im Jugendalter in der Umwandlung – der gesetzlichen Zurverfügungstellung zur Organspende. Dieses Szenario bildet die Grundlage für den ersten Band der Bestseller-Tetralogie der *Vollendet*-Reihe des US-amerikanischen Autors Neal Shusterman. Es wurde im Jahr 2007 unter dem Titel *Unwind* veröffentlicht. Die deutsche Übersetzung ist im Jahr 2012 erschienen, als bereits die Bände zwei (*Unwholly*) und drei (*Unsouled*) folgten, die in Deutschland im Jahr 2013 (*Vollendet – Der Aufstand*) und 2014 (*Vollendet – Die Rache*) erschienen sind. Der vierte und gleichzeitig finale Teil der Reihe (*Undivided*) ist in Deutschland unter dem Titel *Vollendet – Die Wahrheit* im Jahr 2019 erschienen. Für diese Arbeit liegt das Hauptaugenmerk auf dem ersten Band.

Im Folgenden werden der Plot und der Handlungsstrang von *Vollendet* vorgestellt. Darauf folgt eine genauere Untersuchung verschiedener Motive, die vor dem Hintergrund des literarischen Szenarios der Umwandlung und die sich daraus ergebenen Kategorien der Zurverfügungstellung ergeben. Abschließend werden in einem Fazit die wichtigsten Punkte zusammengetragen.

2.4.2.1.1 Plot und Handlungsstrang

Die Dystopie *Vollendet* umfasst 432 Seiten, die sich in sieben Abschnitte teilen. Diese lassen sich nochmals in kleinere Kapitel unterteilen und sind bis zur 69 durchnummeriert. Die Unterkapitel werden jeweils aus einer bestimmten Figuren-Perspektive in der dritten Person erzählt. Eine Überschrift gibt hier einen Hinweis auf den jeweiligen Charakter. Der Leseprozess ist demzufolge durch einen ständigen Perspektivwechsel begleitet.

Die Charta des Lebens

> Nach der Charta des Lebens ist das menschliche Leben von der Empfängnis bis zu dem Zeitpunkt, an dem ein Kind dreizehn Jahre alt wird, unantastbar.
> Im Alter zwischen dreizehn und achtzehn Jahren können Eltern ein Kind rückwirkend ,abtreiben' . . .
> . . . unter der Bedingung, dass das Leben des Kindes ,streng genommen' nicht endet. Der Vorgang, mit dem das Leben eines Kindes abgeschlossen wird, das Kind aber dennoch am Leben bleibt, wird Umwandlung genannt.[318]

Die Charta des Lebens – ein Verfassungszusatz, der als Konsequenz des blutigen Heartland-Krieges, einen Bürgerkrieg zwischen der gegnerischen und anerkennenden Partei der Abtreibung, verabschiedet wurde, legt in Shustermans Werk die Grundlage für die gezielten Organentnahmen, sogenannte Umwandlungen, bei Adoleszenten. Die Charta erlaubt eine „rückwirkende Beendigung der Schwangerschaft [...], sobald ein Kind das Vernunftalter erreicht".[319] Im Grundgesetz für die Bundesrepublik Deutschland steht in Artikel 1: „Die Würde des Menschen ist unantastbar. Sie zu achten und zu schützen ist Verpflichtung aller staatlichen Gewalt."[320] Eine Begrenzung dieser Norm, die einen bestimmten Lebensabschnitt ausspart, wie in der fiktiven Charta des Lebens, ist hierbei nicht vorgesehen. Auf das gesamte menschliche Leben bezogen, besitzt sie vielmehr überzeitliche Geltung. Gleiches gilt auch für die unveräußerlichen Grundrechte der Bill of Rights der Vereinigten Staaten. Insbesondere der vierte Verfassungszusatz unterstreicht den Schutz der Person gegen unbegründete Durchsuchung, Verhaftung und Beschlagnahme.[321]

> Die Leute [forderten] Körperteile. [...] Ein verkrebster Dickdarm konnte nun durch einen gesunden ersetzt werden. Ein Unfallopfer, das an inneren Verletzungen gestorben wäre, erhielt neue Organe. Eine verkrüppelte, arthritische Hand konnte durch eine ersetzt werden, die fünfzig Jahre jünger war. Und diese neuen Körperteile mussten ja irgendwo herkommen. [...] Wenn sich damals mehr Menschen zur Organspende bereit erklärt hätten, dann hätte es die Umwandlung vielleicht nie gegeben. Aber die Leute behalten gern, was ihnen gehört, auch nach ihrem Tod. Es dauerte nicht lang, bis die Moral der Gier zum Opfer fiel. Die Umwandlung wurde zu einem ganz großen Geschäft. Und man ließ es einfach zu.[322]

Das Szenario eines gesellschaftlichen Umbruchs erinnert an das Werk *Die Entbehrlichen* (*Enhet* 2006) der schwedischen Schriftstellerin Ninni Holmqvists. Hier handelt es sich ebenfalls um einen dystopischen Roman, der eine nahe, beklemmende Zukunft beschreibt, in der die Gesellschaft ihre Mitglieder vor dem Hintergrund ihres ökonomischen Wertes in zwei ungleiche Klassen – entbehrliche und benötigte Bürger*innen – teilt. Dies ist nicht auf einen Bürgerkrieg, sondern auf einen politischen Umbruch zurückzuführen.

---

[318] Shusterman: *Vollendet* (Anm. 78), S. 7.

[319] Ebd., S. 282.

[320] Das Grundgesetz der Bundesrepublik Deutschland: Artikel 1.

[321] Die Bill of Rights (Zusätze) zur Verfassung der Vereinigten Staaten von Amerika: Zusatzartikel 4.

[322] Shusterman: *Vollendet* (Anm. 78), S. 283.

Auch sind es bei Holmqvist keine Heranwachsenden, die sich für eine Transplantation zur Verfügung stellen müssen, sondern alle Frauen ab fünfzig sowie alle Männer ab sechzig Jahren, die weder Nachkommen gezeugt noch einen für die Wirtschaft bedeutungsvollen Beruf haben. In einem luxuriösen Sanatorium, abgeschieden vom Rest der Gesellschaft, müssen diese Entbehrlichen ihre Körper im nicht altruistisch-gedachten Kontext sowohl der Wissenschaft als auch den benötigten Bürger*innen zur Verfügung stellen.[323] In Shustermans imaginierter Gesellschaft findet das erzwungene zur Verfügung stellen von jugendlichen Körpern in dafür vorgesehenen Ernte-Camps statt. Dabei handelt es sich um private, gewinnbringende Einrichtungen, die „eine staatliche Lizenz [haben] und [von] Steuergeldern finanziert [werden]".[324] Ganz deutlich lassen sich hier Züge der Schauerliteratur ausmachen: begrenzte Räumlichkeiten, beunruhigende Affektivität und Verwundbarkeit in der narrativen Stimme sowie ein klaustrophobisch- sowie bösartig-erscheinender Handlungsort sind Eigenschaften, die laut Wasson darauf verweisen.[325] Diese Art von Fiktion „invite[s] reflection on the way the dominant cultural metaphors of organ transfer may shape institutional processes of tissue management, and how medical protocols of tissue procurement may become disturbingly influenced by capital's imperatives".[326] Der Handlungsstrang, den die Leser*innen verfolgen, wird bestimmt durch die verschiedenen Geschehnisse rund um die Flucht einiger Jugendlicher, die eigentlich für die Umwandlung vorgesehen waren. In diesem Zusammenhang werden auch die verschiedenen Kategorien der Zurverfügungstellung eingeführt, die im Folgenden unter dem Punkt der Motive näher betrachtet werden.

2.4.2.1.2 Motive

Kategorien der Zurverfügungstellung

Sind es in Holmqvists Szenario weibliche und männliche Körper, die das fünfzigste beziehungsweise das sechzigste Lebensjahr erreicht haben oder bei Ishiguro die Körper von Klonen, finden sich bei Shusterman folgende Kategorien von Körpern, die als Organlieferant*innen zur Verfügung gestellt werden: heranwachsende Unruhestifter*innen, beschrieben mit dem Begriff der Delinquenten, Zehntopfer, Mündel aus staatlichen Waisenhäusern sowie Storchenkinder – alle im Alter zwischen dreizehn und achtzehn Jahren.

---

[323] Christiane Vogel: *Der Mensch als Ersatzteillager in Ninni Holmqvists Roman Die Entbehrlichen.* In: Dominik Groß, Stephanie Kaiser, Brigitte Tag (Hg.): *Leben jenseits des Todes? Transmortalität unter besonderer Berücksichtigung der Organspende.* Frankfurt am Main, New York 2016, S. 107–124, hier S. 107–110.

[324] Shusterman: *Vollendet* (Anm. 78), S. 337.

[325] Wasson: *Scalpel and Metaphor* (Anm. 117), S. 105.

[326] Ebd.

Delinquente Jugendliche

Die Kategorie der Delinquenz, abgeleitet vom lateinischen Verb *delinquare*, für sich vergehen, verschulden, einen Fehler begehen, meint im hier gedachten Szenario keine Person, die ein Verbrechen begeht. Gemeint sind auffällig gewordene Adoleszente, ohne dabei unbedingt von strafrechtlich verfolgbaren Delikten, sondern eher von Ordnungswidrigkeiten zu sprechen. Haben Letztere eine gewisse Frequenz erreicht, kann es dazu führen, dass Eltern in diesen schwierigen Teenager-Jahren dem eigenen Kind überdrüssig werden. In Shustermans Dystopie ergibt sich dann die Möglichkeit, dieses Kind für eine bessere Sache zu opfern; die Umwandlung steht als legitime Option zur Wahl. Es ist eine Form der Rückgabe, nachdem laut der Charta des Lebens zuvor jedes menschliche Leben von der Empfängnis an bis zum dreizehnten Geburtstag unantastbar bleibt. Die Organe der Wandler*innen werden zu 100 Prozent wiederverwertet; in dem Grundverständnis, dass sie so weiterleben, zwar nicht als sie selbst, aber als Bestandteil in vielen anderen menschlichen Körpern. Der Begriff der Rückabwicklung beschreibt dieses Unterfangen passend. Bei dem sechszehnjährigen Connor Lassiter, „ein Junge eine Woche vor der Umwandlung"[327], handelt es sich um den Protagonisten. Weil er zufällig die unterschriebene Verfügung auf dem Schreibtisch seines Vaters findet, erfährt er, dass seine Eltern ihn für die Umwandlung angemeldet haben.

> [Die Umwandlungsverfügung] war ganz altmodisch in dreifacher Ausfertigung unterzeichnet worden. Die weiße war schon weg, bei den Behörden. Die gelbe würde Connor bis zu seinem Ende begleiten, und die pinkfarbene würde bei seinen Eltern bleiben, als Beweis dafür, was sie getan hatten.[328]

Was hier wie eine Form der Patientenverfügung beschrieben wird, in der man seine Behandlungswünsche für den Fall der Einwilligungsunfähigkeit festhält, meint hier das ganze Gegenteil. Hier entscheiden die Eltern über die Zukunft des eigenen Kindes und bestätigen dabei mit ihrer Unterschrift, dass die Organe des eigenen Kindes zur Transplantation freigegeben werden – der Tod also in Kauf genommen wird unter der Berücksichtigung der Annahme, dass das Kind beziehungsweise Teile von ihm, in einem anderen (weniger delinquenten) Menschen weiterlebt. Flucht stellt für Connor die einzige Möglichkeit dar, die Umwandlung zu umgehen und damit sein Leben zu retten; zumindest bis zu seinem achtzehnten Lebensjahr, denn dann kann er qua Gesetz nicht mehr umgewandelt werden. Dieses Vorhaben ist kein einfaches, denn es gibt Teams von Jugendpolizisten, sogenannte JuPos, die geübt sind im Aufspüren von flüchtigen Wandler*innen. Und so gelingt es diesen auch recht schnell, seine Fährte aufzunehmen. Beim Versuch Connor zu verhaften, schafft es dieser zu entkommen, allerdings bleibt ihm als Ausweg lediglich die Überquerung einer viel- und schnellbefahrenen Autobahn. Sein Handeln löst nicht nur eine Kettenreaktion mit mehreren Unfällen aus, er entführt im gleichen Atemzug einen in weißer Seide gekleideten, ängstlichen Jungen in einen der betroffenen Autos, dem ein ähnliches Schicksal droht. Es handelt sich dabei um den frommen dreizehnjährigen Levi

---

[327] Shusterman: *Vollendet* (Anm. 78), S. 12.
[328] Ebd., S. 15.

(Lev) Jedediah Calder, ein Zehntopfer, der sich gerade in Begleitung seiner Eltern und des Pastors auf dem Weg zum Ernte-Camp befindet.

Zehntopfer

„Dafür wurde ich geboren. Dafür habe ich mein ganzes Leben gelebt. Ich bin erwählt. Ich bin gesegnet. Und ich bin glücklich."[329] Ein Zehntopfer ist im Gegensatz zum Wandler der Stolz und die Freude der Familie – „etwas ganz Besonderes"[330]. Er oder sie sollte es als Segen und Ehre ansehen, sich umwandeln zu lassen – eine Tatsache, die in diesem Fall bereits vor der Geburt beschlossen wird. Das gesamte (kurze) Leben der Zehntopfer wird begleitet durch eine geistig-seelische Indoktrination der Opfergabe. Es wundert daher auch nicht, dass Lev sich lange gegen seine Befreiung wehrt.

> ‚Bitte, du hast ja keine Ahnung, du kannst mich nicht mitnehmen. Ich bin ein Zehntopfer. Ich verpasse meine Ernte! Du machst mir alles kaputt!' [...]
> Niemand kann dreizehn Jahre Gehirnwäsche in zwei Tagen ungeschehen machen.[331]

Zehntopfer werden auf die biblische Geschichte zurückgeführt, wobei Moses als erstes gestorchtes Baby interpretiert wird. Die Zahl Zehn bezieht sich darauf, dass man „den zehnten Teil von allem, was man besitzt, abgeben [soll]".[332] Dieses Selbstverständnis verweist auf eine Offenbarungsreligion. Das Zehntopfer betrachtet sein Handeln nicht als naturkausal bedingt, sondern als von Gott erwählt beziehungsweise berufen. „Die Überführung der Organspende (...) in religiöse Sphären" stellt die Möglichkeit, dass eine andere Person durch die Spendertätigkeit weiterleben kann, in den Mittelpunkt.[333]

Mündel

In den gleichen Verkehrsunfall verwickelt ist auch das fünfzehnjährige Waisenkind Risa Megan Ward, deren Platz im staatlichen Waisenhaus nur bis zum dreizehnten Lebensjahr garantiert war und die nun aufgrund der Reduzierung der Bewohner*innen im Teenager-alter der Umwandlung aus Gründen der Budgetkürzung zum Opfer fallen soll. Alle staatlichen Mündel tragen in der Geschichte den Nachnamen Ward – der englische Begriff für Mündel. „Risa verflucht innerlich den, der einst bestimmt hat, dass alle Waisen Ward heißen sollen, ‚Mündel' – als wäre es nicht schon Makel genug, eins zu sein."[334] Anders als Lev, der sich in seiner Rolle als Zehntopfer der Opfergabe verpflichtet sieht, lässt sich Risa nur schwer von den angeblichen Vorteilen der Umwandlung mit deren transhumanistischen Aspekten, blenden.

> ‚Ich soll umgewandelt werden?' [...].
> ‚Es ist schon in Ordnung, dass du Angst hast, Veränderung ist immer beängstigend.'

---

[329] Shusterman: *Vollendet* (Anm. 78), S. 49.

[330] Ebd., S. 47.

[331] Ebd., S. 50f., 124.

[332] Ebd., S. 101.

[333] Fittkau: *Beschaffen als Mission* (Anm. 134), S. 32.

[334] Shusterman: *Vollendet* (Anm. 78), S. 223.

‚Veränderung? […] Was meinen Sie mit ‚Veränderung'? Sterben ist ein bisschen mehr als *Veränderung*.' […].
‚Wie Eis zu Wasser wird und Wasser zu Wolken. Du wirst leben, Risa. Nur in einer anderen Form.'[335]

Der Umwandlungsprozess, der hier sinnbildlich mit einem Wasserkreislauf verglichen wird, soll Risa die unterschiedlichen Formen der Existenz vor Augen führen, um sich in ihrer Rolle als Wandlerin besser zurecht zu finden.

Storchenkinder

Die letzte Kategorie der Zurverfügungstellung bezieht sich auf Kinder, die von ihren Eltern kurz nach der Geburt gestorcht wurden. Es handelt sich um ungewollte Kinder, die man während der Schwangerschaft eigentlich abgetrieben hätte, würde es qua Gesetz (Charta des Lebens) nicht streng verboten sein. „Ungeborene haben aber eine Seele. Sie haben eine Seele ab dem Zeitpunkt, an dem sie gezeugt werden, so steht es im Gesetz."[336] Es bleibt demzufolge die Option, das Kind zu storchen: Dabei wird es heimlich vor einer Haustür abgelegt und die Personen, die es finden, sind dann gesetzlich verpflichtet, das Kind als ihr Eigenes an- und aufzunehmen; zumindest bis zu deren dreizehnten Lebensjahr. Im Text wird der fünfzehnjährige Cyrus Finch (CyFi) als gestorchtes Kind vorgestellt, der von einem homosexuellen Paar gefunden und aufgenommen wurde. Das Pärchen hatte sich sehnlichst ein Kind gewünscht. Die Gefahr, dass sie ihn zur Umwandlung freigegeben hätten, war also gering, im Vergleich zum Durchschnitt gestorchter Kinder. Dass CyFi sich doch als Wandler auf der Flucht befindet, liegt daran, dass er nach einem schweren Fahrradunfall eine Gewebetransplantation benötigte, um seinen rechten Schläfenlappen operativ rekonstruieren zu lassen. Bei dem Gewebespender handelte es sich um einen Wandler, dessen Eigenschaften seitdem einen gewissen Einfluss auf CyFis Handlungen haben. Diese hier von Shusterman beschriebene Einflussnahme der Spender*innen auf die Empfänger*innen wird in der Forschungsliteratur mit den Motiven verschiedener Körperkonzepte, Identitätsentwürfe, Integrationsleistungen, Hybridisierungen und Fremdsteuerungen in Verbindung gebracht, auf die ich in Kapitel 2 bereits näher eingegangen bin. Bei CyFi gestaltet sich die fremde Übernahme folgendermaßen.

> ‚Es ist ein Er […]. Keine Ahnung wie er heißt. Seinen Namen hat er wohl in einem anderen Teil seines Gehirns aufbewahrt. Hab ja nur den rechten Schläfenlappen, das ist nur ein Achtel des Großhirns. Bin also zu sieben Achteln ich und zu einem Achtel er. […]. Er hatte Probleme. Wahrscheinlich haben seine Eltern ihn deswegen umwandeln lassen. Und eins seiner Probleme ist jetzt meins. […]. Der hat so einen Drang, Sachen zu klauen – so'ne Art Sucht, verstehst du? Alles, was glänzt. Er braucht es gar nicht, aber er muss es einfach mitgehen lassen. Ich glaube, er ist ein Kleptomane.'[337]

---

[335] Shusterman: *Vollendet* (Anm. 78), S. 36f. (Hervorhebung im Original).
[336] Ebd., S. 217.
[337] Ebd., S. 176f.

Underground Railroad für flüchtende Wandler*innen

Nach dem Durcheinander, welches durch den Unfall hervorgerufen wurde, nutzen die Kinder die Chance und befinden sich fortan mehr oder weniger freiwillig gemeinsam auf der Flucht. „Mit der Unterschrift unter den Umwandlungsverfügungen sind [sie] Eigentum des Staates geworden. Dass [sie] abgehauen sind, macht [sie] nach dem Bundesgesetz zu Verbrechern."[338] Das heißt, sie müssen sich möglichst ungesehen fortbewegen, ohne viel Aufsehen zu erregen. Die unbestimmte Reise führt die Jugendlichen so von Geheimversteck zu Geheimversteck, ohne ein wirkliches Ziel vor Augen zu haben. Über eine geheime Fluchthilfebewegung gelingt es ihnen allerdings in eine Art Auffanglager zu gelangen, „in dem alle [flüchtigen] Wandler vor einer letzten Reise zwischengelagert werden".[339] Von hier werden die Jugendlichen nach ein paar Tagen, jeweils zu viert in einem Luftfrachtcontainer versteckt, in ein Flugzeug verladen. Dieses informelle Schleusernetzwerk erinnert an eine moderne Version der Antisklaverei-Bewegung der USA, die unter dem Namen der Underground Railroad in die Geschichte eingegangen ist und die Sklaven im 19. Jahrhundert dabei unterstützte, in die Freiheit zu fliehen.[340] Nach der Landung erfahren die Wandler*innen, dass sie sich „[a]uf dem Friedhof" befinden.[341] Dieser Ort befindet sich „irgendwo im Südwesten der USA".[342] Es handelt sich dabei um ein riesiges Wüstenareal, welches als Schrottplatz für ausgemusterte Flugzeuge dient.

> Risa dreht sich zu der Maschine um, mit der sie gekommen ist. Sie trägt das FedEx-Logo, ist jedoch in einem jämmerlichen Zustand […].
> ,Die Maschine wurde ausgemustert. So machen die das. Sie warten, bis ein Flugzeug ausgemustert wird, und dann beladen sie es mit Wandlern. Der Flieger wäre sowieso hier gelandet. Keiner wird ihn vermissen.'[343]

Der Flugzeug-Friedhof steht symbolisch für die Situation der Wandler*innen, die gleichermaßen ausgemustert beziehungsweise zur Umwandlung freigegeben wurden. Wassons Abfallprodukt-Metapher spiegelt sich hier deutlich wider. Vom Admiral, dem „wohlmeinende[n] Diktator"[344] dieser Friedhof-Gemeinschaft, erfahren sie, dass unter seiner Aufsicht niemand umgewandelt werde und sie an diesem Ort eine Heimat bis zu ihrem achtzehnten Geburtstag gefunden haben – vorausgesetzt jeder hält sich an seine Regeln. Bereits am darauffolgenden Tag werden die Neuankömmlinge zu ihren Fähigkeiten befragt und in die jeweiligen Truppen eingeteilt, die auf dem „riesenhaften Schrottplatz"[345] verschiedene Tätigkeiten ausführen.

Diese Umstände bilden die Ausgangslage für die weiteren Geschehnisse, die von Shusterman im Rahmen seiner Tetralogie weiterentwickelt und ausgebaut werden.

---

[338] Shusterman: *Vollendet* (Anm. 78), S. 80.

[339] Ebd., S. 181.

[340] Eric Foner: *Gateway to Freedom. The Hidden History of the Underground Railroad.* New York 2015.

[341] Shusterman: *Vollendet* (Anm. 78), S. 224.

[342] Ebd., S. 226.

[343] Ebd., S. 226.

[344] Ebd., S. 229.

[345] Ebd., S. 230.

Nachdem sich ursprünglich Constantin Film die Rechte an der Verfilmung von Shustermans Buch-Reihe gesichert hatte, wurde im Jahr 2018 entschieden, eine TV-Serie aus dem dystopischen Roman-Material zu produzieren.[346]

Geschichte des Humphrey Dunfee

Im Text wird an mehreren Stellen ein Junge namens Humphrey Dunfee erwähnt. Es handelt sich dabei um eine Geschichte, die sich von den Jugendlichen erzählt wird. Shusterman nimmt damit direkten Bezug zu der bekannten Figur Humpty Dumpty[347] aus einem britischen Kinderreim.

> ‚Vor ein paar Jahren gab es einen Jungen namens Humphrey. [E]ines Tages unterschreiben seine Eltern die Umwandlungsverfügung. [A]ber nachdem ihr Sohn umgewandelt ist, drehen sie vollkommen durch.' [...]
> ‚Was haben sie gemacht?'
> ‚Sie beschließen, dass sie Humphreys Umwandlung nun doch nicht wollen. [...] Wie gesagt, man weiß nichts über die Ernte Camps, alles ist geheim, sogar die Daten, wer was erhält, wenn die Umwandlung vollzogen ist. [...] Die Dunfees haben die Daten gefunden. Ich glaube, der Vater arbeitete für die Regierung, deshalb konnte er sich in die Teile-Abteilung hacken.'
> ‚In die was?' [...]
> ‚Die Nationale Umwandlungsdatenbank. [...] Und er holt sich die persönlichen Daten von jedem, der einen Teil von Humphrey bekommen hat. Dann reisen die Dunfees durch die Welt und suchen die Leute ... um sie zu töten und die Teile zurückzuholen und Humphrey Stück für Stück wieder zusammenzusetzen [...].'
> ‚Deshalb nennt man ihn Humphrey [...]. Wie heißt es in dem Gedicht: Auch der König mit all seinen Mannen ... brachte Humphrey nicht mehr zusammen.'[348]

Shusterman greift Teile des Kinderreims auf und gestaltet sie zum Teil neu, um zu verdeutlichen, dass eine einmal eingeleitete Umwandlung sich nicht rückgängig machen lässt. Damit verweist er gleichzeitig auf die Tragweite einer solchen elterlichen Entscheidung. In *Vollendet* dient die Figur und Geschichte des Humphrey Dunfee als Art skurriler urbaner Mythos oder zeitgenössische Legende. Shusterman setzt sie als Indikator für eine problematische Gesellschaft ein. Was generell auf Narrative der Kategorie kidney thieves oder kidney heist[349] zutrifft, macht sich der Autor hier im intertextuellen Rahmen zu Nutze: „[Sie] bedeuten eine narrative Auseinandersetzung mit der Angst, bei lebendigem Leib ausgeschlachtet zu werden, und haben die Funktion, den Menschen auf mögliche Gefahren aufmerksam zu machen. Sie spiegeln Alltagsängste der Menschen vor einer von der Außenwelt drohenden Gefahr."[350] Davon abgesehen ist es auch eine biologische Unmöglichkeit, aus den Einzelbestandteilen der Umwandlung den Menschen wieder zusammenzusetzen, der er vorher einmal gewesen ist – im Sinne einer Rückabwicklung. Um

---

[346] Neal Shusterman Homepage: Unwind Movie News (2018). http://www.storyman.com/unwind-movie-news/ (abgerufen am 13.11.2021).

[347] William Wallace Denslow: *Humpty Dumpty*. Carlisle 2006.

[348] Shusterman: *Vollendet* (Anm. 78), S. 140f.

[349] Campion-Vincent: *Organ Theft Narratives* (Anm. 167), S. 34.

[350] Wiebel-Fanderl: *Herztransplantation als erzählte Erfahrung* (Anm. 121), S. 180.

dies deutlich zu machen, wird die Humpty Dumpty-Metapher auch in naturwissenschaftlichen Kontexten eingesetzt. Folgend ein Beispiel aus der Biochemie – eine Veröffentlichung zur Proteinwissenschaft, die sich die Metapher nicht nur im Titel zu Nutze macht:

> It is virtually impossible to reassemble an in vivo environment – that is, to put Humpty back together again. Instead, one can reassemble complexes and pathways and simply accept that this is an approximation of the cellular complexity. Optimally, we can take on the challenge and develop more and more powerful approaches to examine biochemical events in situ without disruption of the cellular complexity—that is, we can study Humpty before he falls.[351]

Die Metapher schlägt in diesem Beispiel „in überaus konstruktiver Weise und in […] unerwartete[m] Kontext[] eine Brücke zwischen Geistes- und Naturwissenschaften".[352] Die oben zitierte Textstelle zur Geschichte des Humphrey Dunfee verweist außerdem auf institutionelle Strukturen und Netzwerke, die im Rahmen einer Umwandlung zum Tragen kommen (Verschwiegenheit über Organ-Vergabe, Umwandlungsdatenbank). Auch hier arbeitet Shusterman nah an realen Begebenheiten, die im Rahmen der Organspende und -transplantation zum Einsatz kommen. Zu denken ist beispielsweise an die Anonymität der Spender*innen bei postmortalen Spenden oder das EDV-gestützte Führen von Wartelisten.

Zukunftsvisionen und moderner Faust-Stoff

Shusterman arbeitet mit vielen Verweisen auf das heutige Zeitgeschehen. Dies ist insbesondere interessant, da das Handlungsgeschehen im Text in der Zukunft spielt – ungefähr zwei Generationen nach uns.

> Verschiedene iPods und andere Geräte aus der Generation von Connors Großvater liegen auf einem alten [T]isch. Über den Bildschirm eines Plasmafernsehers flimmert ein alter Film, die verrückte Vision einer Zukunft, die nie eintraf, mit fliegenden Autos und einem weißhaarigen Wissenschaftler.[353]

Bei dem Film, auf den hier als nicht eingetretene Zukunftsvision verwiesen wird, handelt es sich um den Hollywood-Blockbuster *Zurück in die Zukunft II* aus dem Jahr 1989, der im Jahr 2015 spielt. Möglicherweise verwendet Shusterman diesen intertextuellen und intermedialen Verweis, um seine entworfene, erschreckende Zukunftsvision von *Vollendet* abzuschwächen und die Frage des Was wäre wenn? in den Vordergrund zu stellen. Eine Gesellschaft sollte in dem Wissen leben, dass der Umgang mit einem Mangelzustand und den verschiedenen Ansätzen diesen aufzulösen auch durchaus mit drastischen Umbrüchen für diese Gesellschaft einhergehen kann. Er skizziert seine Ausgangsposition für das *Vollendet*- Szenario mit folgendem Einstieg, einem Zitat vom Admiral, das der Geschichte vorangestellt wird: „Wenn sich mehr Menschen zur Organspende bereit erklärt

---

[351] Lila M. Gierasch, Anne Gershenson: *Post-reductionist protein science, or putting Humpty Dumpty back together again.* In: *Nature Chemical Biology* 5 (2009), S. 774–777, hier S. 774.

[352] Banerjee: *Biologische Geisteswissenschaften* (Anm. 20), S. 18.

[353] Shusterman: *Vollendet* (Anm. 78), S. 124f.

hätten, dann hätte es die Umwandlung nie gegeben.“[354] Dem ersten Teil des Zitats, der sich auf die Spende-Bereitschaft einer Gesellschaft bezieht, ist an Aktualität nichts entgegenzusetzen. Eine weitere Textstelle verweist auf eine reale Begebenheit aus dem Jahr 2001. Es handelt sich um den Verweis auf eine eBay-Auktion aus besagtem Jahr, die an den Faust-Stoff in seiner modernen Aushandlung erinnert, und zwar in Form einer Seelen-Versteigerung.[355] Der zwanzigjährige US-Amerikaner Adam Burtle hatte versucht, seine Seele online für den Mindestwert von fünf Cents zu versteigern, bekam am Ende 400 Dollar trotz gewisser Lieferschwierigkeiten. Seine Ex-Freundin hatte Image-wirksam 6,66 Dollar geboten.[356] Mit Verweis auf ihre Grundsätze reagierte das eBay-Team auf den Artikel und entfernte ihn dementsprechend. Auf dieses Geschehen nimmt Shusterman Bezug. Der Link, der im Text angegeben ist, verweist auf eine Ebay-Homepage, welche den Grundsatz zu Körperteilen von Menschen thematisiert.[357] Dieser besagt Folgendes: „Der Handel mit Menschen, menschlichen Körperteilen, menschlichen Überresten oder Artikeln, die Körperteile enthalten, ist nicht erlaubt.“[358] Die Grenzen des Gültigkeitsbereichs dieses Grundsatzes werden noch differenzierter aufgeführt.

> Der Handel mit menschlichen Körperteilen wie beispielsweise Organen oder Knochen, Blut, Ausscheidungen, Sperma, Eizellen oder Artikeln, die Körperteile enthalten, auch von Reliquien erster Klasse, ist nicht zulässig. Ausgenommen hiervon sind Artikel, die menschliches Kopfhaar enthalten (z. B. Medaillons oder Perücken). Deren Verkauf ist erlaubt. Gebrauchte Bestattungsartikel, wie z. B. Urnen, dürfen nicht angeboten werden. […] Diese Regel trägt dazu bei, dass wichtige gesetzliche Vorschriften eingehalten werden.[359]

Der Grund, warum Shusterman diese Geschichte zwischen dem 25. und 26. Kapitel einfügt, ließe sich mit dem Verweis auf das weite Spektrum der Auseinandersetzung mit dem eigenen Körper und seiner Bestandteile erklären. Hier benötigt es nicht zwingend fiktionale Szenarien, um absurde Ausformungen dieser Auseinandersetzung ans Licht zu bringen.

Die Ernte-Camps

Es wird im Text explizit auf die Frage eingegangen, ob ein Mensch eine Seele besitzt. Diese Streitfrage wird damit verknüpft, wie es diesbezüglich mit den Umwandlungseinrichtungen aussieht, die den Anschein eines Ferienlagers haben, am Ende jedoch Mordanstalten sind.

---

[354] Shusterman: *Vollendet* (Anm. 78), S. 5.

[355] Ebd., S. 197.

[356] Spiegel Panorama: Online Auktion. Seele im Sonderangebot. 12.02.2001. https://www.spiegel.de/lebenundlernen/uni/online-auktion-seele-im-sonderangebot-a-117228.html (abgerufen am 13.11.2021).

[357] Shusterman: *Vollendet* (Anm. 78), S. 197.

[358] Ebay Kundenservice. Grundsatz zu Körperteilen von Menschen. http://pages.ebay.de/help/policies/remains.html (abgerufen am 13.11.2021).

[359] Ebay Kundenservice (Anm. 358).

Ob der Mensch [...] eine Seele hat, darüber lässt sich trefflich streiten, im Gegensatz zu der Frage, ob eine Umwandlungseinrichtung eine Seele hat. Sie hat keine. Vielleicht bemühen sich die Erbauer dieser gewaltigen Medizinfabriken gerade deswegen so intensiv um eine teenagergerechte und benutzerfreundliche Gestaltung. [...] Heute heißen sie Ernte-Camps [und liegen] in einer außergewöhnlich reizvollen Landschaft [und haben] den Standard eines gehobenen Urlaubshotels.[360]

Das erinnert an Holmqvists Sanatorium, in dem die Entbehrlichen mit allen möglichen täglichen Annehmlichen und Ablenkungen wie Kino, Schwimmbad und Parkanlage über die perfiden Versuche und Operationen hinweggetäuscht werden. Auch in Shustermans Szenario verblenden die Luxusgüter einen menschenverachtenden Prozess der Ausschlachtung. Genau ein solcher Umwandlungsablauf wird im Rahmen des 59. bis 61. Kapitels (insgesamt zwölf Seiten) am Beispiel eines Wandlers sehr eindringlich geschildert. Sicherlich ist das nicht für jede Leserschaft erträglich, denn Shusterman geht sehr ins Detail. Das kann abstoßend wirken. Aus diesem Grund gebe ich hier einen Auszug aus den Beschreibungen vor dem eigentlichen Eingriff, der unter Ausschaltung der Schmerzrezeptoren bei vollem Bewusstsein des Wandlers durchgeführt wird, wieder.

> Die Band auf dem Dach des Schlachthauses hat ihr morgendliches Programm begonnen. Sie spielen ein bekanntes Tanzlied, wie um den Trauergesang, der in seinem Kopf hallt, zu verhöhnen. [...] Das Schlachthaus ist schalldicht. [...] Die Ernte ist ein geheimes medizinisches Ritual, das in jeder Ernteklinik der Nation in den eigenen vier Wänden bleibt. Insofern ist es dem Tod gar nicht so unähnlich, von dem auch niemand weiß, welche Geheimnisse sich hinter seinen Türen verbergen. Was man für die Umwandlung eines ungewollten Jugendlichen braucht? Zwölf Chirurgen, die jeweils in Zweierteams zum Einsatz kommen, wenn ihr Spezialgebiet gefordert ist, neun chirurgische Assistenten, vier Krankenschwestern und drei Stunden Zeit.[361]

Diese Erläuterungen lassen sich passend im Zusammenhang mit Wassons Metapher der Vegetation lesen. Bei Organen, die, wie im Rahmen dieser zwölf Seiten, als Vegetation im Sinne von „ready for re-grafting/replanting and procurement as harvest" beschrieben werden, wird auf die Naturalisierung des hochgradig künstlichen Prozesses der Organentnahme-Operation verwiesen.[362] Es erinnert an eine eintönige Fließbandarbeit. Die Umwandlung wird an einer Stelle von Connor als Recyclingprozess[363] beschrieben, was wiederum mit der Lesart der Abfallprodukt-Metapher übereinstimmt und eng mit der Vegetations-Metapher in Verbindung steht.

Pro Life und Pro Choice

> Die Zehntopfer in [den Ernte-Camps] sind wie Passagiere erster Klasse auf der Titanic. Im Zehntopferhaus stehen überall Plüschmöbel herum. Es gibt ein Theater, ein Schwimmbad,

---

[360] Shusterman: *Vollendet* (Anm. 78), S. 339.
[361] Ebd., S. 369ff.
[362] Wasson: *Scalpel and Metaphor* (Anm. 117), S. 109.
[363] Shusterman: *Vollendet* (Anm. 78), S. 189.

und das Essen ist besser als in einem Sternerestaurant. Sicher, ihnen steht dasselbe Schicksal bevor [...] aber der Weg dorthin ist um einiges stilvoller.[364]

Vor dem Hintergrund der Polarisierung religiöser Konservativer und säkularer Liberaler lohnt ein Blick auf die US-amerikanischen Verhältnisse in Bezug auf Religion. Religion wirkt sich nicht nur auf viele verschiedene soziale Fragen aus, soziale Fragen können auch großen Einfluss auf das religiöse Verhalten und Handeln von Menschen haben. Hier überschneiden sich Handlungsbereiche. Sie sind ein wesentlicher Teil der sozialen Maschinerie, genau wie Politik und Recht ein Teil des komplexen Systems sind. Der Zugang zur Abtreibung erzeugt seit langer Zeit mit den Bewegungen *Pro-Life* und *Pro-Choice* große Spannung in den USA. Ein realer Aspekt, den Shusterman als Aufhänger für die fiktiven Heartland-Kriege als Einstieg in sein dystopisches Szenario nutzt. Laut der Sozialwissenschaftler Robert D. Putnam und David E. Campbell steigt vom „unteren Ende des Religiositätsindexes bis zum oberen Ende der Prozentsatz der Amerikaner*innen, die sich gegen Abtreibung in allen Fällen außer nach Vergewaltigung, Inzest und Gefährdung des Lebens der Mutter aussprechen, von etwa 18 Prozent auf 78 Prozent"[365] – das ist ein Anstieg um sechzig Prozent. Das Thema Abtreibung berührt einen empfindlichen Nerv; ihm wohnt ein enormes politisches Potenzial inne, ähnlich der Frage der Bürgerrechte. Der Schwangerschaftsabbruch symbolisiert weit mehr als ein geburtshilfliches Verfahren.[366] Laut Soziologe Ziad W. Munson sind Aktivist*innen der *Pro-Life* Bewegung im Vergleich zu denen der *Pro-Choice* Bewegung in jeder Hinsicht religiöser gebunden. Sie neigen dazu, einen stärkeren religiösen Glauben zu haben, besuchen häufiger die Kirche und sie sind stärker in religiösen Aktivitäten außerhalb der Kirche involviert.[367] Religion wird als eine Grundlage der Moral und Ethik betrachtet, auf die sich *Pro-Life* Aktivist*innen berufen können. Religion kann jedoch auch als ein Mittel verstanden werden, um „ein Vokabular oder eine Sprache zum Verständnis der Abtreibungsfrage bereitzustellen"; Religion ist ein Generator religiöser Kultur, den eine soziale Bewegung nutzen kann, um ihre Ideologie und ihre Ziele zu artikulieren.[368]

2.4.2.1.3 Fazit

Die verstörende Dystopie *Vollendet* skizziert die Möglichkeit, nicht-gewollte Kinder im Alter zwischen dreizehn und achtzehn umzuwandeln und damit zur Organspende, im postmortalen Sinn, freizugeben. Dieser Umstand wird als Alternative zur verbotenen Abtreibung beschrieben. In der Folge sind Waisenhäuser chronisch überfüllt und Babys werden auf fremden Verandas, ähnlich der Idee der Babyklappe, ausgesetzt, da die Personen,

---

[364] Shusterman: *Vollendet* (Anm. 78), S. 359.

[365] Robert D. Putnam, David E Campbell: *American Grace. How Religion Divides and Unites Us.* New York 2010, S. 387 (eigene Übersetzung).

[366] Ebd., S. 389f.

[367] Ziad W Munson: *The Making of Pro-Life Activists. How Social Movement Mobilization Works.* Chicago 2008, S. 9.

[368] Ebd., S. 159 (eigene Übersetzung).

die es finden, gesetzlich verpflichtet sind, diese Storchenkinder aufzunehmen. Dies zumindest bis zu deren dreizehnten Lebensjahr. So steigt die Zahl derer, die zur Umwandlung freigegeben werden. Drei medizinethische Themen werden in Shustermans Szenario miteinander vereint: die Wertigkeit eines Menschenlebens, die Abtreibung und die Organspende. Es ist ein Gedankenexperiment, welches die Spektren der medizinischen Praxis (im Sinne von Leben und Tod) zusammenbringt. Es geht darum, zu welchem Zeitpunkt und unter welchen Umständen das Verhindern von menschlichem Leben erlaubt sein sollte und einmal darum, welche Kriterien ausschlaggebend sein sollten, damit ein menschliches Leben weiterleben darf. Es sind Themen aus den Bereichen Medizin, Ethik, Politik, Kirche und Wirtschaft, die vor dem Hintergrund der steigenden Frage nach Spenderorganen bei einem gleichzeitig real existierenden Organschwarzmarkt hochaktuell sind – unabhängig, ob der Fokus dabei auf dem US-amerikanischen oder dem deutschen Kontext liegt.

Im folgenden Kapitel schließt sich die Untersuchung des Romans *Beim Leben meiner Schwester* von Jodi Picoult an. Bei ihr steht die Erzeugung eines Retterkindes und die daraus folgende Spendertätigkeit gegenüber dem erkrankten Geschwisterkind im Zentrum und wird als Aushandlungsszenario zum Organmangel gelesen.

2.4.2.2 Retterkind: Jodi Picoult *Beim Leben meiner Schwester*

> Your life must now run the course that's been set for it.[369]

Der bereits festgelegte Lebensverlauf, der in diesem Zitat angesprochen wird, bezieht sich auf den gegenwärtig wohl bekanntesten Klon-Roman, die Dystopie *Alles, was wir geben mussten* (*Never Let Me Go* 2005) des britischen Autors Kazuo Ishiguro. Für einen bestimmten Zweck geboren zu werden – nämlich als menschlicher Klon Organe für Transplantationszwecke herzugeben – beschreibt ein düsteres Szenario, welches hier von der fiktiven Regierung programmatisch verfolgt wird. In einem abgeschiedenen Internat wachsen die konformen Klone bis zu ihrem 16. Lebensjahr auf und werden dann in Cottages umgesiedelt, wo sie früher oder später mit dem Spenden ihrer Organe beginnen, bis sie vollenden (complete).[370] In einer Internetkolumne ist die Frage thematisiert worden, ob die Vorsilbe hier nicht die Wahrheit verdreht und die euphemistische Formulierung complete eigentlich deplete – im Sinne von erschöpfen, entleeren, aufbrauchen, dezimieren – heißen müsste.[371] In dem Roman *Beim Leben meiner Schwester* aus dem Jahr 2005 (*My Sister's Keeper* 2004)[372] der US-amerikanischen Schriftstellerin Jodi Picoult findet sich ein ähnliches Szenario. Es kommt indes ohne Klone aus. Thematisiert wird die Er-

---

[369] Kazuo Ishiguro: *Never Let Me Go*. London 2005, S. 261.

[370] Vogel: *Der Mensch als Ersatzteillager* (Anm. 323), S. 108.

[371] Knörer: *Alternativhistorisch* (Anm. 312).

[372] Jodi Picoult: *Beim Leben meiner Schwester*. Übersetzt von Ulrike Wasel und Klaus Timmermann. 20. Aufl. München 2012.

zeugung eines Retterkindes – eine in Wissenschaft und Gesellschaft kontrovers diskutierte „Möglichkeit des Geboren-Werdens und damit des In-die-Welt-Kommens".[373] Verknüpft wird diese reproduktionsmedizinische Intervention, die ein gewebekompatibles Geschwisterkind in vitro durch Präimplantationsdiagnostik (PID) und tissue typing erzeugt, mit einer Vielzahl ethischer, gesellschaftlicher und kultureller Fragen, „die der Einsatz dieser Technologien mit sich bringt" und laut Banerjee im klinischen Alltag an die Medizinethik gestellt werden.[374] Bei Picoult soll das Retterkind Nabelschnurblut, Knochenmark und letztendlich auch eine Niere an die an Leukämie erkrankte Schwester spenden.[375]

2.4.2.2.1 Plot und Handlungsstrang

Im Alter von sechs Jahren wird bei Picoults mittlerem Sohn Jale ein gutartiges Cholesteatom diagnostiziert; eine chronisch eitrige Knochenentzündung im Mittelohr.[376] Die beiden möglichen Behandlungspfade stellen sie als Mutter vor eine schwierige, dilemmatische Handlungssituation. Soll sie für die riskantere Option mit vielversprechendem Resultat oder für den weniger invasiven Eingriff mit potenziell schlechterem Therapieergebnis einwilligen? Eine derart weitreichende Entscheidung treffen zu müssen, kennt sie bisher nur aus ihrer Autorinnen-Rolle in Bezug auf ihre Romanfiguren.[377] Nun bietet ihr das eigene Leben eine Vorlage für die literarische Auseinandersetzung. So verarbeitet sie diese Ereignisse, die mit der Aufopferung für eines ihrer drei Kinder und der ungewollten Vernachlässigung der anderen beiden einhergingen, in ihrem Roman *Beim Leben meiner Schwester*. Eine Familie mit drei Kindern (zwei Töchter und ein Sohn) stehen hier im Mittelpunkt. Eines der Kinder – die Figur der sechzehnjährigen Kate – ist an promyelozytärer Leukämie erkrankt. Diese schwere Erkrankung geht klinisch mit „eine[r] gesteigerte[n] hämorrhagische[n] Diathese durch eine Gerinnungsstörung, die [...] zu plötzlichen tödlichen Blutungen führen kann" einher.[378] Kate erhält im Roman keine eigene Stimme. Die übrigen Mitglieder der Familie Fitzgerald, die Eltern Sara und Brian, der

---

[373] Banerjee: *Biologische Geisteswissenschaften* (Anm. 20), S. 59; Mita Banerjee: *Medical Humanities in American Studies. Life Writing, Narrative Medicine, and the Power of Autobiography.* Heidelberg 2018, S. IV.

[374] Banerjee: *Biologische Geisteswissenschaften* (Anm. 20), S. 59.

[375] Dieser Roman von Jodi Picoult wurde von mir bereits im Rahmen eines Beitrags für einen Sammelband bearbeitet. Christiane Vogel: *Ethik der Präimplantationsdiagnostik und die Rolle des Retterkindes am Beispiel von Jodi Picoults fiktionalem Roman Beim Leben meiner Schwester.* In: Florian Steger, Jan C. Joerden, Andrzej M. Kaniowski (Hg.): *Ethik in der Pränatalen Medizin.* Frankfurt am Main 2016, S. 171–190. Für das Unterkapitel 2.4.2.2 werden einige Überlegungen in grundlegend überarbeiteter Form verwendet, nicht ohne diese nach den Regeln der guten wissenschaftlichen Praxis kenntlich zu machen.

[376] SoundCloud. Jodi Picoult. My Sister's Keeper. https://soundcloud.com/jodi-picoult/my-sisters-keeper, 1:07–1:51 (abgerufen am 13.11.2021).

[377] Ebd., 3:27–3:37.

[378] Hartmut Link: *Akute Promyelozytenleukämie.* In: Gerhard Ehninger, Hartmut Link, Wolfgang E. Berdel (Hg.): *Akute myeloische Leukämie. Pathophysiologie, Diagnostik, Therapie, Prognose.* Köln 2008, S. 192–213, hier S. 192.

Sohn Jesse sowie die jüngste Tochter Anna erzählen die Geschichte abwechselnd aus den jeweiligen Ich-Perspektiven, was durch die entsprechenden Abschnittsüberschriften – ähnlich Shustermans *Vollendet* – deutlich wird.[379] Dieser multiperspektivische Blick wird begleitet durch eine Varianz bezüglich der Zeitebenen. Neben der jeweiligen Gegenwartssituation der Protagonist*innen arbeitet die Autorin mit Rückblenden, die insbesondere einen Einblick in Kates Krankengeschichte und in die bisherige Lebensgeschichte der Familie Fitzgerald geben.

> ‚Ich [Anna] war gerade geboren, da habe ich meiner Schwester *Nabelschnurblut* gespendet. […] Bei ihrem nächsten Rückfall war ich fünf, und mir wurden *Lymphozyten* entnommen, dreimal, weil die Ärzte einfach nicht genug kriegten. Als das nicht mehr funktionierte, haben sie mir *Knochenmark* für eine Transplantation entnommen. Wenn Kate eine Infektion hatte, mußte ich *Granulozyten* spenden. Als sie wieder einen Rückfall hatte, brauchte sie von mir *periphere Blutstammzellen*.‘ […]

> ‚Dann hast du also schon öfter freiwillig für deine Schwester gespendet?‘ […]

> ‚Ich wurde nie gefragt. […] Sie [die Eltern von Anna] hören sowieso nicht zu, wenn ich was sage. […] Sie nehmen gar nicht richtig Notiz von mir, es sei denn, sie brauchen Blut von mir oder so. Ich wäre nicht mal auf der Welt, wenn Kate nicht krank wäre. […] Sie haben mich gekriegt, damit ich Kate *rette* […]. Sie sind von einem Spezialisten zum anderen gegangen und haben schließlich den Embryo ausgesucht, der *genetisch perfekt* zu Kate *passen* würde.‘[380]

Bei der Figur der Anna handelt es sich um das dreizehnjährige Retterkind, das durch Invitro-Fertilisation (IVF), Präimplantationsdiagnostik (PID) und tissue typing gezeugt wurde, um der erkrankten Schwester aufgrund der Gewebekompatibilität für allogene Transplantationen zur Verfügung zu stehen. Nachdem Kate im Laufe der Jahre eine Vielzahl an medizinischen Behandlungen und Eingriffen durchlaufen hat (Chemotherapie, Bestrahlung, allogene Transplantation, Nabelschnurblut, ATRA, Arsentrioxid), stellen ihre Nieren die Funktion ein. Fortan ist sie auf eine regelmäßige Dialyse angewiesen. „Meine Schwester ist todkrank, und meine Mutter will, daß ich für sie eine Niere spende.“[381] Die Erfolgsaussichten mit Blick auf eine Nierentransplantation sind aufgrund des generell schlechten Gesundheitszustandes von Kate nicht vielversprechend. Die geplante Nierenspende ist es auch, die für Anna die Notwendigkeit zu handeln, relevant werden lässt. So zumindest scheint es für die Leserschaft. Selbstbewusst sucht sie den Staranwalt Campbell Alexander auf, der in den Medien mit seiner hohen Erfolgsquote wirbt. Da Anna nicht über die finanziellen Mittel verfügt, entscheidet sich der Anwalt, den Fall unentgeltlich – jedoch nicht ohne eine gewisse Medienpräsenz zu wittern – zu übernehmen. Ziel ist die Erwirkung eines „Antrag[s] auf Entlassung der elterlichen Gewalt in medizinischen Fragen“ sowie die Bestellung eines „sogenannten Verfahrenspfleger[s], […] der dazu ausgebildet ist, Kinder vor dem Familiengericht zu vertreten und zu

---

[379] Vogel: *Ethik der Präimplantationsdiagnostik* (Anm. 375), S. 175f.
[380] Picoult: *Beim Leben meiner Schwester* (Anm. 372), S. 28f. (eigene Hervorhebung).
[381] Ebd., S. 27.

betreuen, der entscheidet, was für sie am besten ist".[382] Erst später im Verlauf der Geschichte zeichnet sich ab, dass Anna auf Wunsch ihrer Schwester, die sich wünscht, sterben zu dürfen, den Weg vor das Gericht gesucht hat.

Der Roman umfasst 476 Seiten, in denen unentwegt ethische Dilemmata diskutiert werden. Kann von einem moralischen Handeln die Rede sein, wenn Eltern eines ihrer Kinder für die Zwecke eines anderen, schwer erkrankten Kindes instrumentalisieren? Ist es moralisch vertretbar, ein Kind für primär diese Zwecke im Rahmen umstrittener reproduktionsmedizinischer Technik in die Welt zu setzen, um eine besonders gute Gewebekompatibilität zu erzeugen? Darf das Leid einer Familie die „Hemmschwellen zugunsten der ‚Zweckdienlichkeit'" senken?[383] Wie steht es um die Würde der einzelnen Person, um die Selbst- beziehungsweise Fremdbestimmung von Minderjährigen, die mit einer persönlichen Abhängigkeit einhergeht? Welche Rolle spielen altruistische Verhaltensmuster oder die Selbstlosigkeit im Umgang mit verwandten, liebgewonnenen Menschen?[384]

2.4.2.2.2 Motive

Das Retterkind

Der Roman *Beim Leben meiner Schwester* ist ein gutes Beispiel dafür, wie sich Autor*innen mit neuen Entwicklungen der Reproduktionsmedizin auseinandersetzen und damit für die Leserschaft/Öffentlichkeit einen diesbezüglichen Dialog anregen (Transdisziplinarität). Die Präimplantationsdiagnostik (PID) stellt ein molekulargenetisches Diagnoseverfahren „an einem in vitro erzeugten und (noch) außerhalb des Mutterleibs befindlichen Embryo" dar, mit dem Ziel zu entscheiden, „welche der vorhandenen Embryonen in Abhängigkeit von ihrem genetischen Status in die Gebärmutter eingepflanzt werden sollen".[385] In Minneapolis (USA) wurde im Jahr 2001 Adam Nash als erstes Retterkind geboren.[386]

> Die Eltern entschieden sich zur Auswahl eines Embryos durch HLA-typing, um dessen Gewebekompatibilität mit dem Geschwisterkind Molly [welches an Fanconi-Anämie litt,] zu gewährleisten. […] Molly war auf eine Zellgewebsspende mit hoher genetischer Kompatibilität als einzig mögliche Therapieform angewiesen. Bei der Geburt von Adam wurden

---

[382] Picoult: *Beim Leben meiner Schwester* (Anm. 372), S. 30.

[383] Ulrike Baureithel: Wer verfügt über Adam Nash? In: der Freitag. Die Wochenzeitung. 13.10.2000. https://www.freitag.de/autoren/ulrike-baureithel/wer-verfugt-uber-adam-nash (abgerufen am 13.11.2021).

[384] Vogel: *Ethik der Präimplantationsdiagnostik* (Anm. 375), S. 173, 176.

[385] Jan C. Joerden, Carola Uhlig: *Vorgeburtliches Leben – rechtliche Überlegungen zur genetischen Pränataldiagnostik*. In: Florian Steger, Simon Ehm, Michael Tchirikov (Hg.): *Pränatale Diagnostik und Therapie in Ethik, Medizin und Recht*. Berlin, Heidelberg 2014, S. 93–110, hier S. 94.

[386] Giovanni Rubeis: *Retterkinder. Eine medizinethische Güterabwägung*. In: Steger, Joerden, Kaniowski (Hg.): *Ethik in der Pränatalen Medizin* (Anm. 375), S. 97–114, hier S. 98.

dazu Blutzellen aus der Nabelschnur entnommen. Die Behandlung verlief erfolgreich und Molly Nash gilt heute als geheilt.[387]

Diese Behandlungsmethode kommt neben den USA auch in Australien, Großbritannien oder Belgien zur Anwendung.[388] Die American Society for Reproductive Medicine (ASRM) beschreibt auf ihrer Homepage verschiedene Gründe, warum PID (im englischen PGT für Preimplantation Genetic Testing) durchgeführt wird. Folgende Aussage findet sich dort: „In addition, even families in search of a bone marrow donor may be able to use PGT to bring a child into the world that can provide matching stem cells for an affected sibling."[389] In Deutschland findet sich im Gesetz zum Schutz von Embryonen (Embryonenschutzgesetz – ESchG) seit dem Jahr 2011 eine Erweiterung zur gesetzlichen Regelung der Präimplantationsdiagnostik. Die PID ist laut Paragraf 3a Absatz 1 ESchG grundsätzlich verboten und damit auch „die Erzeugung von Retterkindern als therapeutische Anwendung der PID".[390] In Paragraf 3a Absatz 2 ESchG finden sich Bestimmungen zur Zulässigkeit in zwei Ausnahmefällen. Diese beziehen sich auf das hohe Risiko einer schwerwiegenden Erbkrankheit sowie auf die hohe Wahrscheinlichkeit einer Tot- oder Fehlgeburt. Im November 2020 wurde am Bundesverwaltungsgericht in Leipzig entschieden, dass im Einzelfall die Durchführung einer PID erlaubt ist, wenn „für Nachkommen eines genetisch vorbelasteten Paares das hohe Risiko [besteht], an der klassischen Form der Myotonen Dystrophie Typ 1 zu erkranken".[391] Das Bundesverwaltungsgericht hat deutlich gemacht, dass

> die Zulässigkeit der PID [...] in jedem Einzelfall gesondert zu entscheiden [ist]. Wenn fraglich ist, ob die Erbkrankheit bereits wegen der genetischen Disposition eines Elternteils hinreichend schwer wiegt, sind auch mit dieser Disposition in Zusammenhang stehende weitere Gesichtspunkte zu berücksichtigen, wie etwa der Umstand, dass die Eltern bereits ein Kind mit der schweren Erbkrankheit haben oder die Frau nach einer Pränataldiagnostik und ärztlichen Beratung einen Schwangerschaftsabbruch gemäß § 218a Abs. 2 StGB hat vornehmen lassen, oder dass das Elternteil mit der genetischen Disposition selbst hieran erkrankt ist.[392]

Generell bezieht sich der beschränkt erlaubte Einsatz der PID in Deutschland „auf die fortpflanzungsmedizinische Behandlung der Frau, von der die Eizelle stammt".[393] Es

---

[387] Rubeis: *Retterkinder* (Anm. 386), S. 98.

[388] Tim Henning: *Retter-Kinder, Instrumentalisierung und Kants Zweckformel.* In: *Ethik in der Medizin* 26 (2014), S. 195–209, hier S. 197; Rubeis: *Retterkinder* (Anm. 386), S. 98.

[389] American Society for Reproductive Medicine (ASRM). Should we have genetic testing? What is Preimplantation Genetic Testing (PGT)? https://www.reproductivefacts.org/faqs/frequently-asked-questions-about-infertility/q13.-should-we-have-genetic-testing/ (abgerufen am 13.11.2021).

[390] Rubeis: *Retterkinder* (Anm. 386), S. 101.

[391] Bundesverwaltungsgericht Leipzig: Pressemitteilung Nr. 63/2020. BVerwG 3 C 12.19 (5.11.2020). https://www.bverwg.de/pm/2020/63 (abgerufen am 13.11.2021).

[392] Bundesverwaltungsgericht Leipzig: Pressemitteilung (Anm. 391).

[393] Deutscher Ethikrat (Hg.): *Embryospende, Embryoadoption und elterliche Verantwortung. Stellungnahme.* Berlin 2016, S. 46.

kann davon ausgegangen werden, dass deutsche Eltern moderne Fortpflanzungstechnologien im Ausland in Anspruch nehmen, wenn diese hierzulande verboten sind.[394] Der Philosoph Giovanni Rubeis spricht in diesem Zusammenhang von einem Reproduktionstourismus, der aus der technischen Machbarkeit und der Nachfrage trotz gesetzlichen Verbots resultiert.[395] Der Diskurs, der sich um die Rahmenbedingungen der PID entspinnt, wird durch verschiedene Faktoren geprägt, von denen unter anderem die Fragen der Selbstbestimmung, des Kindeswohles, des Lebensschutzes, der Veränderung von Elternschaftskonzepten und der gesellschaftlichen Diskriminierungspotenziale im Fokus stehen.[396]

> Die Reproduktionsmedizin zählt zu den Sektoren hochtechnisierter Medizin, die Therapien eröffnen, die im zweiten Drittel des 20. Jahrhunderts noch nicht realisierbar gewesen waren. Die Normen und Werte, die der ethischen Tradition entstammen, sind auf neuartige Handlungsansätze hin zu überdenken, auf sie hin zuzuschneiden, falls notwendig zu revidieren sowie fortzuentwickeln.[397]

Instrumentalisierung

„[E]s werden tagtäglich Kinder aus nicht gerade honorigen Gründen gezeugt: um eine schlechte Ehe zu kitten, um den Familiennamen am Leben zu halten, um das Abbild eines Elternteils abzugeben."[398] Was der Anwalt Campbell Alexander hier zur Motivation von Eltern, Kinder zu zeugen, reflektiert, wird auch in der Wissenschaft mit vielerlei möglichen Beweggründen in Verbindung gebracht.[399] Die Frage, ob das Kind demnach für bestimmte Zwecke instrumentalisiert wird, steht bei diesen Überlegungen im Mittelpunkt; beantworten lässt sie sich nur schwer. So sollte vor allem die Frage, ob das Kind seiner selbst willen geliebt wird, mitgedacht werden.[400] Das schließt mit ein, dass auch „dessen Rechte und Interessen ein eigenes Gewicht haben".[401] Neben der Instrumentalisierung

---

[394] Deutscher Ethikrat (Hg.): *Embryospende* (Anm. 393), S. 79; Buyx: *Tissue typing* (Anm. 150), S. 211.

[395] Rubeis: *Retterkinder* (Anm. 386), S. 101.

[396] Hartmut Kreß: *Ethik. Reproduktionsmedizin im Licht von Verantwortungsethik und Grundrechten.* In: Klaus Diedrich, Michael Ludwig, Georg Griesinger (Hg.): *Reproduktionsmedizin.* Berlin, Heidelberg 2013, S. 651–670, hier S. 654f.; Michael Quante: *Menschenwürde, Pluralismus und der moralische Status des beginnenden menschlichen Lebens im Kontext der Fortpflanzungsmedizin.* In: Gethmann, Huster (Hg.): *Recht und Ethik in der Präimplantationsdiagnostik* (Anm. 150), S. 35–60; Rubeis: *Retterkinder* (Anm. 386), S. 102f.; Stephan Schleissing: *D. Methoden.* In: Stephan Schleissing (Hg.): *Ethik und Recht in der Fortpflanzungsmedizin. Herausforderungen, Diskussionen, Perspektiven.* Baden-Baden 2014, S. 57–100, hier S. 83–90; Vogel: *Ethik der Präimplantationsdiagnostik* (Anm. 375), S. 175.

[397] Kreß: *Ethik. Reproduktionsmedizin* (Anm. 396), S. 654.

[398] Picoult: *Beim Leben meiner Schwester* (Anm. 372), S. 29.

[399] Deutscher Ethikrat (Hg.): *Embryospende* (Anm. 393), S. 76; Buyx: *Tissue Typing* (Anm. 150), S. 220f.; Sally Sheldon, Stephen Wilkinson: *Should Selecting Saviour Siblings be Banned?* In: *Journal of Medical Ethics* 30 (2004), S. 533–537, hier S. 534.

[400] Vogel: *Ethik der Präimplantationsdiagnostik* (Anm. 375), S. 177.

[401] Deutscher Ethikrat (Hg.): *Embryonenspende* (Anm. 393), S. 79.

lässt sich auch die Frage der Priorisierung thematisieren. Darf die Gesundheit eines Kindes (Anna) zugunsten des anderen (Kate) beeinträchtigt werden? Wo müssen hier Grenzen gesetzt werden? „The crucial question is what amount of suffering we can risk inflicting on one person to alleviate the suffering of another person?"[402] Philosophin Christina Schües und Philosoph sowie Bioethiker Christoph Rehmann-Sutter sehen hier „vor allem die Heilungschance, also der Nutzen für das [...] kranke Kind als ethische Rechtfertigung für die Verletzung der körperlichen Integrität des Spenderkindes".[403] Liegt die Beweislast bei den Gegner*innen des Verfahrens zur Erzeugung von Retterkindern, die demonstrieren müssten, dass der Tod der bereits erkrankten Kinder weniger schrecklich wäre, verglichen mit den Konsequenzen, die sich aus einer Erlaubnis des Verfahrens ergeben?[404] Im Jahr 2011 hat der Deutsche Ethikrat zur begrenzten Anwendung der Präimplantationsdiagnostik eine Stellungnahme herausgegeben, in der auch die Gefahr einer Instrumentalisierung thematisiert wird. Die PID solle ausgeschlossen werden, wenn damit das Ziel verfolgt werde, „einen nach seiner Geburt als Spender von Zellen, Gewebe oder Organen für einen anderen Menschen geeigneten Embryo auszuwählen".[405] Die zwar ehrenwerte Absicht, mit dem Verfahren ein Menschenleben zu retten, bliebe nichtsdestotrotz mit der hohen Gefahr verbunden, einen Menschen für die Zwecke eines anderen zu instrumentalisieren.[406] In einem Artikel von Philosoph Tim Henning über *Retter-Kinder, Instrumentalisierung und Kants Zweckformel* erfolgt darüber hinaus das Argument, dass ein Retterkind in einer Art instrumentalisiert werde, „in der man Personen nicht benutzen darf: als ‚menschliches Ersatzteillager' oder gar als ‚Sklaven'".[407] Eine ähnliche Aussage findet sich in einem Artikel der Philosophin Katrien Devolder, die den instrumentellen Grund, ein Retterkind zu erzeugen, mit den objektivierenden Beschreibungen „slave siblings" und „spare part sisters" zusammenbringt.[408] Der zugrundeliegende Plot in *Beim Leben meiner Schwester* lässt erahnen, dass sich im Text vielerlei Verweise auf den Aspekt der Instrumentalisierung von Protagonistin Anna finden werden. Die Option eines dritten Kindes war laut Mutter Sara in der eigentlichen Familienplanung nicht vorgesehen, was der Leserschaft durch folgenden Gedankengang deutlich gemacht wird: „[...] dann begreife ich, daß Dr. Chance von einer Familie spricht, die ich noch nicht habe, von Kindern, die ich gar nicht wollte".[409] Auch während der Schwangerschaft mit Anna erfährt die Leserschaft durch die verschriftlichten Gedanken der Mutter, welchen primären Bezug sie zu ihrem Ungeboren aufbaut:

---

[402] Katrien Devolder: *Preimplantation HLA Typing. Having Children to Save Our Loved Ones.* In: *Journal of Medical Ethics* 31 (2005), S. 582–586, hier S. 583.

[403] Christina Schües, Christoph Rehmann-Sutter: *Einleitung.* In: Christina Schües, Christoph Rehmann-Sutter (Hg.): *Rettende Geschwister. Ethische Aspekte der Einwilligung in der pädiatrischen Stammzelltransplantation.* Münster 2015, S. 7–24, hier S. 9.

[404] Sheldon, Wilkinson: *Selecting Saviour Siblings* (Anm. 399), S. 533.

[405] Deutscher Ethikrat (Hg.): *Präimplantationsdiagnostik.* Stellungnahme. Berlin 2011, S. 95.

[406] Ebd.

[407] Henning: *Retter-Kinder* (Anm. 388), S. 199; Vogel: *Ethik der Präimplantationsdiagnostik* (Anm. 375), S. 178.

[408] Devolder: *Preimplantation HLA Typing* (Anm. 402), S. 583.

[409] Picoult: *Beim Leben meiner Schwester* (Anm. 372), S. 80.

Ich weiß alles über dieses Baby, von seinem Geschlecht bis hin zu den Chromosomen und den Genen, die es zu einem perfekten Spender für Kate machen. […] Obwohl ich im neunten Monat bin […] habe ich mir über dieses Kind noch keine besonderen Gedanken gemacht. Wenn ich an diese Tochter denke, dann nur daran, was sie für die Tochter tun kann, die ich bereits habe. […] Ich erwarte von ihr, daß sie das Leben ihrer Schwester rettet.[410]

Die Tendenz der Instrumentalisierung zeigt sich aus der Perspektive von Anna anhand der folgenden Textstelle, die eine Beschreibung der verschiedenen medizinischen Eingriffe in ihren Körper für die Zwecke ihrer kranken Schwester darstellen.

Blut, das in die Venen meiner Schwester fließt; die Krankenschwestern, die mich festhalten, um mir Blut abzuzapfen, weil meine Schwester weiße Blutkörperchen braucht; der Arzt, der sagt, beim ersten Mal hätte es nicht gereicht. Die blauen Flecke und die Schmerzen im Knochen, nachdem ich Knochenmark gespendet habe; die Spritzen, die meine Stammzellen vermehren sollen, damit für meine Schwester welche übrig sind. Die Tatsache, daß ich nicht krank bin, aber es durchaus werden könnte. Die Tatsache, daß ich nur geboren wurde, damit ich für Kate abgeerntet werden kann.[411]

Wie bereits im ersten Unterkapitel (organisiertes Verbrechen) hervorgehoben, findet sich auch hier die Ernte-Metapher. Die Spendertätigkeit von Anna wird in dieser Textpassage mit den Tätigkeitswörtern abzapfen und abernten unterlegt.[412] Diese sehr persönliche Prozedur des Spendens unter Geschwisterkindern wird somit a priori objektiviert, wodurch eine Geringschätzung zum Ausdruck kommt. Anna symbolisiert in dieser Textpassage vordergründig eine therapeutische Ressource, obgleich es sich um eine nahestehende menschliche Bezugsperson handelt. „*Ich bin es satt*, als *Ersatzteillager* herhalten zu müssen. *Ich bin es satt*, daß keiner mich fragt, wie es mir dabei geht. Es macht mich krank, aber eben nie krank genug für diese Familie."[413] Das Kompositum Ersatzteillager, welches auch in der wissenschaftlichen Auseinandersetzung zum Einsatz kommt, verdeutlicht Annas Verzweiflung bezüglich der von ihr gefühlten Missachtung im Familiengefüge, was auch durch die Wiederholung Ich bin es satt deutlich wird.[414]

Um ihrer selbst willen

Dass die Erzeugung von Retterkindern mit dem Aspekt der Instrumentalisierung verknüpft wird, erklären die Medizinrechtlerin Sally Sheldon und der Politologe Stephen Wilkinson mit einer Fehldeutung der Selbstzweckformel des Philosophen Immanuel Kants (1724–1804).[415] Auch die Juristin Amy T. Y. Lai und die Medizinethikerin Alena Buyx unterstreichen, dass die Warnung von Kant, den Menschen nicht als Zweck zu behandeln, sich darauf bezieht, den Menschen nicht ausschließlich als solchen zu behandeln. Für sie ist die Erzeugung eines Retterkindes moralisch akzeptabel, wenn das Motiv

---

[410] Picoult: *Beim Leben meiner Schwester* (Anm. 372), S. 118f. (eigene Hervorhebung).
[411] Ebd., S. 25f. (eigene Hervorhebung).
[412] Vogel: *Ethik der Präimplantationsdiagnostik* (Anm. 375), S. 178.
[413] Picoult: *Beim Leben meiner Schwester* (Anm. 372), S. 257 (eigene Hervorhebung).
[414] Vogel: *Ethik der Präimplantationsdiagnostik* (Anm. 375), S. 178.
[415] Sheldon, Wilkinson: *Selecting Saviour Siblings* (Anm. 399), S. 534.

der Eltern nicht nur darin besteht, das kranke Kind zu retten, sondern auch das Retterkind um seiner selbst willen und im gleichen Maße zu lieben und zu schätzen.[416] Das heißt, es nicht ausschließlich aufgrund seiner geplanten Spendereigenschaft zu zeugen „und als Ausdruck mangelnden Respekts seiner selbst – anschließend [zu verstoßen]".[417]

> ‚Sie glauben, Sie können alles in Worte fassen, klipp und klar, aber so einfach ist das nicht. Sie vertreten nur eine meiner Töchter, Mr. Alexander, und nur in diesem Gerichtssaal. Ich vertrete beide gleich, immer, überall. Ich liebe beide gleich, immer, überall.'[418]

Auch wenn Sara in ihren Entscheidungen augenscheinlich die Gesundheit von Kate im Blick hat, wird durch diese Textstelle und die Wiederholung beide gleich, immer, überall verdeutlicht, dass auch das Retterkind Anna um ihrer selbst willen geliebt wird und es diesbezüglich keine Unterschiede beziehungsweise keine Ungleichbehandlung zu ihrer Schwester gibt.

Die physische Gesundheit des Retterkindes

Da bei der Erzeugung eines Retterkindes der Embryo mit der größten genetischen Übereinstimmung gewählt wird, ist die Möglichkeit der Spendertätigkeit für das erkrankte Geschwisterkind aufgrund der guten Kompatibilität durch einen wiederholenden Charakter gekennzeichnet. Das Spektrum erstreckt sich von der harmlosen, schmerzfreien Prozedur der Nabelschnurblutspende über die der riskanteren Knochenmarkspende bis hin zur Lebendspende in Form eines Organs. Dass Letztere zur Debatte steht, dürfte aufgrund der meist schweren Erkrankungen der Geschwisterkinder (beispielsweise toxische Bestandteile einer Chemotherapie, Bestrahlung und Immunsuppression) nicht selten sein. Bei der Lebendorganspende handelt es sich um einen operativen Eingriff, der Risiken birgt und somit physische Beeinträchtigungen des Retterkindes nach sich ziehen kann. Da sich ein entnommenes Organ nicht regenerieren kann, wie es bei der Gewebespende der Fall ist, braucht es demzufolge zwei Standards.[419] Devolder beschreibt den Fall der Nierenlebendspende als „difficult borderline case", da der spendenden Person nach der Explantation eine zweite Niere zur Verfügung steht; das Leben mit einer Niere jedoch auch niemals ohne Risiko sein wird.[420] Auch Picoult greift diese Tatsache in ihrem Roman auf und lässt Anna Bezug nehmen auf eine Aufklärungsbroschüre zur Nierenspende:

> [Wenn] du eine Niere spendest, mußt du am Abend vor der Operation fasten und ein Abführmittel nehmen. Du kriegst eine Vollnarkose, was solche Risiken wie Schlaganfall, Herzinfarkt und Lungenprobleme mit sich bringt. [...] Wenn du nicht stirbst, mußt du vier bis sechs Tage im Krankenhaus bleiben, bis zur vollständigen Genesung dauert es allerdings

---

[416] Amy T. Y. Lai: *To be or not to be My Sister's Keeper? A Revised Legal Framework Safeguarding Savior Siblings' Welfare*. In: *The Journal of Legal Medicine* 32 (2011), S. 261–293, hier S. 265f.; Buyx: *Tissue Typing* (Anm. 150), S. 220.

[417] Buyx: *Tissue Typing* (Anm. 150), S. 220.

[418] Picoult: *Beim Leben meiner Schwester* (Anm. 372), S. 346.

[419] Vogel: *Ethik der Präimplantationsdiagnostik* (Anm. 375), S. 180f.

[420] Devolder: *Preimplantation HLA Typing* (Anm. 402), S. 584.

vier bis sechs Wochen. Ganz zu schweigen von den langfristigen Folgen: Das Bluthoch-druckrisiko ist erhöht, bei einer Schwangerschaft kann es eher zu Komplikationen kommen, und du solltest möglichst auf Aktivitäten verzichten, bei denen die einzige Niere, die du noch hast, Schaden nehmen könnte.[421]

Eine Nierenspende würde für Anna damit einhergehen, zukünftig aufgrund der hohen Verletzungsgefahr besser auf ihr Hobby (Eishockey spielen) zu verzichten. Dies ist ein Aspekt, der nicht verharmlost werden darf, da eine solche Operation auch Auswirkungen auf ihre soziale Lebensgestaltung und -planung hätte. Hinzu kommt, dass sie sich in der Adoleszenz befindet – eine herausfordernde Lebensphase, auch ohne den Umstand, ein Retterkind zu sein. Annas reflektierte Auseinandersetzung mit dem Aufklärungsbogen zur Nierenspende verweist des Weiteren darauf, dass sie mit ihren dreizehn Jahren in der Lage zu sein scheint, die Bedeutung eines solchen Eingriffs mit seinen Risiken zu erfas-sen. Picoult spricht damit eine weitere medizinethische sowie -rechtliche Thematik an: die Frage der Einwilligungsfähigkeit und das entsprechende Einbeziehen von Kindern und Jugendlichen in eine Therapieentscheidung. Eine diffizile Konstellation, da Minder-jährige dazu in der Lage sein müssen, „eine eigenständige Nutzen-Risiko-Abwägung vor-nehmen [zu] können".[422] Dafür brauchen sie einen Beurteilungsspielraum.[423]

Die psychische Gesundheit des Retterkindes

> Man mag befürchten, dass ein Retterkind dann, wenn es von den Umständen seiner Zeu-gung erfährt, schmerzhafte Gefühle (z. B. tiefe Zweifel am eigenen Wert) hegen wird. [Es ist jedoch] gut möglich, dass die negativen Gefühle von der Freude überwogen werden, am Leben zu sein und der großen Schwester das Leben gerettet zu haben.[424]

Ähnlich wie es Henning beschreibt, ist die Beurteilung der psychischen Gesundheit eines Retterkindes ein zweischneidiges Schwert. Schock und seelische Belastung stehen dem Gefühl von Stolz und Genügsamkeit gegenüber.[425] Letztere Gefühle werden mit dem Akt der Spende in Verbindung gebracht, der als altruistisch und bedeutsam beschrieben wird, so dass das Retterkind einen emotionalen, psychologischen und spirituellen Nutzen aus seiner oder ihrer Situation ziehen kann.[426] Auf der anderen Seite stehen die Ängste, die nach Franklin der Figur des Doppelgängers und Klons zugeschrieben werden, die sich zu einem gewissen Anteil auf Retterkinder übertragen lassen. „The fear of being made is one

---

[421] Picoult: *Beim Leben meiner Schwester* (Anm. 372), S. 60f.

[422] Philip Schelling, Tonja Gaibler: *Aufklärungspflicht und Einwilligungsfähigkeit. Regeln für dif-fizile Konstellationen.* In: *Dtsch Arztebl* 109 (2012), A476–A478, hier A476.

[423] Andrea Dörries: *Zustimmung und Veto. Aspekte der Selbstbestimmung im Kindesalter.* In: Clau-dia Wiesemann, Alfred Simon (Hg.): *Patientenautonomie. Theoretische Grundlagen, prakti-sche Anwendungen.* Münster 2013, S. 180–189, hier S. 180.

[424] Henning: *Retter-Kinder* (Anm. 388), S. 198.

[425] Lai: *My Sister's Keeper* (Anm. 416), S. 268; Buyx: *Tissue Typing* (Anm. 150), S. 222.

[426] Jacques Quintin: *Organ Transplantation and Meaning of Life. The Quest for Self Fulfilment.* In: *Medicine, Health Care, and Philosophy* 16 (2013), S. 565–574, hier S. 571.

of loss, devaluation, and worthlessness—of being derivative, barren, and unoriginal."[427] Die Angst bezieht sich nicht nur auf den Verlust der Originalität und individuellen Einzigartigkeit, sondern auch auf die damit einhergehende Ungleichheit, Minderwertigkeit und Vulnerabilität.[428] Der Druck, den elterlichen Erwartungen zu entsprechen, stellt eine weitere Gefahr dar. Sie kann darin münden, dass eigene Präferenzen nicht oder nur eingeschränkt entwickelt werden. „[This] could result in ‚conditional parenting,' in which children live out the possible self-serving preferences of their parents."[429] Folgende Textstellen erfüllen den Charakter des conditional parenting, was sich in Picoults Fall primär auf einen Elternteil – den der Mutter – bezieht. Als sich Anna beispielsweise ablehnend gegenüber der Knochenmarkspende für Kate äußert, reagiert Sara folgendermaßen: „Du mußt nicht, wenn du nicht willst, aber ich weiß, daß Kate sich auf dich verläßt. Und Daddy und ich auch."[430] Eine weitere Stelle beschreibt eine alltägliche Situation beim gemeinsamen Essen, die für Anna allerdings einen manipulierenden Beigeschmack bekommt:

> Meine Mutter brachte den Wunschknochen des Truthahns an den Tisch, und alle rissen wir uns darum, ihn knacken zu dürfen. Kate und ich waren die Glücklichen. Bevor ich meine Seite des Gabelknochens richtig packen konnte, beugte sich meine Mutter zu mir vor und flüsterte mir ins Ohr: ‚Du weißt ja, was du dir wünschen mußt.' Also schloß ich die Augen und dachte ganz fest an eine Remission für Kate, obwohl ich mir eigentlich einen CD-Player hätte wünschen wollen.[431]

In Bezug auf eine Lymphozytenspende wird das oben angesprochene conditional parenting besonders evident: „Nur falls ich's hinterher vergesse, es war gar nicht so schlimm, wie ich gedacht hab."[432] Anna fügt sich ihrem Schicksal.[433] Des Weiteren ist es die Angst vor medizinischen Eingriffen, die insbesondere für Kinder negative Auswirkungen auf die psychische Gesundheit haben können. Das Gefühl des Ausgeliefertseins und der Aspekt auf die Hilfe anderer angewiesen zu sein, wiegt bei Kindern – einer besonders vulnerablen Personengruppe – umso schwerer. Das Problem potenziert sich oftmals durch die Trennung von den Eltern und dadurch, dass das Verständnis für die Notwendigkeit einer Spritze, eines Krankenhausaufenthaltes oder einer Operation noch nicht ausreichend vorhanden ist.[434] Annas Ängste werden in der folgenden Textpassage transparent gemacht: „‚Es ist nur ein *kleiner Piekser*,' verspricht die Ärztin, und Anna fängt an, um sich zu schlagen. Ihre Arme treffen mich im Gesicht, im Bauch. Brian kann sie nicht bändigen.

---

[427] Franklin: *Dolly Mixtures* (Anm. 14), S. 204.

[428] Ebd.

[429] Lindsey A. Vacco: *Preimplantation Genetic Diagnosis. From Preventing Genetic Disease to Customizing Children. Can the Technology be Regulated Based on the Parents' Intent?* In: *Saint Louis University Law Journal* 49 (2005), S. 1181–1228, S. 1224f.

[430] Picoult: *Beim Leben meiner Schwester* (Anm. 372), S. 272.

[431] Ebd., S. 163.

[432] Ebd., S. 207.

[433] Vogel: *Ethik der Präimplantationsdiagnostik* (Anm. 375), S. 184f.

[434] Hans Peter Bruch, Oliver Schwandner: *Die Angst des Menschen vor der Operation.* In: *Anästhesiologie, Intensivmedizin, Notfallmedizin und Schmerztherapie* 32 (1997), S. 315–317, hier S. 316.

Über ihr Gekreische hinweg schreit Brian: ‚Ich dachte, du hättest sie vorgewarnt!‘"[435] Der Gebrauch des Diminutivs kleiner Piekser hält Anna nicht davon ab, sich vehement gegen die Spitze zu wehren. Ist eine solche Szene in Kinderarztpraxen in der ganzen Welt tagtäglich zu erleben, so ergibt sie sich in den meisten Fällen aus dem Umstand, dass die Spritze dort zum Wohle des Kindes zum Einsatz kommt – wie bei einer Impfung beispielsweise. Davon kann im Falle eines Retterkindes, welches sich gerade einer medizinischen Prozedur für das erkrankte Geschwisterkind unterzieht, nicht die Rede sein. Daher kann die ablehnende Haltung in dieser Situation einen größeren psychischen Schaden anrichten.[436]

Der Showdown

Am Ende des Romans wird die eigentliche Intention hinter der Gerichtsverhandlung enthüllt. Nicht Anna geht als Initiatorin, die sich als Retterkind wohlmöglich ausgenutzt und benachteiligt fühlt, hervor. Es ist Kate, die nicht mehr möchte, dass sich ihre Schwester für sie in Gefahr begibt und deren Kraft zunehmend schwindet. Dieser Twist lässt einen alternativen Blick auf die Situation zu. Anna geht als Gewinnerin aus dem Gerichtsverfahren vor, obgleich sie von Anfang an bereit gewesen wäre, als rettende Instanz für ihre Schwester einzustehen. Der Roman endet unerwartet mit einem schweren Unfall, in dem Anna und Campbell Alexander kurz nach Ende der Gerichtsverhandlung verwickelt werden. Es ist ein Ende, welches in der Verfilmung von Regisseur Nick Cassavetes (USA, 109 Minuten, 2009) nicht übernommen wurde. Anna wird bei diesem Verkehrsunfall so schwer am Kopf verletzt, dass sie nur wenig später im Krankenhaus, in dem auch Kate gerade behandelt wird, für Hirntod erklärt wird. Die Voraussetzungen für eine Nierentransplantation sind somit gegeben und die Eltern willigen in die Spende der einen für die Transplantation der anderen Tochter ein. Kate überlebt die Transplantation, während Anna, nach wie vor in der Rolle der Retterin, verstirbt.[437] Im Film gibt es diesen Verkehrsunfall am Ende nicht. Kate stirbt, ohne dass es zu einer Nierentransplantation gekommen ist und die Familie wagt hier einen Neuanfang.

2.4.2.2.3 Fazit

Picoult bearbeitet mit ihrem Roman, der einen komplexen Blick auf die Bewältigung eines familiären Schicksals erlaubt, ein ethisch-rechtliches Dilemmata, das sich aus der „Kombination von Reproduktionsmedizin und Genetik"[438] ergibt. Durch den Perspektivwechsel und die damit verbundenen Einsichten in die individuellen Gefühlswelten der Familienmitglieder wird der Leserschaft die umstrittene Thematik um die Erzeugung eines Retterkindes und dessen wiederholte Nutzbarmachung zu medizinischen Behand-

---

[435] Picoult: *Beim Leben meiner Schwester* (Anm. 372), S. 203 (eigene Hervorhebung).
[436] Vogel: *Ethik der Präimplantationsdiagnostik* (Anm. 375), S. 185f.
[437] Ebd., S. 189.
[438] Julia Diekämper: *Reproduziertes Leben. Biomacht in Zeiten der Präimplantationsdiagnostik.* Bielefeld 2011, S. 163.

lungszwecken (menschliches Ersatzteillager) vor Augen geführt. Bezüglich der Gesamtheit der erzählten Ereignisse trägt jedoch nicht nur der Perspektivwechsel der Romanfiguren dazu bei, der Leserschaft die diesbezüglichen Pro- und Contra Standpunkte beziehungsweise deren „musterhaft[e] Teile" zu präsentieren. Die im Verlauf stattfindenden „Reflexionen, Handlungen oder Gespräche" der Romanfiguren tragen ebenfalls dazu bei, Argumentationsmuster interpretativ zu erschließen.[439] Eine interessante Spielart der Autorin lässt sich darauf zurückführen, dass der Fokus nicht vordergründig in der Erkrankung des Geschwisterkindes liegt. Da sie keine eigene Stimme erhält, wird ihr Schicksal der Leserschaft lediglich durch die Augen der anderen Familienangehörigen nähergebracht. Deren Leben wird durch diese Erkrankung massiv beeinflusst, was im positiven aber auch im negativen Verständnis gelesen werden kann. Picoults Roman zeigt exemplarisch das Dilemma der modernen Biomedizin angesichts ihrer Wahlmöglichkeiten und Entscheidungsnotwendigkeiten auf. Es geht um nichts Geringeres als Grenzerfahrungen und unwiderrufliche Entscheidungen über menschliches Leben, die der Leserschaft vor dem Hintergrund eines komplexen innerfamiliären Gerüsts eine Art Kompass beziehungsweise eine Navigationshilfe bieten.[440]

Im folgenden Kapitel schließt sich die Untersuchung des Romans *Achtzehn* von Angela Gerrits an. Bei ihr steht die Lebendorganspende aus einem ungeklärten familiären Umfeld im Zentrum und wird als Aushandlungsszenario zum Organmangel gelesen.

2.4.2.3 Lebendspenderin: Angela Gerrits *Achtzehn*

Nach Shustermans dystopischen Szenario, welches verschiedene Arten der Zurverfügungstellung für Organspenden verhandelt und Picoults Familiendrama, welches sich rund um die Verantwortlichkeiten eines Retterkindes und deren erkrankte Schwester dreht, soll als dritter Untersuchungsgegenstand der Roman *Achtzehn* (2009) der deutschen Schriftstellerin Angela Gerrits[441] im Zentrum stehen. Thematisiert wird hier die Lebendorganspende im Sinne einer Leberteilsegment-Spende. Protagonistin Sara, die gerade ihren 18. Geburtstag gefeiert hat, kommt als Spenderin für ihren biologischen Vater in Frage, den sie gerade erst kennengelernt hat. Die Vermutung steht im Raum, dass der Beweggrund und das Timing seiner Kontaktaufnahme sich nicht ausschließlich darauf beziehen, seine Tochter kennenzulernen. Rund um diese unklare familiäre Zerrüttung baut sich das Handlungsgerüst bei Gerrits auf.

Im Folgenden werden der Plot und der Handlungsstrang vorgestellt. Darauf folgt eine genauere Untersuchung verschiedener Motive, die sich vor dem Hintergrund der Option der Lebendorganspende innerhalb eines Familienverbundes ergeben. Abschließend werden in einem Fazit die wichtigsten Punkte zusammengetragen.

---

[439] Constanze Spieß: *Der Mensch als Verwertungsobjekt – Literarische Stimmen im Bioethikdiskurs*. In: *Z Literaturwiss Linguistik* (2021). https://doi.org/10.1007/s41244-021-00192-5.

[440] Banerjee: *Biologische Geisteswissenschaften* (Anm. 20), S. 60.

[441] Angela Gerrits. Hamburg. https://www.angelagerrits.de/ (abgerufen am 13.11.2021).

2.4.2.3.1 Plot und Handlungsstrang

Das 219-seitige Werk strukturiert sich in zwölf Kapitel, die nicht durch eine Überschrift oder Nummerierung, sondern anhand jeweils großgestellter Anfangsbuchstaben vor dem Fließtext – Initialen – erkenntlich werden. Bei der Erzählperspektive handelt es sich um einen personalen Erzähler, der größtenteils die Position der Protagonistin Sara einnimmt, ohne dabei zu kommentieren. Ausschließlich der Beginn des ersten Kapitels, eine Analepse 19 Jahre vor dem eigentlichen Geschehen, wird aus der Position von Constanze und Richard erzählt, ohne dass die Leser*innen wissen, wer die beiden sind und welche Rolle sie spielen werden. Es handelt sich um einen offenen Einstieg. Neben der Rückwende kommt im zweiten Teil des ersten Kapitels eine weitere Erzähltechnik zum Einsatz: die Prolepse – ein Zeitsprung in die Zukunft. Das Geschehen, über das hier berichtet wird, verbleibt innerhalb der erzählten Zeit und dient der Vorausdeutung auf den Handlungsfortgang. Eine Motivation an die Leserschaft, weiterzulesen, um zu erfahren, wie Sara in diese hier erzählte Situation gerät.

Der Titel *Achtzehn* lässt sich in erster Linie auf das Alter der Protagonistin zurückführen. Sie feiert zu Beginn des Handlungsgeschehens ihren 18. Geburtstag und bekommt als Beweis für die Unabhängigkeit, die oft mit der Volljährigkeit verbunden wird, ein Auto von ihren Eltern geschenkt. Von nun an gilt sie von Rechts wegen als erwachsen. In welcher Brutalität sich dieser Umstand in den kommenden Tagen ausgestalten wird, deutet sich für die Leserschaft mittels der Prolepse bereits an. Fremdbestimmung zuzulassen und Dinge nicht zu hinterfragen – mit diesen Einstellungen war sie bisher eigentlich gut gefahren. Doch nun wird Saras Leben von heute auf morgen auf den Kopf gestellt. Die Leser*innen verfolgen, wie sich das Sicherheitsgerüst, welches Sara bisher durch Familie, Partner, Freund*innen und Schule umgeben hat, einstürzt. Es kann ihr nun niemand mehr die schwierigen Entscheidungen abnehmen, die sie für ihr weiteres Leben treffen muss. Sara hat ihr Abitur fast geschafft. Es fehlt nur noch die mündliche Prüfung im Fach Kunst. Sie lebt zu Hause bei ihren Eltern. Die Beziehung zu ihrem Vater Andreas, der sein eigenes Steuerbüro hat, ist liebevoll; er ist fürsorglich. Schon lange steht im Familienverbund fest, dass sie in Berlin Betriebswirtschaftslehre studieren wird, um in seine Fußstapfen zu treten. „Dieser Entschluss stand schon so lange fest, dass sie das Gefühl hatte, sie wäre damit auf die Welt gekommen."[442] Die Hyperbel, mit dem Entschluss bereits auf die Welt gekommen zu sein, lässt die von Sara gefühlte Intensität der Fremdbestimmung über ihr Leben erahnen; die Aussage, „Mathe immer gehasst [zu haben]" unterstreicht die Tatsache, dass BWL eher in die Planung des Vaters als in ihre eigene passt.[443] Mit Mutter Constanze, einer Künstlerin, scheint sich das Miteinander schwieriger zu gestalten, sie entscheidet vieles über Saras Kopf hinweg; offensichtlicher und bewusster als es der Vater tut. Ihr älterer Freund Max lebt bereits in Berlin und studiert im zweiten Semester Architektur. Neben einer Paris-Reise planen sie das auf sie zukommende gemeinsame Zusammenleben als Studierende und Liebespaar in der Hauptstadt. An ihrem 18. Geburtstag tritt Richard in ihr Leben. Er ist ihr biologischer Vater,

---

[442] Angela Gerrits: *Achtzehn.* Stuttgart, Wien 2009, S. 126.
[443] Ebd., S. 161.

von dem weder sie noch Andreas etwas wussten. Im Zuge des Kennenlernens wird deutlich, dass Richard sich in schlechter gesundheitlicher Verfassung befindet. Es ist so schlimm, dass es einer Lebersegmentspende bedarf, um sein Überleben zu sichern. Sara ist nun volljährig und käme als Tochter auch gesetzlich für eine Lebendorganspende in Frage.

2.4.2.3.2 Motive

(Un)Planbarkeit des Lebens

> Wie eingemeißelt in den hellen Stein des Theaters war ihr Leben bisher gewesen, aber es war auf brüchigen Boden gebaut, auf dem es unvermutet ins Wanken geriet. Richard war aus dem Nichts aufgetaucht und hatte alles in Frage gestellt.[444]

Der Umstand, der ihr bisheriges Leben in Frage stellen und alles ins Wanken bringen wird, hat mit dem 50-jährigen Richard zu tun, der plötzlich in ihr Leben tritt. Es ist der Tag ihres achtzehnten Geburtstags, als er vor der Tür steht und den Wendepunkt der Geschichte einläutet. Mutter Constanze versucht vergeblich eine Zusammenkunft der beiden zu verhindern, doch nach einigen Anlaufversuchen kann er ungestört mit Sara ins Gespräch kommen. Während Sara vermutet, dass es sich um einen Ex-Liebhaber der Mutter handelt, verkündet Richard etwas für Sara Ungeheuerliches: „Ich bin dein Vater, hatte der Mann ihr gegenüber gesagt, ein Irrer, ein Geisteskranker, kein Wunder, dass ihre Mutter ihn weggejagt hatte [...].“[445] Nach der ersten Fluchtreaktion gelingt es Richard sich in einem erneuten Gespräch zu erklären. Sara beginnt nach und nach, tief in seine künstlerisch-geprägte Welt einzutauchen. Sie ist fasziniert von seiner Arbeit als Violinist am Theater; er verspricht ihr ein Praktikum in der Bühnenbildnerei. Er gibt ihr das Gefühl, sich für sie zu interessieren. Zwischenzeitlich gerät ihr eigentliches Leben aus den Fugen. Ihre Eltern leben nun getrennt. Ihr bisher geglaubter Vater Andreas wird von der Nachricht genauso überrascht, wie sie selbst. Er zieht sich mehr und mehr zurück – eine Reaktion, welche sie auf sich projiziert. Die Mutter verhält sich merkwürdig und unterstellt Richard ständig böse Absichten. Ihr Umfeld, auch ihr Freund Max, scheinen alle besser zu wissen, wie mit einer solchen Situation umzugehen ist. Gerrits nutzt den Vergleich mit einer Marionette, um zu verdeutlichen, wie sich Sara in dieser Situation fühlt und um den Fokus auf die Fremdbestimmung zu legen.

> [E]ine Marionette [...], deren Fäden dünn geworden waren, verschlissen, aber sie hing noch an allem, sie hing noch an den Menschen, die nach Belieben an diesen Fäden gezerrt und gezogen und bestimmt hatten, woran sie glauben sollte, sie hatte nie ernsthaft gezweifelt an dem, was man ihr sagte und wozu man ihr riet.[446]

---

[444] Gerrits: *Achtzehn* (Anm. 442), S. 126.
[445] Ebd., S. 74.
[446] Ebd., S. 127.

Als würde das nicht ausreichen, um ein Leben durcheinanderzubringen, bewahrheitet sich folgender Satz, der sich wiederholt im Text findet: „Manchmal ist das Timing im Leben wirklich katastrophal."[447] Einige Textstellen haben bereits darauf hingewiesen, dass es Richard gesundheitlich nicht gut geht. Folgende Beschreibungen unterstreichen dies: „verlebt, hager, ungesunde Blässe, tiefe Schatten unter den Augen, durchsichtige Gesichtsfarbe, zerbrechlich".[448] Diese eindeutig krankheitsbezogenen Anhaltspunkte erzeugen bei der Leserschaft das Gefühl, dass das Familiendilemma um die verschwiegene Vaterschaft hier noch nicht sein Ende findet. Auch wie er sich in gemeinsamen Gesprächen verhält, weist darauf hin, dass gesundheitlich etwas mit ihm nicht stimmt:

> Er wirkte plötzlich abwesend, umklammerte schweigend die Kante der Bank, als koste ihn die Unterhaltung mit ihr Kraft. […]
> Dann hielt er einige Sekunden lang die Augen geschlossen, seine linke Hand umfasste die Tischkante, als suche er Halt.[449]

Als er zu einem gemeinsamen Termin im Theater nicht erscheint, erfährt Sara, neben der Tatsache, dass Richard eine schwangere Frau hat, dass er sich im Krankenhaus befindet. Sofort macht sie sich auf den Weg, um herauszufinden, was ihm fehlt.

Zuspitzung

Erst im letzten Teil des Romans erfährt Sara und somit die Leserschaft, was ausschlaggebend dafür war, dass Richard sich nach so langer Zeit an seine Tochter wendet. Bisher hatte er es damit begründet, dass Constanze es ihm bis zur Volljährigkeit der Tochter verboten hatte. Saras Freundin Fee und auch Max hatten darauf gekontert, dass das nur eine billige Ausrede sei, es gebe gesetzliche Vorschriften, die ihm den Kontakt auch vorher erlaubt hätten. Saras Mutter hat generell davon gesprochen, dass Richard „schon lügt, wenn er den Mund aufmacht".[450] Dabei hat sie selbst „das Leben ihrer Tochter auf einer Lüge aufgebaut".[451] Im Uniklinikum angekommen, führt Sara der Weg über die Flure an den Schildern „Transplantationszentrum, Chirurgie, Station 6B und Leberambulanz"[452] vorbei. Sie erfährt von Doktor Kling, dem behandelnden Arzt, dass Richard schwer leberkrank ist mit einem Leberzellkarzinom und einer Leberzirrhose und es nur eine Chance auf ein längerfristiges Überleben gibt: durch die Transplantation einer Spenderleber. Bei einer Leberzirrhose handelt es sich um die „[i]rreversible Veränderung des normalen Lebergewebes mit Fibrose und Zerstörung der physiologischen mikroskopischen Läppchenstruktur".[453] Es kann unter anderem durch Alkohol, Hepatitis B, C, D oder Medikamente

---

[447] Gerrits: *Achtzehn* (Anm. 442), S. 97, 122.
[448] Ebd., S. 43, 62, 70, 106.
[449] Ebd., S. 92, 109.
[450] Ebd., S. 131.
[451] Ebd., S. 105.
[452] Ebd., S. 147.
[453] Eric Hebgen: *Viszeralosteopathie. Grundlagen und Techniken.* 5. Aufl. Stuttgart 2014, S. 103.

verursacht werden. Müdigkeit und Leistungsabfall sind typische Symptome dieses Erkrankungsbilds. Ein Leberzellkarzinom ist ein maligner Lebertumor, der sich aus entarteten Leberzellen entwickelt.[454]

> Längerfristig überleben. Transplantiert. Was er [Dr. Kling] sagte, klang fremd und bedrohlich. Es klang nach einer anderen Welt, weit entfernt, es klang nach Tragödie […]. Es klang nach letztem Ausweg vor dem sicheren Tod.[455]

Sie hatte ihren leiblichen Vater gerade erst kennengelernt und auch erfahren, dass er selbst noch einmal Vater und sie damit Halbschwester werden würde. Dass Gerrits hier den Begriff der Tragödie einbringt, ist angesichts des schicksalhaften Konflikts der Protagonistin, der sich noch weiter zuspitzen wird, sehr trefflich. Nicht zuletzt, da sich Sara zum Zeitpunkt – angeregt durch Richard – intensiv mit dem künstlerischen Milieu des Theaters auseinandersetzt. Als Dr. Kling erwähnt, dass das Warten auf ein Spenderorgan ein Jahr dauern kann, da Organspender knapp sind,[456] versteht Sara, dass es hier um Leben und Tod geht. Sie bittet ihn alles möglich zu machen mit dem Verweis, dass ein werdender Vater bei der Organvergabe bevorteilt werden sollte und er doch sicherlich einflussreiche Leute kenne. Hier zeigt sich ähnlich dem Szenario von Weinert die schiere Verzweiflung eines nahen Angehörigen. Dr. Kling kann mit Verweis auf Gerechtigkeitsaspekte die Anfrage von Sara schnell abwiegeln.

> Was glauben Sie, wie viele Menschen in derselben Lage sind wie Ihr Vater? Tausende, die warten, die jeden Morgen aufwachen und Hoffnung haben […]. Jeder, der wartet, hat dasselbe Recht und dasselbe Risiko. Da helfen auch einflussreiche Leute nichts.[457]

Der Begriff der Hoffnung, den auch die behandelnde Ärztin Dr. Benesch bei Weinerts Szenario nutzt, ist vor dem Hintergrund der langen Wartezeit, der sich potenzielle Organempfänger*innen gegenübersehen, als Art Bewältigungsmechanismus zu verstehen, da es oft in einer solchen Situation keine Alternative zum Warten gibt. Wie ambivalent dieser Begriff gleichzeitig ist, liegt in der Tatsache begründet, dass kranke Patient*innen auf die Situation hoffen, dass ein Organ zur Transplantation zur Verfügung steht, dass von jemanden kommt, der gerade verstorben ist. Der Tod eines Menschen als Voraussetzung für das eigene Überleben – es gibt in der Medizin kein anderes Feld, in dem die Hoffnung auf solch einer makabren Grundvoraussetzung fußt. Dass diese Voraussetzung im Rahmen des illegalen Menschen- und Organhandels sich nicht mehr an das Prinzip Hoffnung knüpft, ist unter dem Kapitel organisiertes Verbrechen deutlich geworden. Hoffnung ist hier nicht die treibende Kraft. Hier wird das Schicksal selbst in die Hand genommen, Möglichkeiten ergriffen, wenn sie sich bieten, auch wenn sie illegal sind.

---

[454] Hebgen: *Viszeralosteopathie* (Anm. 453), S. 103f.
[455] Gerrits: *Achtzehn* (Anm. 442), S. 153.
[456] Ebd.
[457] Ebd., S. 154.

Option Lebendorganspende

Im weiteren Gesprächsverlauf mit Dr. Kling erfährt Sara, dass es neben der Postmortalspende noch eine weitere Option gibt. Gemeint ist die Lebendspende eines Lebersegments. Dr. Kling versucht, die Euphorie von Sara etwas einzufangen und sie gut über die Situation zu informieren, da es, auch wenn sie volljährig ist, keine Entscheidung ist, die man in Eile, ohne ihr große Aufmerksamkeit zu schenken, treffen sollte. Die folgende Textpassage könnte die Verschriftlichung eines Aufklärungsgespräch zwischen ärztlichem Personal und Lebendspender*in sein, gibt also einen realistischen Einblick in die Aufklärung zu Voraussetzungen, Risiken und Vorgehen zum Thema Lebendorganspende. Durchaus ähnliche Aussagen dieser Art finden sich unter Paragraf 8 des Transplantationsgesetzes (Entnahme von Gewebe und Organen).

> ‚[E]s wird dem Patienten ein Teil der Leber eines lebenden Spenders transplantiert, die wächst in beiden Fällen später wieder zur vollen Größe heran, aber das ist ein schwerer Eingriff und auch für den Spender riskant, denn er kann an Komplikationen oder Folgen der Operation sterben. Es kann auch immer nur eine Notlösung sein, und es kann auch nicht jeder spenden, nur nahe Verwandte oder Lebenspartner oder Freunde, zu denen eine enge emotionale Bindung besteht … […]. Der Spender kann zum Beispiel selbst einen Leberschaden davontragen, der eine Transplantation notwendig macht, oder eine schwere Gallengangsverletzung, es kann zu Verwachsungen kommen, zu Abszessen, zu Narbenbrüchen, Magengeschwüren, zu Wundinfektionen oder Zwölffingerdarmgeschwüren, vielleicht ist es für den Spender sogar notwendig, selbst jahrelang Tabletten zu nehmen, er kann wie gesagt sogar sterben … […]. Und es muss absolut freiwillig sein. […] In jedem Fall müssten sie stationär aufgenommen werden für die Untersuchungen, außerdem gäbe es eine Befragung durch die Lebendspendekommission der Ärztekammer. Es ist also gar nicht sicher, dass Sie überhapt infrage kommen. Grundvoraussetzung ist zunächst einmal, dass die Blutgruppe passt.[458]

Mit diesen Informationen an der Hand, fängt auch Sara an, sich in die Thematik der Organspende und -transplantation einzulesen. Dabei stößt sie auf das Thema des illegalen Organhandels, liest „über verzweifelte Menschen in Armut, die verbotenerweise ihre Organe verkauften, um sich und ihre Familien von dem Geld zu ernähren, und von anderen, die es sich leisten konnten, diese Organe zu kaufen, und so verbotenerweise das bange Warten umgingen".[459] Die Szenarien also, die unter dem Kapitel organisiertes Verbrechen in dieser Arbeit anhand fiktionaler Beispiele mit unterschiedlichen Ausprägungen bearbeitet wurden. Sie liest aber auch über die Situation, in der sie sich gerade befindet; über Familien, „die eben noch unzertrennlich erschienen und plötzlich zerbrachen über das, was sie selbst ohne zu zögern bereit war zu tun".[460] Hier wird ihr bewusst, dass ihr eigenes Leben in den letzten Tagen zerbrochen ist, was nicht nur an der Erkrankung von Richard liegt. Die folgende Textstelle fasst die Situation gut zusammen und sollte nicht

---

[458] Gerrits: *Achtzehn* (Anm. 442), S. 155ff.
[459] Ebd., S. 158.
[460] Ebd.

104

die Grundlage für eine Entscheidung im Sinne einer Lebendorganspende einer 18-Jährigen sein, die gerade erst erfahren hat, dass derjenige, der die Spende bekommen soll, ihr biologischer Vater ist.

> Und dann fiel es ihr wieder ein, als wäre es erst in dieser Sekunde geschehen, ihre Eltern waren getrennt, ihr Vater war nicht mit ihr verwandt, ihre Mutter eine Frau, die ihr fremd war, ihr Erzeuger todkrank.[461]

Motivation

Zudem weiß die Leserschaft nicht, was wirklich die Motivation hinter der Kontaktaufnahme von Richard ist – was treibt ihn so plötzlich? Gerrits gibt diesbezüglich zwei Anhaltspunkte. Aus menschlicher Sicht betrachtet, lässt ihn einer schlechter und einer besser dastehen. Die Leser*innen können sich selbst ihre Meinung bilden. Handelt es sich bei Richard eher um einen egoistischen Menschen, der seine Tochter, die die Volljährigkeit erreicht hat und damit eine wichtige Voraussetzung der Lebendorganspende erfüllt, nur kontaktiert, weil er sich erhofft, dass sie sich dem Risiko dieser Spende aussetzt und somit sein persönliches Ersatzteillager wird. Dies entspräche insbesondere der Ansicht von Constanze, was im Rahmen folgender Textstelle unterstrichen wird.

> ‚Richard war schon immer eiskalt und berechnend und nur auf seinen Vorteil bedacht. Würde mich nicht wundern, wenn er schon lange wusste, wie es um ihn steht und er nur deshalb plötzlich den interessierten Vater gibt, weil er dich als Spenderin braucht.‘[462]

Oder ist es eher so, dass Richard sich seiner Situation und dem möglichen Versterben wohl bewusst ist und seine Angelegenheiten, wie oft bei Menschen, die wissen, dass sie in naher Zukunft versterben werden, in Ordnung bringen möchte. Hier in diesem Fall, dass er eine große Lüge nicht mit ins Grab nehmen möchte. Dafür würde sprechen, dass er, als er erfährt, dass Sara für ihn spenden möchte, erst einmal rigoros ablehnt.

> ‚Der Arzt hat mir gesagt, was du vorhast, aber das kommt natürlich überhaupt nicht infrage. […] Ich muss zugeben, ich war gerührt, als ich es erfuhr, aber ich möchte es nicht. Man wird dir wehtun, möglicherweise stirbst du sogar, und der Gedanke macht alles nur noch viel schlimmer für mich.‘[463]

Bereitschaft zur Lebendspende

Sara hält trotzdem an ihrem Plan fest. Anhand der Reaktionen ihres Umfelds, ist es Gerrits möglich, ein Potpourri an verschiedenen Charakterisierungsmöglichkeiten in Bezug auf das Thema Lebendorganspende vorzustellen. Diese fallen durch einen kritischen Unter-

---

[461] Gerrits: *Achtzehn* (Anm. 442), S. 159.
[462] Ebd., S. 174.
[463] Ebd., S. 177.

ton auf, da Saras Vorhaben nicht bei allen auf begeisterte Zustimmung trifft. Auf verschiedene Repräsentationen der Organübertragung wurde bereits eingegangen. Ein symbolischer Vertreter ist dabei das Organ als Gabe, welcher bei Gerrits durch die Metonymie „Bist du Mutter Teresa?" und die Adjektive selbstlos und tapfer imponieren.[464] Der kritische Unterton wird insbesondere in der folgenden Formulierung von Constanze deutlich: „,Ach so, du spielst *lieber Gott* [...]. Findest du diese Rolle nicht ein bisschen anmaßend?'"[465] Die Redewendung Gott spielen in Verbindung mit dem Adjektiv anmaßend verdeutlicht die negative Wertung von Saras Mutter gegenüber der geplanten Lebendorganspende der Tochter und stellt einen Versuch des Wachrüttelns als letzte Instanz dar. Sie ist der Meinung, es liege nicht in Saras Hand, ob Richard überlebt oder nicht.

Schuld und Selbstverschulden

Neben dem Begriff des Geschenks – „Stück Leber zum Verschenken"[466] – nutzt Sara auch den Begriff der Pflicht, die sie gegenüber Richard verspürt, als sie in Erfahrung bringt, wie es zu seinem schlechten gesundheitlichen Zustand, insbesondere dem Leberschaden, gekommen ist. Hierbei handelt es sich um eine Kausalitätskette, die eng mit dem zusammenhängt, was im Rahmen der Analepse zu Beginn des Buches berichtet wurde. Als Constanze vor 19 Jahren ihrem damaligen Freund Richard unterbreitet, dass sie von ihm schwanger ist, verunglückt dieser kurz darauf bei einem Verkehrsunfall. Seine Verletzungen sind so schwer, dass er eine Bluttransfusion benötigt. Der Arzt berichtet von der Vermutung, dass diese Transfusion mit dem Hepatitis-C-Virus kontaminiert war. Durch den chronischen Verlauf der Infektion kann es Jahrzehnte dauern, bis sie lebensbedrohlich wird.[467] „Die Verkettung der Dinge überwältigte sie, alles schien ineinander verschlungen zu sein, als existierte kein Schritt, den man tat, für sich allein."[468] Sara hält sich für mitschuldig an der jetzigen Situation. Würde es sie nicht geben, hätte es die Nachricht über die Schwangerschaft und damit den folgenschweren Unfall, der durch die kontaminierte Blutkonserve neunzehn Jahre später eine Lebertransplantation auf den Plan ruft, nicht gegeben.

> Und nun war sie diejenige, ausgerechnet sie, die ihm das Leben rettete. Sehr wahrscheinlich jedenfalls. [...] Gab es sowas wie Fügung oder Schicksal [,] war es schlicht Zufall oder pures Glück?[469]

Als Mutter Constanze vom Gesundheitszustand von Richard erfährt, allerdings noch nichts von der Hepatitis-C-Infektion weiß, verurteilt sie ihn vorschnell, indem sie seinen Leberschaden auf den Missbrauch von Alkohol zurückführt. „,[D]abei hat er den Leberschaden sicher vom Saufen, er hat ja noch nie ein Maß gekannt, und was glaubst du wohl, wie das am Theater zugeht ...'"[470] Das Stigma des Alkoholismus haftet der Leberzirrhose

---

[464] Gerrits: *Achtzehn* (Anm. 442), S. 164.
[465] Ebd., S. 173 (Hervorhebung im Original).
[466] Gerrits: *Achtzehn* (Anm. 442), S. 167.
[467] Ebd., S. 176.
[468] Ebd.
[469] Ebd.
[470] Ebd., S. 174.

an und thematisiert den in der Transplantationsmedizin kontrovers diskutierten Punkt des Selbstverschuldens sowie eine notwendige Karenzzeit vor der Transplantation.[471]

Der Showdown

Als Sara zufällig ein Gespräch am Krankenbett zwischen Richard und seiner Frau mit anhört, bricht erneut eine Welt für sie zusammen und das Vorhaben der Lebendspende rückt in weite Ferne. Die Frau erwähnt, dass sie froh ist, dass Sara sich zur Spende bereit erklärt hat, aber sie bekundet gleichzeitig die Angst, dass sie zukünftig eine zu große Rolle in deren Familienverbund einnehmen könnte.[472] Die Frau hatte Sara gegenüber erwähnt, dass Richard sie jetzt brauche und dieser Satz – „Er braucht dich jetzt."[473] – schwirrt seitdem durch Saras Kopf. Er wird demzufolge auch oft wiederholt und bekommt durch diese zufällig aufgeschnappte Unterhaltung ein anderes Gewicht. Sie fühlt sich als Mittel zum Zweck. Es soll von vornherein klar sein, dass der Kontakt nach getaner Spende wieder runtergefahren wird. Sie sind schließlich eine eigene Familie und bekommen bald ihr eigenes Kind. Die Reaktion von Richard in Bezug auf die Bedenken seiner Frau fällt folgendermaßen aus: „Keine Sorge, es ist nur für die Transplantation."[474] Als Sara das hört, ergreift sie verstört die Flucht. Die Warnungen der anderen brechen über sie ein wie ein Gewitter und sie kann keinen klaren Gedanken mehr fassen. „Nur für die Transplantation. Es ist nur für die Transplantation. Er hat mich gesucht nur für die Transplantation. Er hat mir Blumen geschenkt und mich in die Oper und zum Wein eingeladen nur für die Transplantation."[475] Ihre Verzweiflung und Verwirrtheit wird unterstrichen durch die Wiederholung des Satzes „nur für die Transplantation". Gedankenverloren flüchtet Sara aus der ihr vertrauten Umgebung, fährt erst nach Hamburg und setzt sich dann in einen Nachtzug nach Paris. Um den Spannungsbogen bis zuletzt aufrecht zu halten, verschlechtert sich just im Moment der Abwesenheit der potenziellen Lebensretterin Richards Gesundheitszustand. Sara weiß vom Zuspitzen der Situation nichts und ihr Gedankenkarussell dreht sich weiter. So entspinnt ihr Gehirn mit den ihr zur Verfügung stehenden Fakten eine Theorie, von der die Leserschaft auch nur mutmaßen kann, ob sie stimmen könnte.

> Ich musste erst abwarten, bis du volljährig bist, hatte Richard gesagt. Das stimmte, dachte Sara, ich musste erst volljährig sein für die Transplantation. Du kannst dir nicht vorstellen, wie ich diesen Tag herbeigesehnt habe, hatte Richard gesagt. Doch, das konnte sie jetzt. Es bekam alles einen anderen, sehr zweckmäßigen Sinn. Und das Praktikum in der Bühnenbildnerei, sollte das eine Art Gage für ihre Leber, so etwas wie eine Aufwandsentschädigung für ihre Bemühungen sein? […] Richard hatte gewusst, wann sie achtzehn werden

---

[471] Mathis Bader: *Organmangel und Organverteilung*. Tübingen 2010, S. 250; Nadia Primc: *Das „framing" der sechsmonatigen Karenzregel in der Lebertransplantation. Ein Beispiel für sprachlich vermittelte Deutungsmuster zur Eingrenzung des Indikationsgebietes*. In: *Ethik in der Medizin* 32 (2020), S. 239–253.

[472] Geritts: *Achtzehn* (Anm. 442), S. 189.

[473] Ebd., S. 145.

[474] Ebd., S. 189.

[475] Ebd., S. 190.

würde, aber hatte er auch ihr Verhalten vorausplanen können? Hatte ihre Mutter recht? Oder war er so verzweifelt und hatte sie als letzte Rettung gesehen?[476]

Erst das Gespräch mit ihrer Hausärztin, gleichzeitig die Mutter ihrer Freundin Fee, rüttelt sie auf. Sie wird im Buch als wichtige Ansprechpartnerin für schwierige Lebenslagen beschrieben und hat Sara schon aus einigen schwierigen Situation diskret helfen können. Den Satz von Richard – „nur für die Transplantation" – interpretiert sie etwas anders und gibt Sara damit einen Anhaltspunkt, die Situation noch einmal zu überdenken.

> Ich verstehe, dass du plötzlich denken musstest, dieser Richard habe alles geplant. Aber das glaube ich nicht. Du hast ja auch nur ein paar Sätze gehört und nicht das ganze Gespräch, du kennst den Zusammenhang nicht. [...] Vielleicht soll das heißen, ja, du hast recht, und jetzt lass mich in Ruhe, denn ich bin schwer krank und müde und ertrage dich nicht mehr.[477]

Sara macht sich daraufhin wieder auf den Heimweg, „[s]ie wusste jetzt, was das Richtige war".[478] Flucht war nicht der richtige Weg. Sie hat das ungute Gefühl, dass es für ihren leiblichen Vater bereits zu spät sein könnte und findet Richards Bett im Krankenhaus tatsächlich leer und frisch bezogen vor. Doch ihre schlimmste Vermutung, er sei inzwischen verstorben, bestätigt sich nicht. Während ihrer Abwesenheit konnte ein postmortales Organ transplantiert werden. So löst sich der Spannungsbogen auf, ohne dass die Leser*innen erfahren, ob die Einschätzung der Hausärztin stimmt. Richards Absichten werden also bis zuletzt nicht durch die Autorin aufgedeckt. Es bleibt in den Händen der Leser*innen, sich eigene Gedanken darüber zu machen.

2.4.2.3.3 Fazit

> So wird über das Medium Jugendbuch auch viel fachlich Korrektes zum Thema Transplantation vermittelt.[479]

Auf der letzten Seite dankt die Autorin Jutta Riemer, der ersten Vorsitzenden der Institution Lebertransplantierte Deutschland e. V.[480] für die Beratung während des Entstehungsprozesses des Textes. Im Umkehrschluss veröffentlicht diese in der Zeitschrift *Lebenslinien*, in der redaktionelle Beiträge im Sinne von Informationen für Patient*innen und Ärzt*innen zum Thema Lebertransplantation zweimal im Jahr zusammengetragen werden, eine Rezension zum Buch *Achtzehn*.[481] Hier verweist Riemer auf das Interview, welches Gerrits mit dem Thienemann Verlag über die Motivation, die Lebertransplantation zu thematisieren, geführt hat.

---

[476] Geritts: *Achtzehn* (Anm. 442), S. 199.
[477] Ebd., S. 210.
[478] Ebd., S. 215.
[479] Jutta Riemer: *Achtzehn*. In: *Lebenslinien* 2 (2009), S. 33.
[480] Deutsche Leberhilfe e.V. Köln. https://www.leberhilfe.org/ (abgerufen am 13.11.2021).
[481] Riemer: *Achtzehn* (Anm. 479).

> Mich fasziniert, dass es überhaupt möglich ist, mit dem Organ eines anderen Menschen weiterzuleben oder ein Organ mit einem erkrankten, nahestehenden Menschen zu teilen. Und mich interessieren natürlich auch all die Fragen, die dieses Thema automatisch aufwirft. Ich habe lange gezögert mit dem Entschluss, Organspenderin zu werden. Ich wäre hingegen jederzeit und ohne zu zögern damit einverstanden gewesen, im Fall eines Falles ein fremdes Organ transplantiert zu bekommen, um weiterleben zu können. Persönlich kenne ich keinen Betroffenen, ich habe aber sehr viel Hilfe bei meinen Recherchen bekommen.[482]

Es ist interessant die Eigenmotivation der Autorin in diese wissenschaftlichen Ausarbeitungen mit einzubeziehen. Ihre Begeisterung für die medizinisch-technischen Möglichkeiten, die das heutige Transplantationsfachgebiet mit sich bringen, die Schwierigkeit, sich eine eigene Meinung zum Thema zu bilden und daraus folgend auch eine Entscheidung für oder gegen die Organspende zu treffen. Der Verweis auf die Reziprozität der Spende, über die viele gar nicht nachdenken, und dies nicht etwa, weil man sie in einer solidarischen Gesellschaft längst verwurzelt sieht. Denn wenn das so wäre, hätten mehr Bürger*innen einen Organspendeausweis beziehungsweise sich zu ihrer Einstellung pro oder contra Organspende geäußert. Die Aussage, dass das Auseinandersetzen mit der Thematik eine Faszination auslöst, wird sich gleichzeitig auf diejenigen übertragen, die das Werk lesen, denn über das Medium des Buches kann es in die eigene Wirklichkeit und Vorstellungskraft gelangen.

Die menschlichen Ersatzteillager als zweites Aushandlungsszenario zum Organmangel in der literarischen Bearbeitung soll im Folgenden mit Bezug auf Shustermans, Picoults und Gerrits analysiertes Werk und daraus folgende motivische Gemeinsamkeiten, zusammenfassend betrachtet werden.

2.4.2.4 Zwischenzusammenfassung: Menschliche Ersatzteillager

Die Metapher des Maschinenteils als symbolischer Vertreter für die Repräsentation der Organübertragung trifft in diesem Unterkapitel auf die Metapher der Gabe, des Geschenks und der Rettung.[483] Sie verknüpfen sich insoweit, dass Menschen mehr oder weniger ausgeprägt wie Objekte im Sinne von Ersatzteillagern behandelt werden, deren Organe dafür bestimmt sind, andere oder einen besonderen Menschen zu retten, indem sie deren Weiter- und Überleben durch ihre Spende ermöglichen. Die Instrumentalisierung der drei Protagonist*innen (Connor, Anna und Sara) findet zu einem speziellen Zweck statt, der sich in allen drei Werken darin ähnelt, insofern am Ende Organe aus ihren Körpern entwendet werden sollen mit dem möglichen Nebeneffekt, dass sie diese Organspende(n) nicht ohne Risiko überstehen, möglicherweise nicht überleben oder der Tod von vornherein als alternativlos gilt.

Bei Shusterman steckt hinter dem Zweck die Umwandlung einer bestimmten Gruppe Adoleszenter. Laut Gesetz, der fiktiven Charta des Lebens, können delinquente Jugendliche, Zehntopfer, Mündel und Storchenkinder für die Umwandlung freigegeben werden. Es ist eine Form der späten Abtreibung, die in dieser Gesellschaft das Aufstocken der

---

[482] Gerrits zit. in Riemer: *Achtzehn* (Anm. 479).
[483] Wasson: *Scalpel and Metaphor* (Anm. 117), S. 108.

Organreservebanken ermöglicht indem durch die Ernte-Camps ein stetiger Nachschub produziert wird. Von den drei Werken trifft die Metapher des Maschinenteils hier am ehesten zu und erinnert sehr an die Szenarien von Ishiguros Klonen und Holmqvists Entbehrlichen. Der fiktionale Prozess der Umwandlung ist eng mit dem Aspekt der Entmenschlichung verknüpft. Ein Mensch wird verdinglicht und zur Ware gemacht. Der Recycling-Charakter des Umwandlungsvorhabens erinnert nicht nur an die Ersatzteil-Metapher, sondern auch an die waste-Metapher nach Wasson. Ein weiterer Verweis darauf ist der Aufenthaltsort der geflohenen Jugendlichen, die ihrem Schicksal entkommen wollen. Sie gelangen über eine Untergrundorganisation auf einen Schrottplatz für ausgesonderte Flugzeuge. Eine sehr symbolische Zufluchtsstätte bedenkt man die Situation, aus der sie geflohen sind.

Bei Picoult heiligt das Retterkind Anna die Mittel. Ihre aufwendige In-vitro-Erzeugung mit Hilfe des Untersuchungsverfahrens der Präimplantationsdiagnostik (PID) sowie des tissue typing Verfahrens soll das Überleben der krebskranken Schwester in Form verschiedener Lebendspenden (Nabelschnurblut, Knochenmark, Niere) sichern. Anna, die diese Funktion seit ihrer Geburt erfüllt, erhebt im Alter von dreizehn Jahren Anspruch auf ihren Körper und begibt sich dafür vor Gericht, um ihr Recht auf den eigenen Körper und das eigene Leben einzufordern. Ein Leben, das bisher im Dienst der Schwester stand.

Auch bei Gerrits steht als Zweck die Lebendspende im Mittelpunkt. Ihre Protagonistin Sara ist auf eine abgemilderte Art und Weise auch ein Retterkind. Sie wurde aber nicht für die Lebersegmentspende, die ihr biologischer Vater erhalten soll, in einer Petrischale erzeugt. Problematisch, insbesondere aus Sicht der deutschen Regelungen und Voraussetzungen zur Lebendorganspende, ist die Tatsache, dass Sara ihren Erzeuger gerade erst kennengelernt hat und bis zuletzt seine Motivation, sein eigenes Fleisch und Blut kennenzulernen, unklar bleibt.

Junge Ersatzteile

In allen drei Werken trifft das Begriffspaar menschliches Ersatzteillager zu, denn der Fokus liegt auf Menschen (Connor, Anna, Sara) die „als [noch] lebende (fühlende, leidende, kurzum: wahrhaftes Menschsein demonstrierende) Ersatzteillager für lebenswichtige Organe [fungieren]"[484] sollen. Die Rede ist von einer vollumfänglichen Fundgrube, denn der menschliche Körper beherbergt ein Sammelsurium an wiederverwendbaren Teilen, die lebensnotwendige Organe, Gewebe, reproduktive Fragmente, Blut und Plasma enthalten.[485] Die Ersatzteil-Metapher im Zusammenhang mit der Transplantationsmedizin führt symbolisch vor Augen, wie rechtliche und ethische Grenzen überschritten werden, wenn der Mensch unerbittlich als Objekt beziehungsweise Produkt gesehen und dementsprechend behandelt wird. Eine Organbeschaffung, die nicht im Kontext von informierter Einwilligung und Freiwilligkeit geschieht, macht den Menschen mit seinen Organen und Gewebe zum Rohstoff. An diesem Rohstoff wird Raubbau betrieben. Die Gesundheit und Freiheit der Nutznießer*innen dieses Geschäfts wird vor dem Hintergrund einer sozialen

---

[484] Knörer: *Alternativhistorisch* (Anm. 312).
[485] Lesley A. Sharp*: Strange Harvest. Organ Transplants, Denatured Bodies, and the Transformed Self.* Berkeley, Los Angeles, London 2006, S. 11; Vogel: *Der Mensch als Ersatzteillager* (Anm. 323), S. 107.

Ungleichheit auf dem Rücken der unfreiwilligen, wo-möglich entbehrlichen Menschen ausgehandelt.[486] Es fällt auf, dass alle Spender*innen, die in den drei Werken im Fokus stehen, junge Menschen sind, die sich in der adoleszenten Lebensphase zwischen dem dreizehnten und achtzehnten Lebensjahr befinden; das Leben demzufolge noch vor sich haben. Dieser Aspekt wiegt vor allem bei Shusterman schwer und führt anhand der Anzahl der beschriebenen Wandler*innen den dystopischen Charakter des Werks vor Augen. Es wird mit der ureigenen Angst der Leser*innen gespielt, das eigene Kind zu verlieren. Geschichten von Sternenkindern oder Kindern, die ihrer schweren Krankheit oder einem Unfall erliegen, werden in der Öffentlichkeit meist mit einem unvorstellbaren, unerträglichen, unbegreiflichen Verlust in Verbindung gebracht und als wider dem natürlichen Verlauf, wider der vorgesehenen Reihenfolge beschrieben. Dass hier nun Personen dieser besonders schützenswerten Gruppe geopfert werden, beziehungsweise als Ersatzteillager dienen sollen, lässt die Leserschaft mindestens aufhören, wenn nicht sogar innerlich rebellieren. Ist dieser Prozess in Gang gesetzt, passiert etwas in Bezug auf die Interpretation des gesamten Szenarios: Wie weit darf eine Gesellschaft gehen, um einen Missstand auszugleichen? Befinden wir uns vielleicht selbst auf einer schiefen Bahn? Haben wir bereits eine Grenze überschritten, die sich nicht mehr leicht rückgängig machen lässt? Die Leserschaft wird hier hellhörig, sie wird sensibilisiert und aufmerksam gemacht. Ihr wird bewusst, dass es oft nur kleine Schritte und nur wenige Bemühungen braucht, um eine Situation eskalieren zu lassen mit verheerenden Auswirkungen für eine Gesellschaft; möglicherweise die eigene. Das kann ein im Kleinen beginnender gesellschaftlicher Umbruch sein, beispielsweise durch die zunehmende Einflussnahme einer opportunistischen Partei oder dem umstrittenen Kippen beziehungsweise dem Inkrafttreten eines Gesetzes. Es kann allerdings auch im Großen eskalieren, so wie es bei Shusterman am Beispiel eines Bürgerkrieges beschrieben wird.

Verantwortung der Eltern

> Bei allen Maßnahmen, die Kinder betreffen, gleichviel ob sie von öffentlichen oder privaten Einrichtungen der sozialen Fürsorge, Gerichten, Verwaltungsbehörden oder Gesetzgebungsorganen getroffen werden, ist das Wohl des Kindes ein Gesichtspunkt, der vorrangig zu berücksichtigen ist.[487]

Der hier aufgeführte Artikel 3 der Kinderrechtskonvention der Vereinten Nationen bestimmt das Kindeswohl als Maßstab für die Auslegung und Umsetzung des Übereinkommens. Dieses Grundprinzip wird in allen weiteren Artikeln konkretisiert. Damit wird vor allem Eltern eine verantwortungsvolle Aufgabe zugesprochen. Dem jungen Alter der Spender*innen in den hier bearbeiteten literarischen Szenarien geschuldet, liegt es nahe, dass die Eltern eine prominente Rolle im Verlauf der Geschichte einnehmen. Das trifft insbesondere bei Picoult und Gerrits zu, die generell einen Schwerpunkt auf ein einzelnes

---

[486] Vogel: *Der Mensch als Ersatzteillager* (Anm. 323), S. 109f.
[487] Bundesministerium für Familie, Senioren, Frauen und Jugend (Hg.): *Übereinkommen über die Rechte des Kindes. VN-Kinderrechtskonvention im Wortlaut mit Materialien am 15. Juli 2010.* 6. Aufl. Rostock 2018, S. 12.

Familienschicksal legen. Bei Picoult wird die Motivation der Eltern, die Erzeugung eines Retterkindes in Betracht zu ziehen, am deutlichsten herausgearbeitet; sicherlich auch unterstrichen durch die Perspektivwechsel, die es der Leserschaft ermöglichen, sich in das Gedankenkarussell der Mutter und des Vaters einzudenken, Beweggründe zu hinterfragen und deren Zweifel wahrzunehmen. Die Frage nach einer Kindeswohlgefährdung bekommt insbesonere durch das Einschalten des Anwalts Bestand. Im Buch von Gerrits bleibt Richards Motivation, die sich hinter der Kontaktaufnahme zur eigenen Tochter nach erst achtzehn Jahren versteckt, bewusst offen. Vereinzelte Anhaltspunkte regen die Leserschaft dazu an, diesbezüglich mögliche Erwägungen in Betracht zu ziehen. Da die Eltern allerdings ausgenommen der Dialoge keine eigene Stimme erhalten, bleibt es an den Leser*innen, das Handeln des Vaters als moralisch gut – also zum Wohle des eigenen Kindes – oder als verwerflich einzustufen. Shustermans fiktive Charta des Lebens ist das ganze Gegenteil einer Blaupause der erwähnten Kinderrechtskonvention. Die Gesetzgebung erlaubt es den Eltern in seinem Szenario, ihre Kinder über bürokratische Wege zur Umwandlung freizugeben. Die Eltern können ihr Gewissen mit dem gesetzeskonformen Handeln beruhigen und werden im Fall der Zehntopfer überdies als stolz beschrieben. Das Verb freigeben meint hier zwar, jemanden aus seiner Bindung zu entlassen, der Weg führt die Kinder jedoch nicht in die Freiheit. Es spiegelt sich in dieser Vokabel die Bedeutung wider, dass mit der Unterschrift auf dem Umwandlungsvertrag jemand zur Verfügung gestellt wird. Das ähnelt sehr der Aussage, dass Akten für etwas oder Gebäude zum Abriss freigegeben werden. Inhaltlich sind Dinge, nicht Lebewesen gemeint. Ein weiteres Indiz für einen entmenschlichenden Vorgang. Das Wohl der Kinder wird an keiner Stelle hinterfragt – jedenfalls nicht von den Eltern; sie entschuldigen ihr Handeln mit dem Fakt, dass jedes Teil des Körpers weiterleben wird, nur eben in jemand anderen. Der Begriff des (Weiter-)Lebens (Charta des Lebens) erscheint vor diesem Hintergrund paradox.

Kindeswohl(gefährdung) und Kants Imperativ

Der Begriff der Kindeswohlgefährdung wird laut Deutschem Ethikrat verstanden „als erhebliche seelische oder körperliche Gefährdung eines Minderjährigen".[488] Um das Ausmaß einer möglichen Kindeswohlgefährdung besser einordnen zu können, wird ein Maximal- und Minimalstandard des Kindeswohls unterschieden.[489]

> Der Maximalstandard beschreibt ein handlungsleitendes Ideal der optimalen Förderung des kindlichen Wohlergehens [...]. Kindeswohl wird danach als optimale körperliche, seelische und soziale Entwicklung des Kindes verstanden.
> Der Minimalstandard beschreibt demgegenüber die Untergrenze, deren Verletzung oder unmittelbare Gefährdung ein Einschreiten Dritter, vornehmlich des Staates, zur Sicherstellung des Kindeswohls erforderlich macht.[490]

Damit Eltern im Sinne der Maximalstandards handeln, sollten sie sich

---

[488] Deutscher Ethikrat: *Embryospende* (Anm. 393), S. 85.
[489] Ebd.
[490] Ebd., S. 85f.

112

an der Persönlichkeit des Kindes orientieren, seine Talente und Stärken erkennen und fördern […] und nicht etwa das Ziel der Erziehung ohne Rücksicht auf die Identität des Kindes vorrangig nach ihren eigenen Vorlieben ausrichten […]. Das Kind muss stets als Subjekt um seiner selbst willen, nicht etwa als Objekt elterlicher Wünsche wahrgenommen und erzogen werden.[491]

Diese Ausführungen zur Kindeswohlgefährdung verdeutlichen, dass den literarischen Szenarien die Debatte um die Instrumentalisierung vulnerabler Gruppen innewohnt und im deutlichen Unterschreiten der Minimalstandards mit einer erheblichen Kindeswohlgefährdung einhergehen. Am deutlichsten wird dies bei Shusterman. Seine adoleszenten Figuren werden absichtlich mit physischer und psychischer Gewalt konfrontiert, die menschenverachtend und gewissenlos erscheint. Kant hat in seiner *Grundlegung zur Metaphysik der Sitten* darauf verwiesen, dass vernünftige Wesen unter dem Gesetz stehen, „daß jedes derselben sich selbst und alle anderen niemals bloß als Mittel, sondern jederzeit zugleich als Zweck an sich selbst behandeln solle".[492] Der Kategorische Imperativ ist in Shustermans fiktiver Gesellschaft nicht existent. Zwar kann der Mensch auch ein Mittel zum Zweck oder anderen als Mittel dienlich sein, jedoch sollte der Mensch nicht als Ganzes in Anspruch genommen werden.[493] Bei Shusterman wird vor allem im Rahmen der Schlachthaus-Szenen diese Totalbeanspruchung deutlich, die von Mieth mit der Situation eines rechtlosen Sklaven verglichen wird.[494] Menschen werden als Mittel zum Zweck entgegen Kants Imperativ eingesetzt. Dies geht vor allem bei Shusterman mit der ungleichen Verteilung von Gesundheitsgütern, hier insbesondere von Organen und Gewebe, einher.[495] Es handelt sich um eine deutliche Missachtung der Rawlsschen Maxime, in deren Kern Ungleichheiten nur dann toleriert werden können, „if they result in compensating benefits for everyone, and in particular for the least advantaged members of society".[496] Eine Gesellschaft, die ihre Kinder zur Umwandlung freigibt, erzeugt – ähnlich wie beim illegalen Organhandel – einen schädlichen Markt (noxious market), „der gemeinwohlorientierte Tugenden zu verdrängen und durch eigeninteressierte Verhaltensnormen zu ersetzen" sucht – einen „Markt ohne normative Richtschnur und ohne Rücksicht auf gesellschaftliche Konsequenzen".[497] Um einer solchen Vermarktung entgegenzuwirken, verdeutlichen die hier bearbeiteten Szenarien in letzter brutaler Konsequenz, dass jeder Mensch mit seinem speziellen Bedürfnissen und Rechten als Subjekt anzuerkennen ist. Nichtsdestotrotz wird es immer Entscheidungen, die in einem medizinischen

---

[491] Deutscher Ethikrat: *Embryospende* (Anm. 393), S. 87.

[492] Immanuel Kant: *Grundlegung zur Metaphysik der Sitten*. In: *Kants Werke. Akademie-Textausgabe*. Bd. 4. Berlin 1978, S. 433.

[493] Vogel: *Der Mensch als Ersatzteillager* (Anm. 323), S. 111f.

[494] Dietmar Mieth: *Das Verbot der Kommerzialisierung des menschlichen Körpers: mehr als nur Tabu? Ethische Aspekte*. In: Taupitz (Hg.): *Kommerzialisierung* (Anm. 42), S. 141–151, hier S. 141.

[495] Vogel: *Der Mensch als Ersatzteillager* (Anm. 323), S. 112.

[496] John Rawls: *A Theory of Justice*. Cambridge 1995, S. 14f.

[497] Lisa Herzog: *Was bedeutet es, „Märkte einzubetten"? Eine Taxonomie*. In: *Zeitschrift für Praktische Philosophie* 3.1 (2016), S. 13–52, hier S. 21, 14.

Kontext „aus schwierigen und äußerst belastenden Situationen heraus verlangt [werden]" und letztendlich zu treffen sind, geben.[498]

> Sie betreffen mehrere Personen – Familienmitglieder und weitere Verwandte, aber auch das medizinische Personal. Und sie betreffen auch die Beziehungen und Verhältnisse, in denen die Betroffenen vor dem Hintergrund ihrer selbst (oder aber für sie) getroffenen Entscheidungen werden leben müssen. Sie haben biographische Konsequenzen, die in die Zukunft der betroffenen Individuen und der Familienbeziehungen hineinwirken. Daher werden viele dieser schwierigen und unumkehrbaren Entscheidungen im medizinischen Bereich auch als Zumutung oder mindestens als schwere Last der Verantwortung empfunden.[499]

Was Schües und Rehmann-Sutter hier beschreiben, kann als Spiegel der in der Belletristik verarbeiteten Plots, wie sie sich in diesem Kapitel zu großen Anteilen dargestellt haben, gelesen werden.

Das folgende Kapitel mit dem Titel „Biotechnologische Überbrückung" fokussiert sowohl auf den künstlichen Organersatz als auch auf die Kaltlagerung des erkrankten Organismus (Kryokonservierung) als Aushandlungsszenario zum vorherrschenden Organmangel in der literarischen Bearbeitung. Zwei Werke werden mit besonderem Augenmerk auf die Kategorie der biotechnologischen Überbrückung einer umfangreichen Literaturanalyse unterzogen.

2.4.3 Biotechnologische Überbrückung

> Biotechnologie ist eine anwendungsorientierte Wissenschaft an der Schnittstelle von Biologie, Medizin, Chemie und Ingenieurswissenschaften.[500]

Die Vielfältigkeit der Biotechnologie spiegelt sich in den zahlreichen Bereichen ihrer Anwendung wider. Sie lässt sich nicht auf ein Gebiet oder einen Industriezweig beschränken. Neben der Biomedizin, die in dieser Arbeit im Vordergrund steht, finden sich unter anderem Zweige im Agrar- und Lebensmittelsektor, in der Chemieindustrie und in der Abfallwirtschaft.[501] Der medizinischen Biotechnologie liegt ein umfangreiches Wissen über die Mechanismen des menschlichen Organismus zu Grunde. Dieses Verständnis wird durch das Andocken an neue Methoden und innovative Forschungsbereiche stets erweitert. Biotechnische Verfahren können sich so beispielsweise den Herausforderungen einer modernen Medizin in den Bereichen Prävention, Therapie und Diagnostik stellen. Der Gedanke an die Bandbreite der Biotechnologie mit ihren Hightech-Werkzeugen hinterlässt bei vielen Menschen allerdings nicht ausschließlich ein positives Gefühl. Mit Blick auf die Kontrollierbarkeit werden angsteinflößende Szenarien damit in Verbindung ge-

---

[498] Schües, Rehmann-Sutter: *Einleitung* (Anm. 403), S. 10.

[499] Ebd.

[500] Bundesministerium für Bildung und Forschung (Hg.): *Zehn Jahre KMU-innovativ. Biotechnologie – BioChance*. Frankfurt am Main 2017, S. 6.

[501] Ebd., S. 7.

bracht – Bioterrorismus ist dabei nur ein prominenter Begriff. Oftmals werden diesbezügliche Themen literarisch im Genre der Science-Fiction verarbeitet und verhandelt. Autor*innen nutzen das gesamte Spektrum des bereits Möglichen und gehen auch darüber hinaus – ob in vivo, in vitro oder in silicio.

> Ob es um die Wiederherstellung einer Körperfunktion, die Überdehnung der herkömmlichen körperlichen und geistigen Fähigkeiten oder um veränderte Formen des Zusammenspiels zwischen Mensch und Technik geht – die Grenze zwischen Körper und Technik scheint zunehmend zu verwischen.[502]

Buchtitel wie *Überwindung der Körperlichkeit* oder *Entgrenzung der Medizin* deuten darauf hin, dass die gesellschaftlichen Erwartungen via biomedizinischer Interventionen über das übliche Maß von Heilung und Prävention sowie den „Wunsch nach Gesundheit und nach *well-being*"[503] hinausgehen. Diese Entgrenzung erreicht längst auch den gesunden Menschen, der an einer Verbesserung beziehungsweise Optimierung seines Körpers und Geistes interessiert ist: Enhancement lautet hier die Maxime.[504] Laut Philosoph Andrzej M. Kaniowski und Steger beziehen sich Enhancement-Interventionen auf das Ziel der Verbesserung des menschlichen Organismus in seinen Funktionen und Eigenschaften; insbesondere mit Blick auf die körperliche und geistige Leistungssteigerung. Die Wiederherstellung oder der Erhalt der Gesundheit ist hierbei keine Zielsetzung, daher liegt auch meist keine medizinische Indikation zu Grunde. Es handelt sich bei Enhancement um keine Therapie; impliziert weder Heilung noch Prävention von Krankheiten. Im Ergebnis grenzt sich der Mensch mit seinen verbesserten Fähigkeiten, Eigenschaften und Merkmalen von seiner natürlichen Umgebung ab. Enhancement-Interventionen sind nicht davor gefeit mit gesundheitlichen Problemen einherzugehen.[505] Die Soziologen Peter Wehling und Willy Viehöver, die im Kontext dieser Entgrenzungsdynamik über das Verständnis einer „krankheitsunabhängige[n] Verbreitung medizinischer Techniken" (zum Beispiel die Schönheitschirurgie) hinausgehen, sprechen von einer „direkte[n] Optimierungsstrategie[]", die den „Handlungshorizont der Heilung und Wiederherstellung bewusst überschreite[t]".[506]

---

[502] Dominik Groß, Ylva Söderfeldt: *Überwindung der Körperlichkeit – eine Einleitung.* In: Dominik Groß, Ylva Söderfeldt (Hg.): *Überwindung der Körperlichkeit: Historische Perspektiven auf den künstlichen Körper.* Kassel 2015, S. 7–12, hier S. 7.

[503] Banerjee: *Biologische Geisteswissenschaften* (Anm. 20), S. 128 (Hervorhebung im Original).

[504] Peter Wehling, Willy Viehöver: Entgrenzung der Medizin: *Transformationen des medizinischen Feldes aus soziologischer Perspektive.* In: Willy Viehöver, Peter Wehling (Hg.): *Entgrenzung der Medizin. Von der Heilkunst zur Verbesserung des Menschen?* Bielefeld 2011, S. 7–47, hier S. 9; Andrzej M. Kaniowski, Florian Steger: *The Concept of Enhancement and its Ethical Aspects.* In: Kaniowski, Steger (Hg.): *Human Enhancement* (Anm. 53), S. 9–10, hier S. 9; Michael Fuchs et al.: *Enhancement. Die ethische Diskussion über biomedizinische Verbesserungen des Menschen.* In: *Ethik in den Biowissenschaften – Sachstandsberichte des DRZE* 1 (2002).

[505] Kaniowski, Steger: *The Concept of Enhancement* (Anm. 504).

[506] Wehling, Viehöver: Entgrenzung der Medizin (Anm. 504), S. 18f., 25; Christiane Vogel: *Literature's View on Humans' Dissolution of Boundary.* In: *Wiener klinische Wochenschrift* 132 (2020), S34–S37, hier S35.

Technologien, die körperliche Determiniertheit und das körperliche Leistungsvermögen[507] herausfordern, werden in literarischen Bearbeitungen oft in Frage gestellt. Dies ist keinesfalls ein neues Phänomen und muss vor dem kulturgeschichtlichen Hintergrund der Idee des künstlichen Menschen (religiöse und mythologische Traditionen) in den Blick genommen werden. In Zeiten des Transhumanismus, der die Überwindung biologischer Grenzen des Menschen durch Technikeinsatz meint, wird das Spektrum rund um die *Prometheus*-Sage oder *Frankensteins Monster* um künstliche, organ-rekonstruktive, technooptimierte Aspekte erweitert. Nicht selten werden Elemente traditioneller Konzepte in die gegenwärtigen Bearbeitungen übertragen und für das eigene Setting umgeformt beziehungsweise verfremdet. Der deutsche Schriftsteller Andreas Eschbach spricht diesbezüglich von einer Baukasten-Replikation bereits verwendeter Themen, die dann mit viel Einfallsreichtum, Passgenauigkeit und etwas Neuem angereichert werden.[508]

Monströse Wissenschaften

Bezogen auf literarische Auseinandersetzungen, die sich der immer komplexer werdenden Nuancen des menschlichen Körpers, der in Beziehung zur Biotechnologie steht, widmen, spricht die Geisteswissenschaftlerin Susann Flynn von einer monstrous science – einer Wissenschaft, die es ermöglicht, Menschen nicht nur zu reparieren, sondern auch (neu) zu erschaffen.[509] Dies trifft gleichermaßen auf die literarischen Bearbeitungen zu, die im Zentrum dieses Unterkapitels untersucht werden. Dabei ist das Adjektiv monströs mehrdeutig: es kann eine Sache gewaltigen Ausmaßes implizieren (riesig), es kann etwas Ungeheuerliches beschreiben (unfassbar, skandalös) und es kann etwas Abscheuliches meinen (entsetzlich, grässlich). Nicht selten ist diese Ambiguität von den Autor*innen gewollt und in jeglicher Hinsicht auf die Figuren anzuwenden, wobei die jeweiligen Lesarten mehr oder weniger deutlich hervortreten. Anlässlich des im Jahr 2018 gefeierten zweihundertjährigen Jubiläums von Mary W. Shelleys (1797–1851) Erzählung *Frankenstein, or, The Modern Prometheus* (1818) lohnt sich der diesbezügliche Blick auf die Schwerpunktsetzung. Die letzte Ausdifferenzierung des Adjektivs ist hier sicherlich die Überwiegende. Das namenlose, vom Wissenschaftler Victor Frankenstein im Labor erschaffene, Wesen wird als abscheuliches Monster skizziert:

> How can I describe my emotions at this catastrophe, or how delineate the wretch whom, with such infinite pains and care, I had endeavored to form? His limbs were in proportion, and I had selected his features as beautiful. Beautiful! Great God! His yellow skin scarcely covered the work of muscles and arteries beneath […]. I had worked hard for nearly two years, for the sole purpose of infusing life into an inanimate body. […] I had desired it with an ardor that far exceeded moderation; but now that I had finished, the beauty of the dream

---

[507] Groß, Söderfeldt: *Überwindung der Körperlichkeit* (Anm. 502).

[508] Stefan Cernohuby: Andreas Eschbach im Interview. In: Janetts Meinung (5.10.2016). https://www.janetts-meinung.de/interviews/andreas-eschbach-im-interview (abgerufen am 13.11.2021).

[509] Susan Flynn: *Ex machina: Possessing and Repossessing the Body*. In: *Ethos. A Digital Review of Arts, Humanities, and Public Ethics* 3 (2017), S. 32–45, hier S. 36.

vanished, and breathless horror and disgust filled my heart. Unable to endure the aspect of the being I had created, I rushed out of the room [...].[510]

Der Begriff des Monsters sowie die umgangssprachliche Beschreibung wretch (armes Wesen) fallen wiederholt im Rahmen der oben genannten Szene. Gewiss spielen auch die beiden anderen Lesarten eine Rolle: Es ist eine Sache gewaltigen Ausmaßes, wenn es einem Wissenschaftler gelingt, aus einer Akkumulation von leblosen Teilen, einen lebendigen Körper, ein Lebewesen zu erschaffen. Dass damit gleichzeitig etwas Ungeheuerliches beschrieben wird, zeigt sich in der gesellschaftlichen Reaktion, die sich für das Wesen in einer „gescheiterten Inklusion" widerspiegelt, die nicht zuletzt durch „erfahrene Intoleranz und Rassismus" in „Gewalt und hasserfüllte Rache" umschlägt.[511] Hier zeichnen sich bereits deutlich die Potenziale einer literarischen Auseinandersetzung mit der Thematik der Akkulturation als belletristisches Werkzeug vor dem Hintergrund der möglichen Entgrenzung des menschlichen Körpers ab. Es geht nicht um die Anpassungsprozesse der Autor*innen, die sie für sich im Schreiben durchleben – wie etwa in der bewussten Auseinandersetzung mit der fremden Umgebung im Rahmen von Exilliteratur und im Sinne eines *life writings* (Literatur als Medium der Akkulturation), es geht um die Akkulturation als literarisches Werkzeug, als Finesse der Autor*innen, die Lebensumstände der Protagonist*innen zu exemplifizieren und somit für die Rezipierenden transparent zu machen.

An dieser Stelle möchte ich mit der Science-Fiction Kurzgeschichte *Die Fliege*[512] (1957, *La Mouche*) des französisch-britischen Schriftstellers George Langelaan auf eine weitere monstrous science verweisen. Diese wurde in mehreren Bearbeitungen verfilmt. Darunter die wohl Bekannteste aus dem Jahr 1986 (Regie: David Cronenberg) mit Schauspieler Jeff Goldblum in der Rolle des Wissenschaftlers Seth Brundle. Während eines Teleportation-Selbstversuchs gerät auch eine Stubenfliege in die Übertragungskabine und so mutiert Brundle langsam zum humanoiden Fliegenmonster mit übermenschlichen Kräften. In diesem Zusammenhang lässt sich auch eine intertextuelle Verbindung zu Franz Kafkas (1813–1924) Erzählung *Die Verwandlung* (1912) ziehen. Hier geschieht auch etwas Ungeheuerliches: Der Handelsreisende Gregor Samsa verwandelt sich über Nacht in ein monströses Ungeziefer.[513] Des Weiteren möchte ich auf die Erzählung *Hundeherz* beziehungsweise *Das hündische Herz* des russischen Schriftstellers Michail Bulgakow (1891–1940) aus dem Jahr 1925 verwiesen. Ähnlich wie bei Shelleys Wissenschaftler Victor Frankenstein oder Langelaans Wissenschaftler Brundle, wird auch hier versucht, die biologischen Grenzen eines Lebewesens zu überwinden. Ein Professor und sein Assistent nehmen einen streunenden, verletzten Hund auf, um diesen durch Transplantation von menschlicher Hirnanhangsdrüse und Hoden neu zu erschaffen – in Menschengestalt. Die verpflanzte Hormondrüse sowie die Keimdrüsen stammen von einem

---

[510] Mary Wollstonecraft Shelley: *Frankenstein, or, The Modern Prometheus.* Boston, Cambridge 1869, S. 45.

[511] Kurt W. Schmidt: *Eine tragische Kindheit. Elternschaft und Verantwortung in Mary Shelleys Frankenstein.* In: *Fokus Beratung* 33 (2018), S. 37–43, hier S. 37.

[512] George Langelaan: *Die Fliege. Eine phantastische Erzählung.* Übersetzt von Karl Rauch. Frankfurt am Main 1988.

[513] Franz Kafka: *Die Verwandlung.* Stuttgart 2001, S. 5.

kürzlich verstorbenen Kleinkriminellen. So lässt die Verwandlung beziehungsweise die Mutation zu einer widerlichen, verantwortungs- und gewissenlosen Chimäre nicht lange auf sich warten. Chaos und Gefahr sind vorprogrammiert. Rettung schafft nur die Rück-operation. Der Übersetzer des Textes, Alexander Nitzberg, spricht von einem vielschich-tigen Meisterwerk, das als „eine zeitlose Parabel auf die Widersprüche und Verwerfungen der *conditio humana* [gelesen werden kann]".[514]

Die von Flynn vorgeschlagenen Lesarten der monströsen Wissenschaften (Reparatur und Neuerschaffung) sollen für die Analyse der beiden hier zur Verhandlung stehenden belletristischen Werke vor dem Hintergrund der Reparatur im Sinne biotechnologischer Überbrückungen betrachtet werden. Diese Überbrückungen zeigen sich in Form von künstlichen Organersatzteilen sowie der Kaltlagerung des menschlichen Organismus. Es handelt sich dabei um die Werke *The Repossession Mambo* von Eric Garcia und um *Null K* von Don DeLillo. In einer sich anschließenden Zwischenzusammenfassung wird unter anderem auf die unterschiedlichen Fokussierungen der Autoren Bezug genommen sowie auf Gemeinsamkeiten in Bezug auf bestimmte Motive, die im Rahmen der Literaturana-lysen hervorstechen.

Das erste Werk, das untersucht wird, ist der Science-Fiction Roman *The Repossession Mambo* von Eric Garcia. Bei ihm stehen künstliche (Ersatzteil-)Organe, die man auf Kre-dit kaufen kann, im Zentrum und werden als Aushandlungsszenario zum Organmangel gelesen.

2.4.3.1 Künstliche Ersatzteile: Eric Garcia *The Repossession Mambo*

Bei *The Repossession Mambo* (2009)[515] des US-amerikanischen Autors Eric Garcia han-delt es sich um einen Science-Fiction Roman. Nach der Klassifizierung von Philologin Helen N. Parker lässt sich hierbei von bio-manipulativer Science-Fiction sprechen – Zu-kunftsvisionen, die sich von enthusiastischem Optimismus bis hin zum Horror erstrecken. Darunter ordnet sie die Eigenschaft, dass der biologische und technische Fortschritt als Instrument für eine Gesellschaftsveränderung eingesetzt wird, somit als soziales Instru-ment dienen kann.[516] Garcia entwirft in seinem Werk eine dystopische Gesellschaft, in der der Kauf künstlicher Organe auf Kredit möglich ist.[517] Der Preis dafür ist sehr hoch. Ohne ausreichende Kaufkraft entnimmt der beruflich-agierende Bio-Repo man unbe-

---

[514] Alexander Nitzberg: *Nachwort.* In: Michail Bulgakow: *Das hündische Herz.* Übersetzt von Alexander Nitzberg. München 2014 (Hervorhebung im Original).

[515] Da es keine deutsche Übersetzung gibt, wird folgend aus dem Originalwerk in englischer Spra-che zitiert: Eric Garcia: *The Repossession Mambo.* New York 2009.

[516] Helen N. Parker: *Biological Themes in Modern Science Fiction.* Ann Arbor 1984, S. 49–60.

[517] Dieser Roman von Eric Garcia wurde von mir bereits im Rahmen eines englisch-sprachigen Beitrags für das *Jahrbuch Literatur und Medizin* bearbeitet. Christiane Vogel: *„What's New in You?" Artificially Reshaped and Indebted Bodies in Eric Garcia's Dystopia The Repossession Mambo.* In: Florian Steger (Hg.): *Jahrbuch Literatur und Medizin.* Bd. 10. Heidelberg 2018, S. 31–54. Für das Unterkapitel 2.4.3.1 werden einige Überlegungen in grundlegend überarbeiteter Form verwendet, nicht ohne diese nach den Regeln der guten wissenschaftlichen Praxis kennt-lich zu machen.

zahlte Artiforgs (artifizielle Organe) aus dem Körper der Kundschaft, damit das Unternehmen weiterhin schwarze Zahlen schreiben und sie wieder gewinnbringend an die nächsten Interessent*innen vermitteln kann. Die Leserschaft tritt dem Bösen in Form eines unethisch-agierenden Unternehmens entgegen, „dessen Produkte die Menschheit zu überschwemmen und lang gehegte Vorstellungen von menschlicher Einzigartigkeit zu verdrängen drohen".[518]

Im Folgenden werden der Plot und der Handlungsstrang vorgestellt. Darauf folgt eine genauere Untersuchung verschiedener Motive, die sich vor dem Hintergrund des Angebots künstlicher Organe auf Kredit sowohl für eine Gesellschaft als auch für Agierende innerhalb dieses Extraktionsgeschäfts ergeben. Abschließend werden in einem Fazit die wichtigsten Punkte zusammengetragen.

2.4.3.1.1 Plot und Handlungsstrang

Garcias bio-manipulative Science-Fiction wird der Leserschaft hier als düstere Zukunftsvision auf 315 Seiten aus Sicht eines Ich-Erzählers präsentiert. Bereits im Jahr 1997 hatte er die Idee für diesen Roman, der – nach zahlreichen Bearbeitungen – letztendlich im April 2009 erschien. Als er im Februar 1997 seine Eltern in Florida besucht, bereiten sich die Läden auf das profitable Valentinstags-Geschäft vor und verweisen dementsprechend mit roten Schaufenster-Herzen auf den kommenden Tag der Liebenden. „Are they suggesting you pawn something you own to buy your sweetie a present for Valentine's Day, or are they actually looking to buy used hearts?"[519] Diese Herzen haben Garcia zu einer Kurzgeschichte inspiriert. Dass das Herz als Symbol in den USA einen bestimmten Bezug zur Transplantationsmedizin hat, zeigen die Führerscheine aus einigen Bundesstaaten. Im Rahmen der dortigen Entscheidungsverpflichtung (required request)[520] werden die Bürger*innen bei der Ausstellung des Führerscheins automatisch gefragt, ob sie Spender*innen sein möchten oder nicht. Bejahen sie dies, erscheint auf der entsprechenden Fahrerlaubnis ein kleines rotes Herz[521] oder ein kleines graues Herz versehen mit einem Y. Das Y-Symbol steht dafür, dass die innehabende Person der Fahrerlaubnis yes also ja zur Organ-, Augen- und Gewebespende gesagt hat.[522] Gleichzeitig handelt es sich beim Valentinstag in den USA um den Nationalen Spende Tag – einen „Tag der Anerkennung unserer Lieben, die das Geschenk der Spende gemacht, eine Spende erhalten, zurzeit warten oder ein Organ nicht rechtzeitig erhalten haben".[523]

---

[518] Kimberly Jackson: *Splice. The Postmodern Prometheus.* In: *Horror Studies* 3 (2012), S. 125–138, hier S. 125 (eigene Übersetzung).

[519] Eric Garcia: *Author's Note. The Taming of the Mambo.* In: Garcia: *The Repossession Mambo* (Anm. 515), S. 316–328, hier S. 317.

[520] Bader: *Organmangel* (Anm. 471), S. 21f.

[521] Schmitt-Sausen: *US-amerikanisches Gesundheitswesen* (Anm. 95).

[522] Donor Alliance Inc. Farotech: Wyoming Driver License Has a New Look and a New Heart Donation Symbol (17.2.2020). https://www.donoralliance.org/newsroom/donation-essentials/wyoming-license-new-look-new-heart-symbol/?cli_action=1606661478.969 (abgerufen am 28.10.2020, eigene Übersetzung).

[523] Donate Life America. Richmond, VA. National Observances and Celebrations. https://www.donatelife.net/celebrations/ (abgerufen am 13.11.2021, eigene Übersetzung).

Garcias dreizehnseitige Kurzgeschichte mit dem Namen *The Telltale Pancreas*[524] bildet den Grundbaustein für seinen Roman über den Protagonisten Remy, dessen Beruf als Bio-Repo man es ist, künstliche Organe aus der zahlungsunfähigen Kundschaft wieder in Besitz zu nehmen und sie getreu dem Motto „gas, grab, and go"[525] blutend und sterbend zurückzulassen. Dies geschieht alles im Sinne seines Arbeitgebers, der Credit Union, die im kapitalistischen Sinne nicht nur darauf aus ist, weiterhin schwarze Zahlen zu schreiben, sondern die gebrauchten Artiforgs so bald als möglich in den Kreislauf der Kreditverpflichtung zurückzubringen.[526] In dieser fiktiven Welt wird ein Leben also nicht dann problematisch, wenn ein Organ versagt und ersetzt werden muss, sondern wenn die hohen Raten für das artifizielle Ersatzorgan von der Kundschaft nicht mehr gezahlt werden können. Das Problem des Organmangels wurde hier zwar mittels Konstruktion und Einsatz künstlicher Organe behoben, was aber nicht heißt, dass es keine Todesopfer mehr zu beklagen gäbe. Der Tod auf der Warteliste weicht dem auf der Schuldenliste. Kaum vorzustellen, was passieren würde, wenn ein Bio-Repo man selbst nicht mehr in der Lage ist, seiner Zahlungsverpflichtung für ein künstliches Herz nachzukommen, welches nach einem angeblichen Arbeitsunfall wieder Blut durch seinen Körper pumpt. Genau diesen Umstand macht Garcia in seinem Roman zum Plot. Es geht um das Hinterfragen der moralischen Einstellung, um eine Neuausrichtung der Blickwinkel.[527]

> My hand had trembled. There it was. The beginning of the end. […] I couldn't do it anymore. Lucky me. I lost a heart and found a soul."[528]

Repo Man ist die Abkürzung für Repossession Man. Es handelt sich um einen performativ-konstruierten Namen einer hingebungsvollen Autorität, deren Arbeit im Sinne des Arbeitgebers dann getan ist, wenn die zahlungsunfähige Kundschaft ohne maschinellen Organersatz zurückgelassen wird. Das Engagement für das Extraktionsgeschäft ist unverzichtbar in einer Zeit, in der die expansiven, technologisch fortschrittlichen Artiforgs, die von der Credit Union zur Verfügung gestellt werden, das Leben der Bürger*innen enorm unterstützen, optimieren und verlängern. Nicht viele sind in der Lage, sich die Kosten für diese biotechnologische Entwicklung zu leisten, was wiederum für das profitgierige Unternehmen, das die Finanzierung bereitstellt, ein rentables Geschäft darstellt. Ganz im Sinne der Transmedialität wird die Geschichte des Bio-Repo man nicht nur durch das narrative Genre begleitet. Abgesehen davon, dass Garcias Roman eine eigene Verfilmung hat; den Science-Fiction-Thriller *Repo Men* von Regisseur Miguel Sapochnik (US/CA, 111 Minuten, 2010), gibt es auch eine Rockoper namens *Repo! The Genetic Opera* unter der Regie von Darren Lynn Bousman (US, 94 Minuten, 2008), in der es um die Frage der Wiederinbesitznahme von Organen geht.[529]

---

[524] Garcia: *Author's Note* (Anm. 519).
[525] Garcia: *The Repossession Mambo* (Anm. 515), S. 260.
[526] Vogel: *„What's New in You?"* (Anm. 168), S. 36f.
[527] Ebd., S. 34.
[528] Garcia: *The Repossession Mambo* (Anm. 515), S. 249, 251.
[529] Vogel: *„What's New in You?"* (Anm. 168), S. 34f.

2.4.3.1.2 Motive

Evaluierung des Titels

Das englische Nomen repossession (im Deutschen: Wiederinbesitznahme) abgeleitet von dem englischen Tätigkeitswort to repossess (im Deutschen: wieder in Besitz nehmen) bezieht sich auf die Profession des Protagonisten – darauf rekurriert auch die Jobabkürzung Bio-Repo man. Das englische Nomen mambo (im Deutschen: Mambo) bezieht sich auf einen südamerikanisch-kubanischen Gesellschaftstanz im ¼-Takt, der sich durch flotte Schritte und ruckartige Hüftbewegungen auszeichnet.[530] Der Mambo enthält rituelle, kontinuierlich wiederkehrende Elemente, die „durch die Gleichförmigkeit und den repetitiven Charakter der Musik [...] und der Bewegungen" entstehen.[531] Bei Garcia kann er als eine Analogie für die Abläufe der Wiederinbesitznahme verstanden werden, die neben Bewegungselementen auch erotische Aspekte einbezieht. Auf letztere verweist eine Textstelle, die sich detailliert auf eine Wiederinbesitznahme einer Leber bezieht.[532]

> [T]he liver was my specialty [...], and I admit I took a singular delight in repossessing from the chronically inebriated. Let's face it: Anyone who keeps knocking back the booze even after they've been fitted with an artiforg doesn't deserve a whole lot of dignity in death. One guy was so drunk when I broke into his place at three in the morning, I didn't need to waste a milliliter of gas. He lay there, squirming around, legs kicking slightly, twisting his fleshy body in a slow *horizontal mambo*—nothing I couldn't handle—and didn't leak a peep when I started in on my business. [...] My scalpel was buried deep within his viscera. The flow of blood onto the hardwood floor was steady, but lighter than I'd expected. [...] The bloated bastard lasted a few minutes after I had his KL–418 in my hot little hands, and damned if he didn't giggle his way to the great beyond. Thank you, Jack Daniels, you saved me a pint of ether.[533]

Hier wird der Titel des Buches erstmalig in Verbindung mit dem Text gebracht. Das zusammengesetzte Idiom horizontal mambo steht im Amerikanischen für Geschlechtsverkehr und veranschaulicht Bewegungsabläufe, die denen während einer Kopulation ähneln. Auch wenn diese Bewegungsabläufe in dieser Szene wenig mit Erotik und mehr mit den unkontrollierten Bewegungen eines betrunkenen Mannes zu tun haben, verweist der Begriff mambo auf eine Performance, der sowohl Remy beiwohnt als auch der bedauernswerte, in Verzug geratene Credit Union-Kunde. Diese Szene impliziert eine rituelle Aufführung, in der sich Wiederholungen und Neuinszenierungen verknüpfen und somit

---

[530] Bibliographisches Institut GmbH (2020). https://www.duden.de/rechtschreibung/Mambo (abgerufen am 13.11.2021).

[531] Christoph Wulf: *Rituelles Handeln als mimetisches Wissen.* In: Christoph Wulf et al.: *Das Soziale als Ritual. Zur performativen Bildung von Gemeinschaften.* Opladen 2001, S. 325–338, hier S. 329.

[532] Vogel: *„What's New in You?"* (Anm. 168), S. 36f.

[533] Garcia: *The Repossession Mambo* (Anm. 515), S. 12f. (eigene Hervorhebung).

Auswirkungen auf Remys Körper und Psyche haben.[534] Dass die Profession des Bio-Repo man nach gewissen, eingespielten Bewegungsabläufen verlangt, welche für Remy so natürlich sind, wie das Atmen, verdeutlicht eine zweite Textstelle.[535]

> I picked up on the moves like I'd been waiting to learn them all my life, as if there were an open box inside me and dancing was a gift that fit perfectly: The tango, the waltz, the *mambo*, it was all natural as breathing. If there was a one-two-shuffle-kick step, then I hit it *with surgical precision*. Spins, twists, turns, I nailed it all. Barely broke a sweat.[536]

Remys Beschreibungen beziehen sich auf seine positiven Erlebnisse beim Erlernen von verschiedenen Paartänzen, doch lässt sich anhand der genauen Beschreibung seiner tänzerischen Ausführungen (mit chirurgischer Genauigkeit) deutlich eine Verknüpfung zu seiner Berufung ziehen. Anhand dieser zwei Textstellen kann demzufolge der Sinn, der sich hinter dem Titel des Buches anfangs scheinbar versteckt, eindeutig ausgemacht werden.[537] Im Entfalten von Bewegungen, die mit der Wiederinbesitznahme künstlicher Organe einhergehen, „mach[t] [Remy] sowohl die Bewegung als auch die in ihr repräsentierte Welt zu einem Teil [seiner] selbst. Desgleichen [wird er] bei dem Vollzug der Bewegung von dieser ergriffen und durch die Welt, für die sie steht, geformt".[538] Es sind diese routinierten Bewegungsabläufe, durch deren geringe Varianz sich laut Wulf eine Stereotypie verstärken kann, die aus Remy einen fähigen Bio-Repo man machen: „Man weiß, was geschieht und wie sich die Abfolge des Geschehens vollzieht; Unvorhergesehenes tritt nicht ein; das Gelingen [...] ist sicher. Die rituellen Elemente konstituieren das szenische Geschehen [...]. In mancher Hinsicht ähnelt dieses Ereignis einer künstlerischen Performance."[539] Diese scheinbar befriedigende Beschäftigung setzt sich für ihn jedoch nicht fort. Die Aussicht, mehr Zeit für seine Familie zu haben, bewegt Remy dazu, darüber nachzudenken, seine berufliche Position in den Verkauf von Artiforgs zu verlagern. Sein Bio-Repo man-Kollege und guter Freund Jake schreckt jedoch nicht davor zurück, Remys Talent im Pfändungsgeschäft zu halten. Bei einem seiner letzten Extraktionen vor dem Wechsel zum Verkauf passiert Remy Folgendes.[540]

> Somehow the defib unit got reversed, the wires got crossed. A glitch in the system. The shock hit me instead of the client. [...] They brought me in dead, they shipped me out alive. [...] There was no possible way that a sales gig was going to allow me to pay off my alimony. [...] A desk job was out of the question. I'd have to go back to repo. [...] The bills had gotten out of hand, my career as a Bio-Repo man was all but officially over, and they'd be coming for my Jarvik [artificial heart] as soon as the last issuance of Final Notice went past the thirty-day grace period.[541]

---

[534] Wulf: *Rituelles Handeln* (Anm. 531), S. 331.
[535] Vogel: „*What's New in You?*" (Anm. 168), S. 37.
[536] Garcia: *The Repossession Mambo* (Anm. 515), S. 255 (eigene Hervorhebung).
[537] Vogel: „*What's New in You?*" (Anm. 168), S. 38.
[538] Wulf: *Rituelles Handeln* (Anm. 531), S. 332.
[539] Ebd., S. 329.
[540] Vogel: „*What's New in You?*" (Anm. 168), S. 38.
[541] Garcia: *The Repossession Mambo* (Anm. 515), S. 246f., 251.

Für Jake, der den Defibrillator manipuliert hat, zahlt sich diese Verschwörung nicht aus. Für Remy ändern sich seine gesamten Lebensumstände. Er ist jetzt mit einem implantierten Kunstherzen ausgestattet, welches abbezahlt werden muss. Sowohl sein früherer Arbeitgeber als auch sein ehemaliger Freund Jake stehen von nun an auf der anderen Seite.[542]

Produktpalette und Kommodifizierung

Ist der Blick in eine Zukunft, die den Mangel an Organen durch den Einsatz künstlicher Organe beheben kann, ein positiver? Nicht, wenn man Garcias Szenario Glauben schenkt. Die hybride Form aus Mensch und industriell hergestelltem Organ verwandelt die Transplantationsmedizin in ein reines ökonomisches Unterfangen, bei dem der Faktor Mensch nicht nur verloren geht, sondern auf die schlimmste Art und Weise unterlaufen wird. Nur so lange Menschen an funktionierenden Organen interessiert und vor allem auch zahlungsfähig sind, arbeitet die Maschinerie gewinnbringend.[543]

> It was a good time for the Credit Union and for those of us who worked in repossessions—the economy was booming and the credit rates kept creeping up, so while folks continued to buy, there was no shortage of those who defaulted and returned their merchandise back to the lender.[544]

Wird diese Führungsposition bedroht, hat die Rückgewinnung der Maschine höchste Priorität, wobei der Tod der in Schuld stehenden Person billigend in Kauf genommen wird. Das Vorhandensein eines diesbezüglich eigenen Berufszweiges unterstreicht dieses menschenverachtende Szenario und lässt hoffen, dass die zukünftigen Entwicklungen in Bezug auf mögliche Lösungen des Organknappheit-Problems, nie den Menschen an sich und in seiner Einzigartigkeit aus den Augen verliert.[545] Demzufolge postuliert Bauer zu Recht, dass „[m]enschliche Organe [...] keine Heilmittel oder Medizinprodukte im üblichen Sinn [sind], die industriell organisiert, bestellt, geliefert und nach den Regeln von Angebot und Nachfrage in den Warenverkehr gebracht werden können";[546] sie dürfen es auch nie werden.

> 'Mr. Johnson, we can give you this spleen at a rate that far surpasses every other corporation. You owe this to your family. You owe it to yourself.'[547]

Im Gespräch zwischen Credit Union-Mitarbeiter*innen und der Kundschaft kommt eine Wirtschaftssprache zum Einsatz, die das Gegenteil von dem darstellt, was sich innerhalb einer Kommunikation zwischen behandelnder und behandelter Person abspielen sollte. Sicherlich verweisen solche Passagen auf die sich bereits entwickelnden oder vorherrschenden Tendenzen im medizinischen Versorgungsbereich, die eng mit der Profitabilität

---

[542] Vogel: „*What's New in You?*" (Anm. 168), S. 39.
[543] Ebd., S. 39f.
[544] Garcia: *The Repossession Mambo* (Anm. 515), S. 3.
[545] Vogel: „*What's New in You?*" (Anm. 168), S. 40.
[546] Bauer: *Normative Entgrenzung* (Anm. 6), S. 251f.
[547] Garcia: *The Repossession Mambo* (Anm. 515), S. 22.

von Eingriffen einhergehen.[548] Somit beschreibt dieses fiktionale Szenario eine brisante und aktuelle Entwicklung im heutigen Gesundheitssystem, welches sowohl in Deutschland als auch in den USA zunehmend von wirtschaftlichen Faktoren bestimmt wird. Die Kommodifizierung geht in der Credit Union einher mit einem spezifischen Marketing im Sinne eines Unternehmen-Brandings. Das Vertrauen der Kundschaft zu gewinnen, ist in der Branche der künstlichen Ersatzorgane verständlicherweise unumgänglich, schließlich handelt es sich um Produkte, die das Überleben der Kundschaft sichern.

> Eine Marke kann als die Summe aller Vorstellungen verstanden werden, die ein Markenname (Brand Name) oder ein Markenzeichen (Brand Mark) bei einem Kunden hervorruft bzw. beim Kunden hervorrufen soll, um die Ware oder Dienstleistung eines Unternehmens von denjenigen anderen Unternehmen zu unterscheiden. [Es geht] um Vertrauen. Eine Marke ist ein Versprechen und man muss durch Leistung diesem Versprechen gerecht werden.[549]

Das Unternehmen Credit Union steht für eine Produktpalette der künstlichen Organe. Für diese Produkte werben sie mit Hilfe von lebensgroßen Maskottchen, die als eine Art Corporate Identity fungieren: Jedes Organ hat hierfür sein eigenes Maskottchen, jeweils versehen mit einer Alliteration: „Harry the Heart", „Larry the Lung" und „Patty Pancreas".[550] Die Insigne des Bio-Repo man – „a small circle of black shot through by five golden arrows inscribed upon the left side of [the] neck"[551] ist ein weiteres Erkennungszeichen, welches die Zugehörigkeit zum Unternehmen anzeigt.[552] Die Tätigkeit wird so nach außen hin sichtbar. Ein Markenzeichen, welches für die Kundschaft mit einer eher abschreckenden Wirkung verbunden sein dürfte. Denn wenn der Bio-Repo man zum Einsatz kommt, werden sie nicht mehr länger Nutznießer*innen des implantierten Produkts sein.

Überwachung und Machtmissbrauch

Abgesehen vom Unternehmens-Marketing verfolgt die Credit Union ein System der Überwachung, wie es ähnlich aus anderen dystopischen Settings, beispielsweise in George Orwells *Neunzehnhundertvierundachtzig* (1949), Juli Zehs *Corpus Delicti* (2009) oder Åsa Ericsdotters *Epidemie* (2015), bekannt ist. Es kann als Warnung gelesen werden, dass mit einer derartigen Überwachungspraxis ein Verfall der Privatsphäre und damit der freien Entfaltung der Persönlichkeit (Artikel 2 Absatz 1 Grundgesetz) einhergeht.[553]

---

[548] Vogel: „*What's New in You?*" (Anm. 168), S. 40.

[549] Anna Judenhofer, Marco Bräu, Mark Goerke: *Hiring, Personalmanagement, Talente und Kompetenzen.* In: Hubertus C. Tuczek (Hg.): *Neues unternehmerisches Denken.* Freiburg 2020, S. 187–212, hier S. 192.

[550] Garcia: *The Repossession Mambo* (Anm. 515), S. 62f.

[551] Ebd., S. 42f.

[552] Vogel: „*What's New in You?*" (Anm. 168), S. 41.

[553] Ebd.

> Nobody is interested in the secrets of those who do not have access to financial, ideological, and political power. *To deprive people of their secrets means to disempower them* [...]. The secret is about power both in the most inclusive and exclusive sense.[554]

Die Credit Union rüstet ihre Bio-Repo men mit einem Hightech-Gerät aus, das über eine Scanfunktion verfügt. Zielen sie damit auf ihre Kundschaft, sagt ihnen das Gerät, ob und wenn ja, wie lange die in Schuld stehende Person überfällig ist.[555] Dass man mit diesem Gerät auf Menschen zielt, wie beim Schießen und dass bei der Auskunft über die Credit Union-Kundschaft auch stets registrierte Schusswaffen mit abgefragt werden, ist ein Verweis auf die sehr liberale Schusswaffenpolitik in den USA. Amerikanische Staatsbürger*innen haben laut des zweiten Zusatzartikels zur Verfassung der Vereinigten Staaten (Second Amendment) das verfassungsmäßige Recht, Waffen zu besitzen und zu tragen: „A well regulated Militia, being necessary to the security of a free State, the right of the people to keep and bear Arms, shall not be infringed."[556] Außerdem gewährt ihnen der Scanner einen Einblick in Informationen über die implantierten Teile der Kundschaft, die Eigentum der Firma sind. Die oben erwähnten Geheimnisse lassen sich hier mit Kundendaten gleichsetzen. Die in Schuld stehenden Personen werden durch den Einsatz des Personenscanners gleichzeitig überwacht und entmachtet.

> We'd roll through the streets, me driving and Jake shotgun, his scanner out, pinging the pedestrians and scaring the fuck out of most of them. There is nothing like the sharp ping of a scanner to strike panic into the heart of a crowd, and it delighted Jake to no end. ‚Ooh, check out Fatty,' he said, pointing to an obese man waddling down the street in front of us. [...] Jake fingered the trigger on his scanner and the digital readout came back almost instantly: *Kenton PK-5 kidney unit, 172 days Past Due.* ‚Eight days left [...]. We should take him anyway.' [...] I steered the car up to the corpulent client and stuck my head out the window. [...] ‚How's that kidney holding up?' I asked, and made sure my Union tattoo was in full view. The guy got one look and blanched, his face draining of blood as he stumbled backward. ‚I—I sent the check in yesterday,' he stammered. ‚You better hope you did,' I said. ‚Eight days, and that kidney is ours.'[557]

Diese Passage steht sowohl für den unmenschlichen und angstinduzierenden Umgang mit der Kundschaft als auch für den Machtmissbrauch, der aus der Position des Bio-Repo man, der laut Remy „most feared profession on the planet"[558], heraus verübt wird. Besonders der Charakter des Jake Freivald zeigt eine außerordentliche Arroganz gegenüber Artiforgs-Besitzer*innen, die mit ihrer Zahlung im Rückstand sind.[559] Der künstliche Organersatz schwebt wie ein Damoklesschwert über der Kundschaft; zumindest so lange, bis sie es abbezahlt haben. Die Szene steht sinnbildlich für das egoistische, arrogante, menschenverachtende Handeln von Personen, die Macht besitzen und diese entgegen ihren

---

[554] Leonidas Donskis: *Secrets, Mysteries, and Art.* In: *Homo Oeconomicus* 26 (2009), S. 97–121, hier S. 98 (Hervorhebung im Original).

[555] Vogel: „*What's New in You?*" (Anm. 168), S. 41.

[556] Constitution of the United States. Second Amendment. Bearing and Keeping Arms. https://constitution.congress.gov/constitution/ (abgerufen am 13.11.2021).

[557] Garcia: *The Repossession Mambo* (Anm. 515), S. 22f.

[558] Ebd., S. 43.

[559] Vogel: „*What's New in You?*" (Anm. 168), S. 45.

humanistischen Fähigkeiten einsetzen. Auf diese schmerzliche Diskrepanz – dass die Menschheit in derselben Weise unmenschlich wird, wie sie an übermenschlichen Kräften gewinnt – hat bereits der deutsch-französische Arzt, Theologe und Pazifist Albert Schweitzer in seiner Nobelpreisrede *Das Problem des Friedens in der heutigen Welt* im Jahr 1954 verwiesen.[560] Die Machenschaften der Credit Union, exekutiert von deren Mitarbeiter*innen, verdeutlichen, dass die biotechnologische Fähigkeit, Normalität wieder herzustellen, eine stark belastete anthropologische Strategie sein kann; denn diese Fähigkeit beinhaltet, dass jemand die Macht hat, Leben zu geben, aber auch, es wieder zu nehmen. Das geht bei den Nutznießer*innen einher mit Autonomieverlust und Fremdbestimmung.[561]

Künstliche Organe als Prothesen – ein gefährlicher Ersatz

Wenn Maschinen organische Funktionen übernehmen, so wird laut Kulturwissenschaftlerin Anne Balsamo die Körperlichkeit durch den Einsatz neuer Technologien materiell umgestaltet.[562] Was sie damit charakteristisch umschreibt, lässt sich mit dem medizinischen Begriff der Prothese erklären. Etymologisch aus dem Griechischen bedeutet *prothesis* ein Hinzusetzen, Dazufügen und Ansetzen.[563] Diese sprachlichen Zuschreibungen geben Spielraum, eine einfache Ersatzfunktion durch Formen der Augmentation weiter zu denken. Beides sind mögliche Interpretationswege in Bezug auf *The Repossession Mambo*. Es handelt sich bei den Artiforgs sowohl um lebenserhaltende als auch um lebensoptimierende Prothesen.[564] Laut der Kulturanthropologin Sarah S. Jain gibt es für Prothesen zweierlei Bedeutungszuschreibungen: „a prosthesis can fill a gap, but it can also diminish the body and create the need for itself".[565] Garcias Szenario verdeutlicht, dass diese Technologie schädliche Auswirkungen haben kann. Er führt damit die eigene Verwundbarkeit trotz des Technologieeinsatzes vor Augen. Mit dem Wissen über ein System, das fast jede Erkrankung heilen oder überbrücken kann, wiegt sich die Credit Union-Kundschaft in Sicherheit. Sie setzen ihre Gesundheit aufs Spiel. Suchterkrankungen spielen diesbezüglich eine prominente Rolle in Garcias Beschreibung von Kund*innen, die sich mit ihren künstlichen Organen unverwundbar fühlen. Sie neigen demzufolge dazu, keine Eigenverantwortung in Bezug auf den Konsum von Drogen und Alkohol zu übernehmen, in dem Wissen und der Hoffnung, dass sich in der medizinisch-technischen Lösung in Form der künstlichen Ersatzorgane keine ursprünglichen Langzeitfolgen widerspiegeln werden. So ist das künstliche Organ, das den Körper zu reparieren scheint,

---

[560] Albert Schweitzer: *Das Problem des Friedens in der heutigen Welt. Rede bei der Entgegennahme des Nobel-Friedenspreises in Oslo am 4. November 1954.* München 1955.

[561] Susan Flynn: *New Poetics of the Film Body. Docility, Molecular Fundamentalism and Twenty First Century Destiny.* In: *American, British and Canadian Studies* 24 (2015), S. 5–23, hier S. 15.

[562] Anne Balsamo: *Forms of Technological Embodiment. Reading the Body in Contemporary Culture.* In: *Body and Society* 1 (1995), S. 215–237, hier S. 215.

[563] Matina Psyhogeos: *English Words Deriving from the Greek Language.* New York 2016.

[564] Vogel: „*What's New in You?*" (Anm. 168), S. 42.

[565] Sarah S. Jain: *The Prosthetic Imagination: Enabling and Disabling the Prosthesis Trope.* In: *Science, Technology, & Human Values* 24 (1999), S. 31–54, hier S. 44.

gleichermaßen auch die körperfremde Einheit, die Schaden anrichtet. Die Bedeutungszuschreibungen von Reparatur und Invalidität liegen selten so nah beieinander wie im Bereich der Prothetik.[566] Die Textpassage, auf die mit Fokus auf den Titel *The Repossession Mambo* bereits eingegangen wurde, verweist auf einen alkoholkranken Kunden, dessen künstliche Leber von Remy entnommen wird.

> Man weiß doch, daß man mit Hilfe des ‚Sorgenbrechers' sich jederzeit dem Druck der Realität entziehen und in einer eigenen Welt mit besseren Empfindungsbedingungen Zuflucht finden kann. Es ist bekannt, daß gerade diese Eigenschaft der Rauschmittel auch ihre Gefahr und Schädlichkeit bedingt.[567]

Es ist naheliegend, dass der Grund für seinen Zustand mit besagtem Druck der (fiktiven) Realität zu tun hat, da er seine Schulden nicht bezahlt und den Besuch des Bio-Repo man womöglich bereits erwartet hat.

Die Reparatur des Bio-Repo man

> They probably would have had a nice deal on a heart for me had I gotten myself into cardiac trouble *after* retiring, but since my ticker fizzled out while I was on the job, the post-retirement medical benefits of my profession hadn't fully kicked in. (…). I had no illusions. I knew the penalties for not paying. I knew them when I signed the forms, I knew them when I stopped sending my checks.[568]

Als Remy Probleme bekommt, die Schulden für sein künstliches Herz zu begleichen, lässt sich der Ersatz sowohl als lebensrettend, gleichzeitig auch als schädigend beschreiben. Er befindet sich gegenüber der Credit Union nicht mehr nur in der Rolle des Arbeitnehmers, er ist gleichzeitig einer ihrer Schuldner.[569] In diesem Fall lässt sich die Herz-Prothese als Produktionsapparat lesen, welcher den verunglückten Arbeiter zurück ins Leben holt, um zukünftig für diese Wiederherstellung in Lohn und Brot zu stehen. Fern scheinen solidarische Unterstützungsangebote der gesetzlichen Unfallversicherung oder der Berufsgenossenschaft, was ein Verweis auf das schlecht ausgebaute amerikanische Sozialversicherungssystem sein kann. Durch den Arbeitsunfall wird Remy ironischerweise selbst zum Objekt der Repossession-Maschinerie. In einem intertextuellen Verständnis erinnert die fiktive Geschichte von Remy an eine Restitutions-Erzählung, die sich im Verständnis von Medizinsoziologe Arthur W. Frank folgendermaßen charakterisieren lässt.[570]

> The restitution is brought about by an agency outside the body: medicine operating through either surgery [Verpflanzen der Herz-Prothese] or drugs. The body's own contingency is remedied, but only by dependence on an agency [Credit Union] that is other to the body. […] This story is a practice that supports and is supported by the modernist deconstruction

---

[566] Vogel: „*What's New in You?*" (Anm. 168), S. 43; Oliver Decker: *Der Prothesengott. Subjektivität und Transplantationsmedizin.* Gießen 2004, S. 12f.

[567] Sigmund Freud: *Das Unbehagen in der Kultur.* Grafrath 2017, S. 22.

[568] Garcia: *The Repossession Mambo* (Anm. 515), S. 102, 189f. (Hervorhebung im Original).

[569] Vogel: „*What's New in You?*" (Anm. 168), S. 44.

[570] Ebd.

of mortality: mortality is made a condition of the body, the body is broken down into discrete parts, any part can be fixed, and this mortality is forestalled. […] Restitution is not only possible, it is *commodified*. Commodification is a crucial aspect of the deconstruction of mortality: as long as I can buy this to fix that, I sustain an illusion of permanence. So long as there is more to buy, whatever needs fixing will be fixed, and will continue to be.[571]

Anhand der Ausführungen von Soziologe Martin Engelbrecht zu den Motiven der Transformation in Science-Fiction zeigt sich die innere allmähliche Entwicklung des Protagonisten Remy, der erst in der Rolle des Bio-Repo man und später nach dem Arbeitsunfall in der Rolle des Schuldners, einen ungeheuren Wandel in Form einer Transformation durchläuft. Die Transformation menschlichen Lebens durch Wissenschaft und Technik – besonders die des menschlichen Leibes in eine Maschine – ist ein fester Bestandteil des Erzählrepertoires der Science- Fiction.[572] Die Transformation seines Leibes durch den Einsatz eines künstlichen Herzens (Maschine) nimmt „einen zentralen Teil des Fortlaufs der Geschichte" ein.[573] Sein Leben und sein Wesen werden „bis an die Wurzeln ihres Daseins verändert".[574] Indem er am eigenem Leib erfährt, dass der Credit Union nicht die letzte Wahrheit innewohnt, kann er den Plausibilitätsrahmen seiner einstigen Alltagswelt überschreiten.[575] Seine Transformation ist die in eine neue Wirklichkeit hinein. Sie betrifft seine gesamte Realität, nicht nur die des maschinellen Herzens, aber gewiss dadurch bedingt.[576] Die Selbstfindung des Protagonisten vom unmenschlich-agierenden Bio-Repo man hin zum einsichtsvollen Betroffenen zeigt des Weiteren wesentliche Züge zum Genre des Bildungsromans. Remy muss den jahrelangen Einfluss seines skrupellosen Arbeitgebers überwinden, um sein wahres Wesen zu finden.[577] Dieser Weg bleibt nicht ohne Konflikte. Er muss sich in einer Welt zurechtfinden, die seinen ursprünglichen Erwartungen in Bezug auf die Verwirklichung der individuellen Natur nicht entspricht. Im Fortgang seiner Entwicklung lassen sich durch Erfahrungswerte diese alten Handlungsmuster korrigieren.[578] Die Reparatur von Remy ist als Metamorphose zu verstehen, die passend von Kulturtheoretiker Siegfried Kracauer (1889–1966) folgendermaßen beschrieben wird: „Eine jede Metamorphose zieht einen Wandel in der Perspektive nach sich: Dinge, die kraft Tradition geheiligt waren, büßen ihre Geltung ein, während bislang übersehene Dinge plötzlich in den Vordergrund rücken."[579]

---

[571] Arthur W. Frank: *The Wounded Storyteller. Body, Illness & Ethics.* 2nd Edition. Chicago 2013, S. 85f. (Hervorhebung im Original).

[572] Martin Engelbrecht: *Transformationsmotive in Science Fiction und Fantasy.* In: Reinhard Feldmeier (Hg.): *Wiedergeburt.* Göttingen 2005, S. 165–208, hier S. 179.

[573] Ebd., S. 165.

[574] Ebd., S. 166.

[575] Ebd., S. 174, 201.

[576] Ebd., S. 198.

[577] Jürgen Jacobs, Markus Krause: *Der deutsche Bildungsroman. Gattungsgeschichten vom 18. bis zum 20. Jahrhundert.* München 1989, S. 20.

[578] Ebd., S. 20, 37.

[579] Siegfried Kracauer: *Von Caligari zu Hitler. Eine psychologische Geschichte des deutschen Films.* Frankfurt am Main 1984, S. 60.

2.4.3.1.3 Fazit

Die künstlichen Organe in Garcias Geschichte stehen unweigerlich für eine zukunftsweisende technologisch-ausgerichtete Biomedizin, die mit verschiedenen Visionen bereits in eine vielversprechende Zukunft blickt (Entwicklungen in Bezug auf 3D-Drucker und Tissue Engineering). Als mögliche Innovationspotenziale stechen insbesondere hervor, dass weniger anfällige, körperfremde Maschinen das Leben verlängern und körperliche Mängel kompensieren könnten. Die Lebensqualität würde sich nach einer Transplantation aufgrund der nicht stattfindenden Abstoßungsreaktion und dem Wegfall der Immunsuppression steigern lassen. Wenn der Staat eine ausreichende Anzahl dieser künstlichen Transplantate für einen zahlbaren Preis, bestenfalls als Versicherungsleistung, allen Mitgliedern einer Gesellschaft, die es aus gesundheitlichen, nicht aus leistungssteigernden Gründen benötigen, auch zur Verfügung stellt, wäre der Tod auf der Warteliste Geschichte. Doch das ist nicht das Lösungsszenario, welches Garcia in seinem Werk verhandelt. Das innovative Potenzial der künstlich-hergestellten Organe scheitert in *The Repossession Mambo* an seiner (gesellschaftlichen) Umsetzung. Im Rahmen der Übersetzung dieser Technologieentwicklung wurde versäumt, ein Finanzierungskonzept sowohl auf Unternehmens- als auch auf politischer Ebene mitzudenken. Denn bei Garcia bekommen die kostbaren Produkte nur diejenigen, die über ausreichende finanzielle Mittel verfügen beziehungsweise die, die den Mut aufbringen, einen Kredit dafür aufzunehmen, der bei fehlender Deckung den Tod zur Folge hat. Das Verlangen nach der Ressource Organ vergrößert die Kluft, die zwischen der Gesellschaft bereits vorherrscht. Damit einher geht auch eine Entfremdung innerhalb der Gemeinschaft.[580] Kapitalistische Aspekte und Machtmissbrauch spielen in seinem Szenario eine große Rolle und verweisen auf Anklänge der Kommodifizierung in einem Bereich, wo sie nicht hingehört. Der Mensch und seine Bestandteile, auch die künstlichen, dürfen nicht zum Objekt der Wirtschaft werden. Am Ende können diese fiktiven massenproduzierten künstlichen Organe keinen Frieden bringen. Sie wurden aufgrund wirtschaftlicher Interessen für einen Markt hergestellt, der sich nach Individualität, Enhancement und Unbekümmertheit sehnt. Was die Kund*innen erhalten, ist das ganze Gegenteil davon. Massenproduktion geht immer mit der Wiederholung eines Musters einher.[581] Neben der sozialen Ungerechtigkeit wird hier ein weiterer limitierender Aspekt von Enhancement aufgezeigt. „Zu einer Individualität im vollen Sinn gehört auch der Aspekt der Personalität."[582] Nicht zuletzt verweist Garcias Szenario auf die Tendenz, den wesentlichen Blick auf den individuellen Menschen in seiner Gesamtheit zu verlieren. Im Gesundheitswesen kann ein solcher Blindflug verheerende Auswirkungen haben. Laut der Anthropologin Jane Macnaughton sollte der Bezug zu den Patient*innen sich immer auf die ganze Einheit „mit Gefühlen, Lebenserfahrungen, familiären und beruflichen Kontexten, die für das individuelle Dasein wesentlich sind",

---

[580] Jain: *The Prosthetic Imagination* (Anm. 565), S. 52.
[581] Ebd., S. 42.; Vogel: *„What's New in You?"* (Anm. 168), S. 48.
[582] Steger: *Für mehr Literatur* (Anm. 50), S. 216.

beziehen.[583] Steger verweist gleichermaßen auf die Notwendigkeit, die wissenschaftlich-orientierte, quantifizierende Medizin mit einer anthropologischen Dimension der Medizin in Einklang zu bringen, um „den Menschen in seiner Persönlichkeit zu erfassen".[584]

Beim zweiten Werk, das unter dem Kapitel der biotechnologischen Überbrückung untersucht wird, handelt es sich um den Roman *Null K* von Don DeLillo. Bei ihm steht die Kryokonservierung als Überbrückung unheilbarer Krankheiten im Zentrum und wird als Verhandlungsszenario zum Organmangel gelesen.

2.4.3.2 Kryokonservierung: Don DeLillo *Null K*

> Und jetzt, an diesem kaum glaublichen Ort, dieser Fata Morgana in der Wüste, auf einmal Artis, kurz davor, als Eisleiche in einer massiven Grabkammer konserviert zu werden. Unterwegs in eine Zukunft, die sich der Vorstellungskraft entzog.[585]

Der US-amerikanische Schriftsteller Donald Richard (Don) DeLillo widmet sich in seinem Roman *Null K* (*Zero K* 2016) dem transhumanistischen Thema der Wiedergeburt mittels Kryonik sowie deren Anhänger*innen – den Kryoniker*innen. Dabei imponieren Aspekte der Entgrenzung des Lebens sowie des Enhancement. DeLillo entwirft mit der Idee einer verborgenen Kryokonservierungs-Anlage, die den höchsten technischen Ansprüchen zu entsprechen scheint, einen Ort der Transzendenz. Scheinbar mitten im Nirgendwo lässt sich dieser Ort in Zentralasien im Süden von Kasachstan ausmachen. „Die nächste Stadt, die man als solche bezeichnen kann, liegt *jenseits der Grenze*, Bischkek, die Hauptstadt von Kirgistan."[586] Mit der doppeldeutigen Ortsbeschreibung jenseits der Grenze verweist er bereits darauf, dass es sich hier um einen transzendenten Ort handelt. Eine Vorstellung, eine Projektidee, die für manche Rezipierende als abstruse Utopie erscheint, aber als durchaus real einzuschätzen ist, denkt man beispielsweise an die im Jahr 1972 gegründete Organisation Alcor Life Extension Foundation[587] im US-amerikanischen Bundesstaat Arizona oder das Cryonics Institute[588] in Detroit im Bundesstaat Michigan. Diese ermöglichen es ihren Mitgliedern, sich nach festgestelltem Hirntod beziehungsweise klinischen Tod Einfrieren zu lassen. Alcor heißt seine Homepage-Besucher*innen mit folgender identitätsstiftender weißer Überschrift auf schwarzen Hintergrund willkommen: „Extend your life with cryonics. A fulfilling life doesn't have to end. When today's medicine gives up, cryonics takes over."[589] Auch Deutschland hat mit der Deutschen Gesellschaft für Angewandte Biostase (DGAB e. V.) Ansprechpartner*innen, wenn es um Fragen der Kryonik geht. Ganzkörper-Kryokonservierungen unmittelbar nach Versterben sind in Deutschland indes keine Option, da es dem Bestattungsgesetz

---

[583] Jane Macnaughton: *Medical Humanities' Challenge to Medicine*. In*: Journal of Evaluation in Clinical Practice* 17 (2011), S. 927–932, hier S. 929 (eigene Übersetzung).

[584] Steger: *Für mehr Literatur* (Anm. 50), S. 232.

[585] Don DeLillo: *Null K*. Übersetzt von Frank Heibert. Köln 2016, S. 18f.

[586] Ebd., S. 32 (eigene Hervorhebung).

[587] Alcor Life Extension Foundation. https://www.alcor.org/ (abgerufen am 13.11.2021).

[588] Cryonics Institute. Technology for Life. https://www.cryonics.org/ (abgerufen am 13.11.2021).

[589] Alcor Life Extension Foundation (Anm. 587).

insbesondere mit Blick auf die Leichenschau widerspricht (Paragraf 22 BestattG, Vornahme der Leichenschau). So sieht sich die DGAB als Wissensvermittler*in und unterstützender Personenkreis in Bezug auf die Forschung der Kryonik-Bewegung.[590]

2.4.3.2.1 Plot und Handlungsstrang

Im Zentrum des 280-seitigen Romans steht das Dreiergespann um den Protagonisten und Ich-Erzähler Jeff(rey) Lockhart, Sohn des Milliardärs Ross Lockhart sowie dessen Frau – der schwer an Multiple Sklerose erkrankten, todgeweihten Anthropologin Artis Martineau. Alle drei befinden sich im ersten Teil des Buches in besagter Anlage, denn begleitet von ihrem Mann steht Artis kurz davor, sich kryokonservieren zu lassen. Jeff nimmt den weiten Weg von der Ostküste der USA in die Mujunkum-Wüste auf sich, um sich von seiner Stiefmutter zu verabschieden. So erhält er einen Einblick in diese mysteriöse Anlage und in die Bewegung an sich. Im Verlauf der Geschichte entscheidet sich Ross dafür, den (vorerst) letzten Weg seiner Frau zu begleiten und sich auch einfrieren zu lassen, entschließt sich diesbezüglich jedoch kurz nach Artis' Kryokonservierung doch dagegen. Im zweiten Teil des Buches, der zwei Jahre nach diesen Geschehnissen spielt, setzt Ross das Vorhaben nun doch um. Jeff versteht, „dass [Ross'] Geist sich zurückwühlt zu dem toten Land, wo die eingelagerten Körper warten".[591] So begleitet sein Sohn ihn erneut in die „Katakombe Wüstenheilige[r]" wo „Organe eingelagert, Körper neben anderen in einer Hülsenkolonie aufgestellt" zu beobachten sind.[592]

Das Werk gliedert sich in zwei circa gleichlange Teile, die sich aus je zehn Kapiteln zusammensetzen. Zwischen den beiden Teilen befindet sich auf den Seiten 161 bis 167 ein Einschub, der im Rahmen eines inneren Monologs einen Einblick in die Gedankenwelt der Figur von Artis gewährt, die über die eigenen Grenzen des Ichs resümiert. Im Text wird dies von Jeff als künstliches Selbstgefühl umschrieben und folgendermaßen interpretiert: „War das die Figur, das halb Erfundene, das bald schon verwandelt würde oder reduziert oder intensiviert, zu dem reinen, im Eis schwebenden Selbst?"[593]

2.4.3.2.2 Motive

Märchenhaft: Transmortalität durch Kryonik

> Das Konzept der Transmortalität [weist] darauf hin, dass die vermeintliche Grenze von Menschen, ihren Körpern und einzelnen Körperteilen auf unterschiedliche Weisen über-

---

[590] Deutsche Gesellschaft für Angewandte Biostase e. V. https://biostase.de/ (abgerufen am 13.11.2021).

[591] DeLillo: *Null K* (Anm. 585), S. 174.

[592] Ebd., S. 137, 148.

[593] Ebd., S. 70.

sprungen, überschritten und überwunden wird. Zudem enthält es den Gedanken des Wirkens der einzelnen Menschen nach dem Tode, das ihnen auch diesseits der religiösen Transzendenz des ewigen Lebens oder der Reinkarnation möglich scheint.[594]

In Bezug auf die Kryonik (griech. *kryos* für kalt) kann von einer „spezielle[n] Form der Transmortalität" gesprochen werden.[595] Die Kryostase (griech. *stasis* für Stauung), der sogenannte Kälteschlaf, dient laut Medizinethiker Dominik Groß „dem Ziel, verstorbene Menschen bzw. deren tote Körper mittels Kältekonservierung für die Zukunft zu erhalten, um sie zu einem geeigneten Zeitpunkt wiederzuerwecken und so in das Leben zurückzuführen [...] wenn auch in unbestimmter Zukunft".[596] Schnell wird man in diesem Zusammenhang an die in Märchen anzutreffenden Motive der schlafenden Schönheit(en) sowie deren Wiedererweckung erinnert (*Schneewittchen*, *Dornröschen*). *Schneewittchen* befindet sich während ihres Schlafes in einem gläsernen Sarg. Bei der Kryokonservierung kommt ein Kryostat, eine Kältemaschine in Form einer Kapsel, eines Containers oder eines Tanks, zum Einsatz. Das Endprodukt, welches aus dem Transformationsprozess der Vitrifizierung hervorgeht, wird mit einem „glasähnlichen amorphen Aggregatzustand ohne jegliche kristalline Struktur[]" beschrieben. Beim Prozess der Abkühlung kommt die Vitrifizierungstechnologie zum Einsatz. Aus der Reproduktionsmedizin ist sie nicht mehr wegzudenken. Als „effektive Alternative zum langsamen Einfrieren" ermöglicht diese Kryokonservierungstechnik, dass „die Eiskristallbildung während des Einfrierens durch Bildung einer amorphen Glasphase gänzlich verhindert [wird]".[597] Gleichzeitig gelingt es, „jegliche Abläufe auf molekularer Ebene zu arretieren".[598] Der Ausdruck gläserner Sarg kann demzufolge als Metapher für die Kryokonservierung gelesen werden und vice versa. Auch DeLillo greift dies auf.

> Von *gläserner* Materie umschlossen, Zelle für Zelle neu gestaltet, *abwartend*, bis es so weit ist. [...] Da standen Einzelpersonen in *Klarsichtgehäusen*, in Körperhülsen [.] [Die Zukunft] der Stiefmutter im *Kälteschlaf*, ein *Stillleben*."[599]

Diese und andere Mythen und Legenden (beispielsweise die des Jungbrunnens) spielen eine wichtige Rolle bei der Vorbereitung der Öffentlichkeit auf eine solche Entwicklung. Die Idee der Biostase, die auch die DGAB e. V. in ihrem Namen trägt, verweist nicht nur

---

[594] Antje Kahl, Hubert Knoblauch: *Organspende, Tod und tote Körper in der heutigen Gesellschaft*. In: Antje Kahl, Hubert Knoblauch, Tina Weber (Hg.): *Transmortalität. Organspende, Tod und tote Körper in der heutigen Gesellschaft*. Weinheim, Basel 2017, S. 8–34, hier S. 9.

[595] Brigitte Tag, Dominik Groß, Julian Mausbach: *Vorwort*. In: Brigitte Tag, Dominik Groß, Julian Mausbach (Hg.): *Transplantation – Transmortalität. Rechtliche und ethische Kontroversen*. Zürich, St. Gallen 2016, S. 3–5, hier S. 3.

[596] Dominik Groß: *Weitere Formen der Transmortalität: Kryonik – Ausweg oder Irrweg*. In: Tag, Groß, Mausbach (Hg.): *Transmortalität* (Anm. 595), S. 107–117, hier S. 107f.

[597] Jürgen Liebermann, Frank Nawroth: *Kryokonservierung*. In: Klaus Diedrich, Michael Ludwig, Georg Griesinger (Hg.): *Reproduktionsmedizin*. Berlin, Heidelberg 2013, S. 233–246, hier S. 237.

[598] Ebd.

[599] DeLillo: *Null K* (Anm. 585), S. 78, 143, 276 (eigene Hervorhebung).

auf die Widerstandsfähigkeit eines Organismus, wenn der Stoffwechsel komplett angehalten und der Körper bei tiefen Temperaturen konserviert und gelagert wird, sie steht auch im engen Zusammenhang mit der suspended animation – im Deutschen übersetzt als Scheintod.[600] Letzterer löst noch heute bei einigen Gänsehaut aus, hat sich jedoch vorrangig als Phänomen und Volksaberglauben im 18. und 19. Jahrhundert niedergeschlagen.[601]

Bei der Kryokonservierung wird dem Tod mit bis zu minus 196 Grad Celsius heruntergekühlten, flüssigen Stickstoff ein Schnippchen geschlagen. DeLillos Titel *Zero K* beziehungsweise *Null K* gibt also bereits einen Hinweis auf das Verfahren der Kryokonservierung. Korrekterweise sei darauf verwiesen, dass der absolute Nullpunkt – also 0 Kelvin jedoch bei minus 273,15 Grad Celsius liegt. Diese Diskrepanz wird auch im Werk aufgegriffen: „Ein Physiker namens Kelvin wurde erwähnt, für ihn stand das K in dem Begriff. Der interessante Teil ihrer Ausführungen besagte, dass die Temperatur während der Kryostase gar nicht auf den absoluten Nullpunkt sinkt. Der Begriff war also pure Dramatik [.]"[602] Null K steht im Werk für die Anlage in der Wüste, die über zahlreiche nummerierte Ebenen tief, wie ein Spalt in das Erdreich hineinzureichen scheint.[603] Die Prozesse der Kryokonservierung werden der Leserschaft am Beispiel von Artis nähergebracht. Eine offensichtliche Wissensvermittlung, die die szientifische Funktion von Literatur unterstreicht. Die Null K-Anlage hat einen Bereich, der sich Schub nennt. Hier findet die Kryokonservierung statt. Artis durchläuft verschiedene Stadien im „Prozess der Körperabkühlung [...] Vitrifizierung, Kryokonservierung, Nanotechnologie".[604] Jeff setzt sich als Beobachter dieser Szene auch mit der Frage nach der Definition von Tod auseinander und greift so etwas überspitzt aktuelle Debatten auf, die den Tod – wie er es beschreibt – aus verschiedenen beruflichen Perspektiven heraus differenzierter betrachten.

> Ich wusste nicht, ob ich die physische Form, an der sie arbeiteten, als ‚Körper' oder ‚Leiche' ansehen sollte, vielleicht lebte sie ja noch. Vielleicht war dies der Moment, die Sekunde ihres chemisch unterstützten Dahinscheidens. [...] Wann wird ein Mensch zur Leiche? [...] Mir fiel auf, dass es mehr als eine offizielle Definition gab und keine, der jeder zustimmen würde. Da wurde je nach Anlass angepasst. Ärzte, Anwälte, Theologen, Philosophen, Ethikprofessoren, Richter und Geschworene.[605]

Im Szenario von DeLillo verbringen die meist schwerkranken Kryonik-Anhänger*innen ihre letzten Tage im sogenannten Schutzhaus, was als hospizliche Einrichtung zu verstehen ist. So auch Artis. Stellt der Aufenthalt im Hospiz für gewöhnlich die letzte Station oder den letzten Weg im Leben dar, so wird es in der Spezialeinheit Null K als Warteraum beschrieben. Man ist also in Erwartung, dass nach dem Sterben noch etwas folgen wird.[606]

---

[600] Gerald J. Gruman: *A History of Ideas about the Prolongation of Life.* New York 2003, S. 41f.

[601] Gerlind Rüve: *Scheintod. Zur kulturellen Bedeutung der Schwelle zwischen Leben und Tod um 1800.* Bielefeld 2008.

[602] DeLillo: *Null K* (Anm. 585), S. 146.

[603] Ebd., S. 231, 255f.

[604] Ebd., S. 144.

[605] Ebd., S. 142f.

[606] Ebd., S. 98.

Insbesondere bei religiösen und spirituellen Menschen ist dies eine Strategie, diesen letzten Weg als Warteprozess wahrzunehmen, der mit dem Versterben nicht endet, sondern in eine andere Daseinsform übergeht (Wiedergeburt).

Vorboten – „Die es tun, bevor sie es tun müssen"[607]

> Ross war sicher nicht der Einzige hier, der bereit war, in die Kammer zu gehen, lange bevor der Körper versagte. Waren diese Leute gestört oder die Speerspitze eines neuen Bewusstseins?[608]

> Sie aber werden den Null-K-Stempel erhalten. Sie sind die Vorboten, die beschlossen haben, die Pforte frühzeitig zu durchschreiten.[609]

Bei DeLillo werden indes auch Personen erwähnt, bei denen keine Erkrankung zu Grunde liegt. Sie haben sich der transhumanistischen Idee verschrieben und erklären sich bereit, noch bevor ihre Zeit abgelaufen ist, die Kryokonservierung durchzuführen. Im Text werden diese Menschen als Vorboten beschrieben, die beschlossen haben, „den Rest ihres laufenden Lebens hinzugeben, um eine radikale Ebene der Selbsterneuerung kennenzulernen".[610] In diesem Zusammenhang wird die Thematik der Beihilfe zum Suizid angesprochen. Jeff versucht seinem Vater, der Artis begleiten möchte, ohne selbst erkrankt zu sein, dieses Vorgehen auszureden, weil er darin ein schlimmes Verbrechen vermutet, was eng mit monetären Aspekten verknüpft ist und eher an den Tatbestand des Mordes erinnert.

> Die hier das Sagen haben. Die werden sich nach deinen Wünschen richten. [...] Das tun die für dich. Weil du es bist. Schlichte Injektion, schlimmes Verbrechen. [...] Und dafür – was? Du hast Testamente formuliert, Legate und Stiftungen verfügt, also Ressourcen und Anteile, die weit über das hinausgehen, was du ihnen bereits gegeben hast. [...] Ist das regelrecht Mord? Ist es eine fürchterlich verfrühte Form der Beihilfe zum Selbstmord? Oder eher ein metaphysisches Verbrechen, das eher von Philosophen analysiert werden sollte?[611]

Die Sterbehilfe ist sowohl in Deutschland als auch in den USA ein hochumstrittenes Thema. Die aktive Sterbehilfe, der Nationale (heute Deutsche) Ethikrat hat 2006 als alternative Terminologie die Tötung auf Verlangen eingeführt,[612] ist in beiden Ländern verboten. Besonders in den USA zeigt sich ein Flickenteppich in Bezug auf die Rechtsprechung, was sich auf die in weiten Teilen des Landes sehr christliche Ausprägung zurück-

---

[607] DeLillo: *Null K* (Anm. 585), S. 145.
[608] Ebd., S. 123.
[609] Ebd., S. 242.
[610] Ebd., S. 242, 127.
[611] Ebd., S. 118.
[612] Nationaler Ethikrat: *Selbstbestimmung und Fürsorge am Lebensende.* Stellungnahme. Berlin 2006, S. 53, 55.

134

führen lässt. In Oregon (1997) und Washington (2008) regelt jeweils der Death with Dignity Act die Voraussetzungen für den ärztlich-assistierten Suizid.[613] Seitdem sind weitere sieben Bundesstaaten hinzugekommen.[614] Der American Medical Association Code of Medical Ethics[615] artikuliert ähnlich der (Muster-) Berufsordnung für die in Deutschland tätigen Ärztinnen und Ärzte[616] ethische Werte und Grundprinzipien, zu denen sich Angehörige der Ärzteschaft verpflichten. In Bezug auf die Sterbehilfe finden sich folgende Ausführungen in den Codizes (Tab. 5).

AMA Code of Medical Ethics	MBO-Ä
Chapter 5: Ethics of Caring for Patients at the End of Life „Find out how advance care planning can give patients peace of mind knowing that their physicians understand their wishes for care at the end of life." - Es wird ausschließlich auf die Vorausplanung in der letzten Lebensphase (Advance Care Planning, kurz: ACP) verwiesen.	Paragraf 16 Beistand für Sterbende „Ärztinnen und Ärzte haben Sterbenden unter Wahrung ihrer Würde und unter Achtung ihres Willens beizustehen. Es ist ihnen verboten, Patientinnen und Patienten auf deren Verlangen zu töten. Sie dürfen keine Hilfe zur Selbsttötung leisten." - Neben dem Verweis auf den Willen der Patient*innen und die Wahrung ihrer Würde findet sich hier eine klare Absage in Bezug auf die Tötung auf Verlangen (§ 216 StGB).

Tab. 5 Vergleich der Ärzteschaft-Kodizes bezüglich des Themas Sterbehilfe (eigene Zusammenstellung)

Das Vorgehen in Bezug auf die in DeLillos Szenario beschriebenen Vorboten lässt sich mit dem Tatbestand der Tötung auf Verlangen nach Paragraf 216 Strafgesetzbuch gleichsetzen, denn „[d]er Tod tritt hier weder im Gefolge einer Krankheit noch als gebilligter Nebeneffekt einer anders nicht zu bewerkstelligenden Symptomlinderung ein[,] [er passiert] kausal krankheits- und therapieunabhängig durch die Hand eines anderen". [617] Es ist der Wunsch beziehungsweise das Verlangen der Vorboten, sich im gesunden Zustand einer Kryokonservierung zu unterziehen, die damit einhergeht, dass ihr Körper und Metabolismus in einen „state of suspended animation"[618] übergeht. Aus Sicht der heutigen Rechtslage sind die Bedenken von Jeff in diesem Fall nicht unbegründet.

---

[613] Nora Schmitt-Sausen: *Gesundheitswesen in den USA: Debatte um das Recht auf würdevolles Sterben*. In: Dtsch Arztebl 21 (2013), S. A1033–A1034.
[614] Death with Dignity: Death with Dignity Acts. https://www.deathwithdignity.org/learn/death-with-dignity-acts/ (abgerufen am 13.11.2021).
[615] American Medical Association (Anm. 103).
[616] Deutsches Ärzteblatt (1.2.2019). https://www.bundesaerztekammer.de/fileadmin/user_upload/downloads/pdf-Ordner/MBO/MBO-AE.pdf (abgerufen am 13.11.2021).
[617] Bettina Schöne-Seifert: *Beim Sterben helfen – dürfen wir das?* Berlin 2020, S. 15.
[618] Liebermann, Nawroth: *Kryokonservierung* (Anm. 597).

Die Figur Ross Lockhart – Investor und überzeugter Kryoniker

> Anhänger der Kryonik gehen davon aus, dass die Medizin bzw. die Biowissenschaften zu einem nicht bekannten zukünftigen Zeitpunkt in der Lage sein werden, Krankheiten, die zum Tod eines Menschen geführt haben, zu heilen und den Körper, Geist und Intellekt des Verstorbenen wiederzubeleben. Da diese ‚Wiedererweckung‘ an die Materialität des Körpers geknüpft ist, verfolgen Kryoniker das Ziel, ihren Körper unmittelbar nach der Feststellung des Todes kältekonservieren zu lassen. [Sie] teilen somit eine positive Erwartungshaltung in Bezug auf die künftigen Leistungen von Biomedizin und Medizintechnik. Dementsprechend deuten sie den Status der kryonisierten Leiche nicht als Zustand des Todes, sondern als ‚passageren Tiefschlaf‘, aus dem ein späteres Weiterleben bei unveränderter personaler Identität möglich ist. Der Tod imponiert hier also als reversibles Ereignis.[619]

Was von Groß hier beschrieben wird, kann als eine Art Untergruppierung der transhumanistischen Ideologie gelesen werden. Laut Geschichtswissenschaftlerin und Philologin Joanna Miksa lässt sich der Begriff des Transhumanismus „als technologischer Fortschritt, durch den es Menschen bereits möglich gemacht wird, die biologischen Grenzen ihrer Natur zu überschreiten," definiert werden.[620] Die Figur des Ross Lockhart symbolisiert einen Kryoniker, der sich als Milliardär und Investor der Unsterblichkeits-Idee verschrieben hat. Er spricht davon, eine Version seines Lebens zu beenden, „um in eine andere, weitaus dauerhaftere einzutreten".[621] An mehreren Stellen wird der Zusammenhang von Geld und Macht in dieser Ideologie thematisiert.

> Das ewige Leben gehört den atemberaubend Reichen.[622]

> Wollte er auf Erlösung mitbieten, auf irgendeine spirituelle Befreiung nach all den Käufen, all dem Reichtum, den er für andere verwaltet und für sich angesammelt hatte, der Master-Marktstratege, der Besitzer von Kunstschätzen und Inselvillen und Super-Midsize-Jets?[623]

> Leben Sie den Milliardärsmythos von der Unsterblichkeit. [...] Gib den Futuristen ihr Blutgeld, und sie machen dir das ewige Leben möglich. Die Hülse würde sein endgültiger Schrein des Anspruchs werden.[624]

Auch Miksa verbindet mit der Bewegung Visionär*innen aus dem privaten Sektor, die viel Geld besitzen und demzufolge auch von outside Academia fungieren können. Damit einher geht allerdings auch, dass diese Forschung dann nicht den wissenschaftlichen Regularien und Kontrollinstanzen unterliegen muss. Beispielsweise muss keine Stellungnahme der Ethikkommission eingeholt werden, wie es notwendige Routine im Falle der

---

[619] Groß: *Weitere Formen der Transmortalität* (Anm. 596), S. 108f.

[620] Joanna Miksa: *Transhumanism as a Challenge to the Medical Doctor-Patient Relation.* In: Kaniowski, Steger (Hg.): *Human Enhancement* (Anm. 53), S. 47–69, hier S. 50 (eigene Übersetzung).

[621] DeLillo: *Null K* (Anm. 585), S. 115.

[622] Ebd., S. 79.

[623] Ebd., S. 114.

[624] Ebd., S. 121.

stattfindenden Forschung an Universitäten oder im Rahmen staatlich gegründeter Institutionen ist.[625] Bei Alcor oder dem Cryonics Institute handelt es sich um Nonprofit-Organisationen (NPO). Sie verfolgen keine erwerbswirtschaftlichen Ziele. Es sind Organisationen mit mitgliedschaftlicher Struktur, die „zur Erfüllung bestimmter Zwecke bzw. spezifischer Aufgaben geschaffen" werden.[626] Sie zeichnen sich daher durch eine beliebige Vielfalt aus. Für die Zwecke der Kryokonservierung ist die Form der Interessenvertretung (Durchsetzung der Trägerinteressen oder -Ideologien) wohl am zutreffendsten. Arbeitskräfte, Finanz- und Betriebsmittel braucht es indes auch bei NPOs. Im Sinne der Wirtschaftlichkeit und einer bestmöglichen Zweckerfüllung werden Beschaffung, Einsatz und Gebrauch auf rationelle Art und Weise organisiert.[627]

Unsterblichkeit – hinterfragte Grenzenlosigkeit

> Nach unserem Verständnis wird das Konzept der Lebensverlängerung Methoden hervorbringen, mit denen sich das Einfrieren menschlicher Körper verbessern lässt. Mit denen sich der Alterungsprozess neu steuern, die Biochemie fortschreitender Krankheiten rückgängig machen lässt. […] Nanotechnologien [werden] bei ihnen das Alter nach unten steuern[.] Und wenn ihr Nachleben auf Erden beginnt, ist Artis dann fünfundzwanzig [und] Ross dreißig[.][628]

Den Formungsprozess des Alterns anzunehmen, erhöht die Chance auf ein bedeutungsvolles, beständiges und würdevolles Leben. Diese Formung spielt sich auf verschiedenen Ebenen ab: physisch, psychisch, sozial, kulturell, kommunikativ und selbstreflexiv.[629] Bereits Johann Wolfgang von Goethe (1749–1832) lehrte seinen Rezipierenden in der Tragödie *Faust* (1808), dass eine Intervention in die üblichen Abläufe eines Lebens – hier der für Faust vorgesehene Verjüngungstrunk aus der Hexenküche – weitreichende Folgen haben kann. Für den nun jungen, attraktiven Faust bedeutet dies den Anfang vom Ende und die Grundsteinlegung der sich nähernden Gretchentragödie. Als hätte es solche abschreckenden Beispiele niemals gegeben, wird die Rhetorik des Alterns gegenwärtig vor dem Hintergrund des Empowerment-Begriffs gelesen.[630] Wer möchte schon gerne auf Hilfe angewiesen und in seinen Handlungen eingeschränkt sein? Dem Gefühl, sich nutzlos und abhängig in einer Welt zu fühlen, die sich kontinuierlich ändert, erneuert und verbessert, kann laut dem Philosophen Thomas Rentsch nur mit einem „awareness of the

---

[625] Miksa: *Transhumanism* (Anm. 620), S. 53.

[626] Thorsten Hadeler, Eggert Winter, Ute Arentzen: *Nonprofit-Organisation*. In: *Gabler Wirtschaftslexikon*. 15. Aufl. Wiesbaden 2000, S. 2256.

[627] Ebd.

[628] DeLillo: *Null K* (Anm. 585), S. 149.

[629] Thomas Rentsch: *Becoming Oneself. Toward a new Philosophy of Ageing*. In: Mark Schweda, Larissa Pfaller, Kai Brauer, Frank Adloff, Silke Schicktanz (Hg.): *Planning Later Life. Bioethics and Public Health in Ageing Societies*. Abingdon, New York 2017, S. 31–45, hier S. 41.

[630] Mita Banerjee, Norbert W. Paul: *Aging beyond the Rhetoric of Aging*. In: Maricel Oró-Piqueras, Anita Wohlmann (Hg.): *Serializing Age: Aging and Old Age in TV Series*. Bielefeld 2016, S. 269–274, hier S. 269.

human significance of finitude, limitation, and vulnerability" entgegengetreten werden.[631] Dies wiederum ist nur möglich, wenn ein Bewusstsein dafür entwickelt wird, welches ein Verlangsamen, eine Pause und ein Zurückblicken zulässt. Unterstützung, Mitgefühl und Solidarität benötigt jeder Mensch in seinem täglichen Handeln und sollte dies im Sinne der Reziprozität auch wieder zurückgeben.[632]

Das Ziel, welches mit der Kryokonservierung im fiktiven Projekt von DeLillo verfolgt wird, erklärt Vater Ross, der sowohl ante- als auch post mortem absolutes „[m]edizinisches, technologisches [und] philosophisches"[633] Vertrauen in dieses Projekt hat, seinem Sohn folgendermaßen: „Wir reden nicht vom ewigen spirituellen Leben. Es geht um den Körper. Der Körper wird eingefroren. Kryonische Konservierung. [Die] Zukunft kommt, sobald es Maßnahmen gegen die Umstände gibt, die jetzt zum Ende führen. Geist und Körper werden wiederhergestellt, dem Leben zurückgegeben."[634] Die Unsterblichkeit ist also kein vorrangiges Ziel. Nichtsdestotrotz setzt sich DeLillo in *Null K* intensiv mit den existenzialistischen Fragen auseinander, die mit einer möglichen Unsterblichkeit einhergehen könnten und arbeitet sehr nah an dem, was auch in der wissenschaftlichen Auseinandersetzung – vor allem im Bereich der Philosophie, (Medizin/Technik/Umwelt)-Ethik, Bevölkerungswissenschaft und Religion – konsequenterweise zur Debatte steht.

> Wenn wir so weit sind, wenn wir die Verlängerung des Lebens meistern und uns der Möglichkeit nähern, ewig erneuerbar zu werden, was geschieht dann mit unseren Energien und Hoffnungen? [...] Entwerfen wir gerade eine zukünftige Kultur der Lethargie und Disziplinlosigkeit? Ist der Tod nicht ein Segen? Bestimmt er nicht von Minute zu Minute, von Jahr zu Jahr den Wert unseres Lebens? [...] Reicht es denn nicht aus, dank fortgeschrittener Technologie ein bisschen länger zu leben? Müssen wir denn immer weiter und weiter machen? [...] Bahnen wir nicht unkontrollierbaren Bevölkerungsmassen und Umweltbelastungen den Weg? Zu viele Lebewesen, zu wenig Platz. Werden wir nicht ein Planet der Alten und Gebeugten werden, zig Milliarden mit zahnlosem Grinsen? Wollen wir daran glauben, dass jedes unserer körperlichen und geistigen Leiden im Lauf einer unbegrenzten Lebensspanne geheilt werden kann? [...] Das Leben ist durch seine Endlichkeit definiert. [...] Wenn wir ewig leben, wozu sind wir dann da?[635]

> Irgendwann wird eine Todesreligion als Antwort auf unser verlängertes Leben in Erscheinung treten. Den Tod zurückbringen. Todesrebellen werden in Horden losziehen und willkürlich Menschen töten.[636]

Als Jeff während seines zweiten Aufenthalts in der Null K-Anlage Artis in ihrer Kapsel betrachtet, werden die vor allem ästhetischen Idealvorstellungen, die oft mit der Unsterblichkeit einhergehen, in den Vordergrund gestellt:

> Dies war ein idealisierter Mensch im Kasten, aber es war auch Artis. [...] Ein wunderschöner Anblick. Der menschliche Körper als Inbegriff der Schöpfung. [...] In diesem Moment

---

[631] Rentsch: *Becoming Oneself* (Anm. 629), S. 42.
[632] Ebd.
[633] DeLillo: *Null K* (Anm. 585), S. 13.
[634] Ebd., S. 12f.
[635] Ebd., S. 71f.
[636] Ebd., S. 75.

war es ein Körper, der nicht altern würde. [Artis] verlieh der Thematik des gesamten Komplexes [auf diesem Subplaneten, in diesem isolierten Raum, nackt und absolut mehr oder weniger unsterblich] ein gewisses Maß an Würde.[637]

An dieser Stelle möchte ich auf den Roman *Die Unglückseligen* (2017)[638] der deutschen Schriftstellerin Thea Dorn verweisen, die den Faust-Stoff in einer modernen Version verarbeitet. Protagonistin Johanna Mawet, eine ehrgeizige Molekularbiologin, forscht daran, den menschlichen Alterungsprozess gentechnisch unter Einsatz von Zebrafischen und Laborratten auszusetzen. Während eines Forschungsaufenthalts in den USA lernt sie im Supermarkt einen Mann namens Ritter kennen, der sich sehr merkwürdig verhält. Es stellt sich heraus, dass es sich um den Physiker Johann Wilhelm Ritter, geboren im Jahr 1776, handelt. Nach der anfänglichen Skepsis gegenüber dieser Ungeheuerlichkeit (Monstrosität) steigt Johannas Erkenntnisstreben ins Unermessliche. Um jeden Preis möchte sie Ritters Unsterblichkeit ergründen: Genanalysen, galvanische Selbstexperimente, Kohabitation, Teufelsbeschwörungen – nichts bleibt unversucht und vor allem ohne gravierende Folgen für beide.

Motiv der Wiedergeburt

> Das Bedeutungsspektrum [der Wiedergeburt] reicht von der Erneuerung des Bisherigen bis zu einer völligen Überwindung. […] Das Bild der neuen Geburt [ermöglicht] dem ‚Wiedergeborenen' die Teilhabe an einer ihm sonst entzogenen Wirklichkeit [.] Wiedergeburt kann auch die Wiedereinkörperung einer mehr oder weniger konstanten personalen Identität in eine neue Daseinsform bezeichnen. [Dies wird] auch als Seelenwanderung oder Reinkarnation bezeichnet.[639]

Steht die Wiedergeburt in DeLillos Roman auch nicht im Vordergrund, wird ihr eine Bedeutung zugesprochen, die sich auf die von Theologe Reinhard Feldmeier bezogene erstgenannte Zuschreibung der Erneuerung des Bisherigen verbunden mit einer Teilhabe an einer sonst verschlossenen Wirklichkeit bezieht. Allerdings ließe sich auch über die Zuschreibung der Wiedereinkörperung in eine neue Daseinsform spekulieren, da noch nicht feststeht, unter welchen Umständen der auf Eis gelegte Körper in einer unbestimmten Zukunft wieder zum Leben erwachen wird. Es ist nicht die Wiedergeburt im Himmel oder im Paradies, die Kryoniker*innen mit der vorübergehenden Kaltlagerung anstreben. Der Begriff der Wiedererweckung erscheint an dieser Stelle zutreffender. Denn diese wird in einer Zukunft in Kauf genommen, die ungewiss ist. Diese Ungewissheit bezieht sich nicht nur auf die zeitliche Rahmensetzung. Es bleibt auch im Verborgenen, in welches politische System, in welcher Art von Körperform oder Bewegungsapparat (womöglich körperlos und computerbasiert) man aufgetaut und wiedererweckt wird und wie beispielsweise Kommunikation und Sprache stattfinden werden. Aspekte der Transmortalität im

---

[637] DeLillo: *Null K* (Anm. 585), S. 263f.
[638] Thea Dorn: *Die Unglückseeligen.* München 2017.
[639] Reinhard Feldmeier: *Hinführung.* In: Feldmeier (Hg.): *Wiedergeburt* (Anm. 572), S. 7–9, hier S. 8.

Rahmen der Kryokonservierung sind demzufolge nicht ausschließlich mit positiven Attributen wie Rettung oder Bewahrung besetzt, sondern hinterlassen gleichermaßen das Gefühl der Gefährdung oder Bedrohung.[640] Was bleibt, sind viele offene Fragen, die sowohl für Sympathisierende als auch für Außenstehende faszinierend und inspirierend sein können. Der Imagination sind keine Grenzen gesetzt. Im Gespräch mit Jeff äußert Artis ihre Gedanken zur Wiedergeburt: „Über die Jahre wird es Fortschritte geben. Teile des Körpers werden ersetzt oder nachgebaut. […] Eine Wiederzusammensetzung, Atom für Atom. Ich glaube fest daran, dass ich mit meiner neuen Wahrnehmung der Welt wiedererwachen werde".[641] Aber auch sie ist sich nicht über die Umstände der Wiedergeburt im Klaren. In diesem Zusammenhang wird auch die Thematik der Seelenwanderung aufgegriffen: „Wer werde ich sein, wenn ich aufwache? Hat meine Seele dann meinen Körper verlassen und ist zu einem anderen Körper irgendwo gewandert? Welches Wort suche ich gerade? […] Das Wort heißt *Metempsychose*."[642] An dieser Stelle möchte ich auf einen weiteren Beweggrund für eine Kryokonservierung, der im Genre der Fiktion bereits bearbeitet wurde, verweisen. Es handelt sich dabei um das Einfrieren als Strafmaßnahme. Wird in DeLillos Fiktion die Kryokonservierung als „Sabbatical in der Kapsel"[643] beschrieben, arbeitet die deutsche Schriftstellerin und promovierte Juristin Juli Zeh in ihrem zeitgenössischen Werk *Corpus Delicti* (2009) analog mit der „Verurteilung zum Scheintod [Einfrieren auf unbestimmte Zeit] – und damit verbunden die Chance, irgendwann in der Zukunft unter veränderten politischen Bedingungen rehabilitiert zu werden".[644] Dieses Motiv findet sich gleichermaßen in dem Hollywoodblockbuster *Demolition Man*[645] aus dem Jahr 1993. Das Thema der Seelenwanderung kann in diesem motivischen Zusammenhang so gelesen werden, als dass die Strafmaßnahme mit einer Entwicklungsaufgabe während des Kälteschlafs einhergeht. Eine optimistisch gestimmte Resozialisierung lässt sich hier ausmachen. Bei DeLillo ist der Kälteschlaf mit der Hoffnung auf zukünftige Heilung beziehungsweise mit transhumanistischem Streben verbunden. In beiden Szenarien spielen religiöse Vorstellungen eine untergeordnete Rolle. Es handelt sich um atheistische Bewegungen. Dem Tod oder dem pausierten Leben im komatösen Zustand werden, wenn überhaupt, nur wenige religiöse oder spirituelle Eigenschaften zugesprochen.

Der Apokalypse entkommen

Die Kryonik-Ideologie in DeLillos Szenario verbindet sich mit einer apokalyptischen Weltanschauung. In der Einheit Null K laufen ununterbrochen Videos von Katastrophen-Szenarien über die Bildschirme, die wie Kunstinstallationen die Wände und Flure der gesamten Anlage schmücken. Apokalyptische (Natur-)Phänomene wie Tornados, Feuersbrünste, Vulkanausbrüche und Tsunamis wechseln sich mit menschen-gemachten

---

[640] Rainer Leschke: *Transmortalität und mediale Prothesen. Mediale Maßnahmen gegen die Zeit.* In: Esser et al. (Hg): *Die Krise der Organspende* (Anm. 134), S. 131–144, hier S. 138.

[641] DeLillo: *Null K* (Anm. 585), S. 49.

[642] Ebd., S. 50 (Hervorhebung im Original).

[643] Ebd., S. 257.

[644] Juli Zeh: *Corpus Delicti. Ein Prozess.* Frankfurt am Main 2009, S. 231.

[645] Demolition Man. USA 1993. 115 Minuten. Regie: Marco Brambilla, Produktion: Joel Silver. Science-Fiction Action-Film.

Katastrophen wie schwankenden Türmen, in Flammen stehenden Mönchen und Menschen in Atemschutzmasken ab.[646] Diese mediale Überfrachtung soll Endzeitstimmung verbreiten – ein Grund mehr, sich von diesen Untergangsszenarien zu verabschieden, sich einfrieren zu lassen und auf eine bessere, weniger katastrophale Zukunft zu hoffen. Jeff erkennt in der Schaustellung dieser „Elemente planetarer Not" einen natürlichen Bestandteil des Denkens in der Anlage; „eine Art psychologische[] Pandemie", die mit einer „sorgenvolle[n] Wahrnehmung auf dem Weg ins Wunschdenken" einhergeht.[647] Er meint darin eine Art Gehirnwäsche zu erkennen und appelliert an die Vernunft seines Vaters.

> Du bist ein Opfer dieser Umgebung. Du hast dich einem Kult angeschlossen. Merkst du das nicht? Schlichter, altmodischer Fanatismus. Eine Frage: Wo steckt der charismatische Führer? […] Oder ab wann wird utilitär totalitär?[648]

Ross erklärt seinem Sohn die Katastrophen-Allegorien sehr bildlich, wie das folgende Zitat zeigt:

> Wir drehen hier den Text um, wir lesen die Nachtrichten rückwärts. Vom Tod zum Leben. […] Unsere Instrumente werden in den Körper eingeführt und werden zu den sanierten Teilen und Taktiken, die wir brauchen, um wieder zu leben. […] Wir teilen hier ein Gefühl, eine Wahrnehmung. Wir betrachten uns als transrational. Auch den Ort, das Gebäude, die Wissenschaft, die alle bisherigen Überzeugungen umlenkt. Das Austesten menschlicher Machbarkeit. […] Wir sind aus der Geschichte gefallen. […] Irgendwann werden aus den Kapseln ahistorische Menschenwesen hervorkommen, frei von Null-Linien der Vergangenheit[.] Ein System, das neue Bedeutungen anbieten wird, ganz neue Ebenen der Wahrnehmung. Es wird unsere Wirklichkeit erweitern, die Reichweite unseres Intellekts vertiefen. Es wird uns erneuern.[649]

Wie er den Einsatz von Biotechnologie hier skizziert, erinnert selbst an eine Naturgewalt, die in den Räumlichkeiten von Null K zum Einsatz kommt. Für diese Gruppe von Menschen stellt sie die Lösung, den Ausweg für all die apokalyptischen Geschehnisse auf der Erde, dar.

2.4.3.2.3 Fazit

Das Werk imponiert durch seine Herangehensweise, die Vielschichtigkeit der Thematik Kryokonservierung durch gekonnte Fragestellungen (Implikationen eines ewigen Lebens) und sehr bildliche Momentaufnahmen festzuhalten. Mit der Spezialeinheit Null K skizziert DeLillo eine im Verborgenen liegende Anlage, die sich als futuristische Version eines Friedhofs angemessen beschreiben lässt.

---

[646] DeLillo: *Null K* (Anm. 585), S. 123f., 130.
[647] Ebd., S. 130f.
[648] Ebd., S. 116f., 150.
[649] Ebd., S. 131–134.

> Märchen sind mehr als nur wahr – nicht deshalb, weil sie uns sagen, dass es Drachen gibt, sondern weil sie uns sagen, dass man Drachen besiegen kann.[650]

Analog zu diesem Zitat sieht sich DeLillos Leserschaft unmittelbar mit der Frage konfrontiert, ob das sprichwörtliche Märchen wahr werden kann. Gleichzeitig bereitet er sie – dem märchenhaften zuwiderlaufend – mit den vielen apokalyptischen Nebenschauplätzen auf den Weltuntergang vor. *Null K* ist ein Paradebeispiel für eine belletristische Auseinandersetzung, die nicht nur inter- und transdisziplinäre Qualitäten, sondern auch intertextuelle Bezüge aufweist. DeLillo greift damit eine aktuelle gesellschaftliche Debatte um transhumanistische Ideen, Möglichkeiten und Grenzen mit besonderem Blick auf die Frage, wie, warum und vor allem wann wir sterben wollen, beziehungsweise sollen, auf. Die gesellschaftliche Auseinandersetzung mit den Themen Sterben und Tod entweicht zunehmend einer tabuisierten Zone. Die Sterbekultur ändert sich nicht nur durch Entwicklungen in der Hospiz- und Palliativversorgung oder durch den vermehrten Einsatz von Vorsorgeinstrumenten wie Patientenverfügungen und Vorsorgevollmachten.[651] Der multimediale Impetus, der thanatologische Bereiche berührt, beispielsweise in Fernsehproduktionen, in Krimis, in Magazinen oder in Onlineformaten, vermittelt einen alltagsintegrierten und offenen Umgang mit der eigenen Endlichkeit. Erwähnen möchte ich an dieser Stelle das Magazin für Endlichkeitskultur *Drunter und Drüber*, das für einen natürlichen Umgang mit dem „ältesten Thema der Welt" in Bild und Wort einsteht.[652] Über die Online-Plattform *Die Todesuhr. Wann hat Deine letzte Stunde geschlagen?*[653] lässt sich das eigene Sterbedatum errechnen. Dafür ist allerdings eine ehrliche Auseinandersetzung mit seinen eigenen Lastern vonnöten, um das Ergebnis nicht zu verfälschen. Es ist unbestreitbar, dass der Tod und sämtliche Mythen, die sich um ihn ranken (zum Beispiel die mögliche Existenz nach dem Tod), eine Anziehungskraft ausüben. Oft zeigt sich dieser Reiz in unterschiedlichen Aushandlungen des Leichen- und Bestattungswesens. Neben der Kryokonservierung gehört seit Mitte der 90er Jahre des 20. Jahrhunderts auch die Plastination (Haltbarmachung von Präparaten im Vakuumverfahren) und die damit einhergehende umstrittene Ausstellung *Körperwelten*[654] zu einer Form dieser Aushandlung, die „den Tod für alle sichtbar [macht]".[655] Eine weitere Aushandlung, die in diesem Zusammenhang nicht unerwähnt bleiben soll, ist die der Diamantbestattung. Hier wird in einem speziellen Verfahren (unter anderem das Herausfiltern von Kohlenstoff) ein künstlicher Diamant aus Teilen der Totenasche hergestellt, der dann von einem Juwelier zu

---

[650] Gilbert Keith Chesterton zit. in Emma C. Moore: *Timing is everything*. Norderstedt 2018, S. 315.

[651] Andreas Heller, Klaus Wegleitner: *Sterben und Tod im gesellschaftlichen Wandel*. In: *Bundesgesundheitsbl* 60 (2017), S. 11–17.

[652] Funus Stiftung. Drunter&Drüber. Das Magazin für Endlichkeitskultur (6.11.2008). https://www.funus-stiftung.de/drunter-drueber (abgerufen am 13.11.2021).

[653] Ayazaga Mahallesi. Instanbul. http://www.todesuhr.net/ (abgerufen am 13.11.2021).

[654] BLiM GmbH: Faszination Körperwelten. https://koerperwelten.de/ (abgerufen am 13.11.2021).

[655] Dieter Herberg, Michael Kinne, Doris Steffens: *Neuer Wortschatz. Neologismen der 90er Jahre im Deutschen*. Berlin, New York 2004, S. 259f.

einem Schmuckstück weiterverarbeitet werden kann.[656] Die Schweizer Lonité AG bietet dieses Verfahren beispielsweise an.[657]

Die biotechnologische Überbrückung als drittes Aushandlungsszenario zum Organmangel in der literarischen Bearbeitung soll im Folgenden mit Bezug auf Garcias und DeLillos analysiertes Werk und daraus folgende motivische Gemeinsamkeiten, zusammenfassend betrachtet werden.

2.4.3.3 Zwischenzusammenfassung: Biotechnologische Überbrückung

Die zwei bearbeiteten Werke, die den Kern dieses Kapitels ausmachen, sollen im Folgenden im Sinne einer Zwischenzusammenfassung unter dem Augenmerk der biotechnologischen Überbrückung vergleichend betrachtet werden. Garcia und DeLillo thematisieren mit dem künstlichen Organersatz sowie der Kaltlagerung eines erkrankten Organismus (Kryokonservierung) endo- und exogene Verfahren, die in den menschlichen Körper eingreifen. Dabei haben sie den Aspekt der Entgrenzung gemeinsam – sowohl in Bezug auf Körperlichkeit als auch Sterblichkeit. Selten bleiben sie für die Protagonist*innen ohne gravierende Auswirkungen. Die Literatur gibt hypothetische Antworten auf die Frage, was passiert, wenn die menschliche Begrenztheit überwunden wird oder sich überwinden lässt. Beide Werke thematisieren die Verweigerung des Todes, die sich laut Philosoph und Theologe Ivan Illich als Hybris der Biomedizin und -technik im Angesicht der Sterblichkeit beschreiben lässt.[658]

> We're making cryonics accessible to everyone. With low monthly dues and an insurance policy, you are all set. Becoming an Alcor member is easy – and surprisingly affordable. If you're looking to sign up for cryonics, you've come to the right place.[659]

Mit Verweis auf die zitierte Textpassage der Alcor-Homepage zeigt sich, dass die literarischen Szenarien sich sehr nah an dem bewegen, was in unserer realen, zukunftsweisenden Welt bereits passiert. Auch wenn hier die Kryonik thematisiert wird, hätte es sich genauso gut um eine Credit Union-Werbung handeln können. Fakt und Fiktion wirken hier eng nebeneinander auf die Leser*innen ein und regen dazu an, biotechnologische Lösungsvarianten der modernen Medizin (Enhancement) für das Dasein des Menschen zu reflektieren. Die Literatur und die ihr innewohnenden geschriebenen Wörter verkörpern eine Sprache und ein Wissen, welches als strukturierendes Gerüst dienen kann, um Dingen Bedeutung zu verleihen.

> Literarisch-ästhetische Texte stellen somit eine Form gesellschaftlicher Praxis dar, die als kommunikative Praktiken mit ästhetischer […] Funktion gleichwertig neben Texten und

---

[656] Bernhard Laux, Ingrid Laux: *Abschiednahme – Bestattung – Trauer*. Regensburg 2015, S. 122.

[657] Lonité Deutschland. https://www.lonite.de/de/ (abgerufen am 13.11.2021).

[658] Ivan Illich: *Die Nemesis der Medizin. Die Kritik der Medikalisierung des Lebens*. Übersetzt von Thomas Lindquist und Johannes Schwab. 4. Aufl. München 1995, S. 190f.; Scheper-Hughes: *The Global Traffic* (Anm. 161), S. 198.

[659] Alcor Life Extension Foundation (Anm. 587).

kommunikativen Gattungen andere Kommunikationsbereiche den kommunikativen Haushalt einer Gesellschaft bestücken bzw. konstituieren und ebenso an der Wissenskonstitution im Diskurs beteiligt sind, nur wird dieses Wissen ästhetisch hervorgebracht.[660]

Fiktionen wie die von Garcia und DeLillo, die in eine mögliche Zukunft blicken, lassen gegenwärtige Begebenheiten „wie in einem Brennglas" erscheinen.[661] Das ist hilfreich für die Leserschaft, denn entsprechend der „kontextabhängigen Grob- oder Feinkörnigkeit der Linse"[662] kann dieses Brennglas helfen, sich selbst, sein Handeln, seine Möglichkeiten und Zukunftspläne, seine Ängste und Erwartungen in der Gegenwart vor Augen zu führen. Diese Verortung wird unterstützt durch ergänzende, veranschaulichende, problematisierende, popularisierende Bilder, die sich beim Lesen je nach „Vorwissen [und] zur Verfügung stehende[r] Rechtfertigungsressourcen" herauskristallisieren können.[663] Im Prozess des Lesens spielt es auch keine Rolle, ob das Erzählte reine Fiktion bleibt oder zur gelebten Realität wird. Das liegt im unmittelbaren Moment des Lesens in einer (unbestimmten) Zukunft, lässt sich demzufolge weder verifizieren noch falsifizieren.

Das Motiv der Absicherung

Augenscheinlich lässt sich für beide Werke das Leitmotiv der Absicherung eruieren, die sich jeweils nur mit finanziellen Mitteln umsetzen lässt. Bei Garcia zahlen Menschen für künstliche Organe, die ihnen ein Leben ohne Sorge um versagende Körperfunktionen wie Herzinsuffizienz oder Nierenversagen versprechen. Einige sehen darin einen Freibrief, keine Acht mehr auf ihren Körper zu geben, was sich in verschiedenen Formen des Suchtverhaltens widerspiegelt. Der Absicherungs-Aspekt verliert seine Wirkung, wenn der Kredit für den künstlichen Ersatz nicht mehr bezahlt werden kann. Bei DeLillo investieren gut situierte Menschen viel Geld in eine Zukunft, die unbestimmt ist. Sie erkaufen sich eine Sicherheit, die sich nur mit entsprechendem transhumanistischem Glauben im Hier und Jetzt auszahlt. Die Zukunft bleibt pre- wie postmortal ungewiss. In der Eiskapsel ausharrend bleibt lediglich die Hoffnung, dass ein Wiedererwecken unter besseren Lebensbedingungen möglich ist.

Monstrous Science

Mit Blick auf die Szenarien von Garcia und DeLillo wird im Folgenden noch einmal auf die von Flynn beschriebene monstrous science Bezug genommen. Die erste Lesart des gewaltigen Ausmaßes findet sich sowohl in den jeweiligen eigenen Unternehmenszweigen; einmal im Rahmen des Verkaufs von Artiforgs und das andere Mal in der Option der Kryokonservierung in der Spezialeinheit Null K. Sie findet sich auch in der Weltanschauung, die mit ihren entgrenzenden Attributen dahintersteht (Transhumanismus). Das Ungeheuerliche und Skandalöse tritt bei beiden Werken insbesondere in der Thematik

---

[660] Spieß: *Der Mensch als Verwertungsobjekt* (Anm. 439).

[661] Dirk Peitz: *Fernblick. Wie wir uns die Zukunft erzählen.* Berlin 2020, Vorwort.

[662] Banerjee: *Biologische Geisteswissenschaften* (Anm. 20), S. 50.

[663] Tilmann Köppe: *Literatur und Wissen. Zur Strukturierung des Forschungsfeldes und seiner Kontroversen.* In: Köppe (Hg.): *Literatur und Wissen* (Anm. 58), S. 1–28, hier S. 5f., 8.

der Verdrängung des Vergänglichen hervor. Der Ausdruck *Memento mori* wird durch das Streben nach Vollkommenheit (Möglichkeit des künstlichen Ersatzes, Hoffnung auf zukünftige Heilung) konterkariert. Auch die Art und Weise, wie die Themen Sterbehilfe und Sterbebegleitung bearbeitet werden, kann als skandalös interpretiert werden. Die dritte Lesart des Abscheulichen spiegelt sich bei beiden in den monetären Aspekten und den damit einhergehenden sozialen Ungleichbehandlungen wider. Wer bei Garcia seine Kreditraten für das künstliche Organ nicht begleichen kann, ist dem Tode geweiht. Bei DeLillo ist nur Nutznießer*in, wer einen sechsstelligen Betrag für eine Ganzkörper-Kryokonservierung ausgeben kann. So lässt sich die Erklärung von Miksa gut zuordnen, die der Auffassung ist, dass der Transhumanismus als Gegenstand des öffentlichen Interesses und auch Bedenkens, einen zunehmenden Anteil unserer realen Lebenserfahrung einnehmen wird. Problematisch ist dies vor allem, da diese Technologien nur einem kleinen Teil der Menschen zur Verfügung stehen kann.[664]

Maschineneinsatz

Es gehört zur *conditio humana*, somatische Defizite durch technologische Kompensationen auszugleichen. Von Anfang an war und ist der Mensch auf den Gebrauch von Werkzeug und dementsprechenden Technologien angewiesen.[665] Mit Blick auf Klassiker wie *The Machine in the Garden: Technology and the Pastoral Ideal in America* (1964) von Wissenschaftstheoretiker Leo Marx werden diese Abhängigkeiten insbesondere in den USA positiv konnotiert.[666] In unserer postindustriellen Gesellschaft lassen sich Unzulänglichkeiten unserer Spezies durch den Einsatz von Werkzeugen steuern, was sich in einem relativen Komfort des gegenwärtigen Zustands zeigt.[667] Die Frage, derer sich eine Gesellschaft stellen muss, richtet sich nach dem Maß dieses tool use – denn im gleichen Zusammenhang sprechen wir über dramatische Auswirkungen, die ein solcher auf das Menschen- und Gesellschaftsbild haben kann. Verschiedene ethische Dimensionen werden hier berührt: Aspekte der Gerechtigkeit, der Willensfreiheit sowie der menschlichen Würde.[668] Insbesondere das Szenario von Garcia und die hier beschriebene Profession des Bio Repo man hat vor Augen geführt, dass der fälschliche Gebrauch biotechnologischer Kompensationen (Organ-Prothesen), die hier stets mit finanziellen Abhängigkeiten verknüpft sind, einen zu großen Spielraum für unmenschliches Handeln (fehlende Solidarität) und einen zu kleinen Spielraum für ethisch gut begründete Entscheidungen lassen.

---

[664] Miksa: *Transhumanism* (Anm. 620), S. 53.

[665] Klaus Birnstiel: *Unvermögen, Technik, Körper, Behinderung. Eine unsystematische Reflexion.* In: Karin Harrasser, Susanne Roeßiger (Hg.): *Parahuman. Neue Perspektiven auf das Leben mit Technik.* Köln, Weimar, Wien 2016, S. 21–38, hier S. 21.

[666] Banerjee: *Biologische Geisteswissenschaften* (Anm. 20), S. 64; Carolin Betker et al.: *Introduction.* In: Carolin Betker et al. (Hg.): *aspeers 4. emerging voices in american studies. Nature and Technology, Revisited* (2011), S. vii–xix, hier S. viii.

[667] Banerjee, Paul: *Aging beyond the Rhetoric of Aging* (Anm. 630), S. 270.

[668] Hendrik Wahler: *Vorwort.* In: Hendrik Wahler, Farid Darwish (Hg.): *Menschenbilder. Praktische Folgen einer Haltung des Menschen zu sich selbst.* London 2009, S. IX–XI, hier S. XI.

‚You don't mind killing these people? How can you go home at night and sleep? Do you take a lot of showers to wash off the filth? Where is your sense of decency? Are you even human anymore?'[669]

Die Optionen des maschinellen Ersatzorgans und der Kryokonservierung sind mehr oder weniger ausgereift in der Realität angekommen. Im Rahmen der Kryokonservierung verweisen nicht nur NPOs wie Alcor oder das Cryonics Institute auf die Möglichkeit der Umsetzung. Jedoch, wie in der Fiktion, auch hier mit einem ungewissen Ausgang. Die Option, Zellen einzufrieren, um sie möglichst schadenfrei haltbar zu machen, wird unlängst für Keimzellen im Rahmen der Reproduktionsmedizin und der Onkologie angewandt. Organe einzufrieren ist indes (noch) Zukunftsmusik. Sie beherbergen eine Vielzahl an unterschiedlichen Zelltypen und viel Flüssigkeit, was einen Einfluss auf Gefriereigenschaften oder auf die Wirkmacht von Frostschutzmittel hat und somit das Einfrieren erschwert. Spenderorgane langfristig vorrätig zu haben, würde die bereits erwähnte Ischämiezeit (zeitkritische Transplantation) unterbinden. Maschineller Körperteilersatz kommt insbesondere in der Prothetik (Knochenersatz, Hörprothese), bei mechanistischen Kreislaufunterstützungssystemen sowie im Rahmen von Exoskeletten als Stützstrukturen zum Einsatz.

Prothesengott

Laut Kulturwissenschaftlerin Karin Harrasser haben auch technische Körpermodifikationen ihre „Achillesferse, [ihr] Lindenblatt, [ihre] Kryptonit-Allergie", durch die die Verwundbarkeit vor Augen geführt wird. Sie verweist hier auf Symbole, die jede noch so kraftstrotzende heldenhafte Figur zu Fall bringt; gleichzeitig werden sie dadurch mit menschlichen Zügen ausgestattet.[670] Im Folgenden sollen diese schädigenden Zuschreibungen in eine enge Beziehung zu dem gesetzt werden, was der österreichische Psychoanalytiker Sigmund Freud (1856–1939) 1930 in seinem Werk *Das Unbehagen in der Kultur* symbolhaft als Prothesengott beschrieben und damit sein Unbehagen gegenüber der Technologie-Entwicklung kundgetan hat:

> Mit all seinen Werkzeugen vervollkommnet der Mensch seine Organe – die motorischen wie die sensorischen – oder räumt die Schranken für ihre Leistung weg. [...] Es klingt nicht nur wie ein Märchen, es ist direkt die Erfüllung aller – nein, der meisten Märchenwünsche, was der Mensch durch seine Wissenschaft und Technik auf dieser Erde hergestellt hat [...]. Er hatte sich seit langen Zeiten eine Idealvorstellung von Allmacht und Allwissenheit gebildet, die er in seinen Göttern verkörperte. [...] Nun hat er sich der Erreichung dieses Ideals sehr angenähert, ist beinahe selbst ein Gott geworden. [...] Nicht vollkommen, in einigen Stücken gar nicht, in anderen nur so halbwegs. Der Mensch ist sozusagen eine Art Prothesengott geworden, recht großartig, wenn er alle seine Hilfsorgane anlegt, aber sie sind nicht mit ihm verwachsen und machen ihm gelegentlich noch viel zu schaffen. [...] Ferne Zeiten

---

[669] Garcia: *The Repossession Mambo* (Anm. 515), S. 184.
[670] Karin Harrasser: *Körper 2.0. Über die technische Erweiterbarkeit des Menschen.* Bielefeld 2013, S. 12, 18.

werden neue, wahrscheinlich unvorstellbar große Fortschritte auf diesem Gebiet der Kultur mit sich bringen, die Gottähnlichkeit noch weiter steigern.[671]

Diese von Freud erwähnten zukünftigen Zeiten dürften wir bereits erreicht haben. Mit Blick auf die Branchen Design und Konstruktionstechnik/Orthopädietechnik werden Patient*innen mit Prothesen versorgt, die auf Bestellung gefertigt und aus unterschiedlichsten Gründen zur Verfügung gestellt werden.[672] Im Bereich der (Reha-)Medizin kann dies beispielsweise eine Beinprothese sein, die nach einem schweren Unfall mit Verlust des Unterschenkels die eigene Fortbewegung der Patient*innen unter Einsatz technischer Apparatur ermöglicht. Ein anderes Beispiel stammt aus dem Bereich der (Arbeits-)Medizin und des Militärs und bezieht sich auf das immer öfter zum Einsatz kommende Exoskelett. Diese Art der Prothese kommt zunehmend bei schwerer und schwerster körperlicher Arbeit zum Einsatz, um den Arbeitsalltag zu erleichtern. Dies insbesondere, wenn letzterer durch Fließbandarbeit charakterisiert oder während der Arbeitszeit größtenteils über Kopf gearbeitet werden muss. In diesen Beispielen zeigt sich insbesondere der innovative Aspekt von Medizintechnologie. Die Innovationen nicht zu problematisieren wäre jedoch falsch. Dafür literarische Bearbeitungen in Betracht zu ziehen, kann helfen, die kritische, hinterfragende Art, die Freud gegenüber den gottähnlichen Hilfsorganen an den Tag legt, in den Leser*innen selbst zu entfachen. Der literarische Impetus, zum Beispiel die monströsen Lesarten, stimuliert die Imagination und lässt mit Blick auf eine technologisierte Zukunft Grenzverschiebungen in Bereich der Konzeption rund um das erweiterte Selbst, die Körperlichkeit sowie die dichotome Aufspaltung von Natürlichkeit und Künstlichkeit zu.

Nach dieser letzten Zwischenzusammenfassung folgt der Diskussionsteil, der alle Literaturanalysen dieser Arbeit, die unter den drei Kategorien bearbeitet wurden, in einen Zusammenhang bringt und gemeinsame Muster bündelt, analysiert und diskutiert.

2.5 Diskussion

In den drei Zwischenzusammenfassungen, die sich den jeweiligen Literaturanalysen angeschlossen haben, wurde bereits auf Gemeinsamkeiten und Unterschiede in Bezug auf die Themensetzungen organisiertes Verbrechen, menschliche Ersatzteillager und biotechnologische Überbrückung eingegangen. Im Diskussionsteil sollen diese Ergebnisse vor dem Hintergrund aller hier untersuchten Werke mit Blick auf den Themenschwerpunkt der belletristischen Aushandlungsszenarien zum Organmangel näher betrachtet und diskutiert werden. Die Konflikte, die aus der Diskrepanz zwischen Organbedarf und Verfügbarkeit von Organen erwachsen, werden anhand verschiedener Szenarien, Erzählperspektiven und Subgenres erzählt. Im Kern berühren sie das gleiche ethische Dilemma: Es mangelt der Maßnahme, die medizintechnisch und biologisch gesehen ausgereift ist – aufgrund fehlender Transplantate – an der praktischen Umsetzung, zumindest auf legalem

---

[671] Freud: *Das Unbehagen* (Anm. 567), S. 36f.

[672] Raymond Holt, Stuart Murray: *Prosthesis and the Engineered Imagination. Reading Augmentation and Disability across Cultural Theory, Representation and Product Design.* In: *Med Humanit* 46 (2020), S. 55–61, hier S. 55.

Weg. So lässt sich ein Großteil der hier bearbeiteten literarischen Szenarien deutlich von der Idee der Spende im Sinne einer Gabe oder eines Geschenks abgrenzen zu dem, was oftmals im Bereich der erzwungenen Zweckdienlichkeit einen marktwirtschaftlichen Preis erfährt.[673]

Ein Potpourri an Aushandlungsszenarien

Waisenkinder, osteuropäische Tagelöhner, serbische Straßenkinder, Adoleszente in der Findungsphase, Retterkinder und andere Familienangehörige, die eine passende Lebendspende bereithalten, kostspielige Organ-Prothesen und ideologie-gesteuerte Kryokonservierung

Dieses Potpourri an Aushandlungsszenarien ist aufgrund der eingrenzenden Auswahlkriterien der Werke für diese Arbeit lediglich ein Auszug aus der gegenwärtigen Literaturlandschaft. Nichtsdestotrotz haben die literarischen Analysen verschiedene Muster und Motive hervorgebracht, die einer genaueren zusammenführenden Auseinandersetzung bedürfen. Dies soll im Folgenden passieren. Am perfidesten sind sicherlich die Szenarien von Gerritsen (Medizinthriller), Heinichen (Krimi), Shusterman (Dystopie) und Garcia (Science-Fiction), die sich genrespezifisch stringent an die Vorgaben halten und somit eine sehr düstere Stimmung erzeugen. Die fiktionalen Organraub-Narrative, die hier im Mittelpunk stehen, lesen sich als „Metapher für das rücksichtslose und egoistische Umgehen der Menschen miteinander".[674] Wenn es um die brachiale Körperzerteilung zum Zwecke der Organgewinnung geht, führen uns diese Szenarien verräterische, ignorante und befremdliche Dimensionen menschlichen Handelns vor Augen. Sie verweisen auf arrogante Züge des *Homo oeconomicus* und zeigen dekadente Tendenzen der Gesellschaft auf.[675] Hier ist insbesondere Shusterman zu erwähnen, der eine Gesellschaft konsequent neu denkt. Diese scheint kein Problem damit zu haben, dass einige Jugendliche im utilitaristischen Sinne für die Umwandlung geopfert werden. Abtreibung im ursprünglichen Sinne ist per Gesetz verboten. Man verschiebt das Zeitfenster einige Jahre nach hinten und erntet damit gesunde Organe für Gesellschaftsmitglieder, die nicht querulantisch sind. Shusterman wurde mit seinem Werk *Vollendet* nicht im Rahmen der Kategorie des organisierten Verbrechens untersucht, ließe sich thematisch jedoch auch hier verorten. Ähnliches gilt für Picoults *Beim Leben meiner Schwester*, bei dem sich der Aspekt der reproduktionsmedizinischen Interventionen im Rahmen von Präimplantationsdiagnostik und tissue typing gleichermaßen unter dem Stichwort der Biotechnologie hätte einordnen lassen können. Die für diese Arbeit festgelegten Kategorien sind demzufolge mit einer gewissen Offenheit zu betrachten.

---

[673] Leschke: *Transmortalität* (Anm. 640), S. 140.
[674] Wiebel-Fanderl: *Herztransplantation als erzählte Erfahrung* (Anm. 121), S. 180.
[675] Ebd., S. 170.

Alterszugehörigkeit der meist unfreiwilligen Spender*innen

Bei Gerritsen sind die russischen Waisenkinder zwischen zehn und fünfzehn Jahre alt, bei Weinert ist die Sprache von einem zehnjährigen serbischen Straßenjungen, Shusterman verweist im Rahmen der Umwandlung auf Adoleszente, die sich zwischen dem dreizehnten und achtzehnten Lebensjahr befinden, das Retterkind Anna bei Picoult ist dreizehn Jahre alt und Gerrits Protagonistin Sara hat gerade die Volljährigkeit erreicht. Bei den meist unfreiwilligen Spender*innen handelt es sich demzufolge um Kinder und Jugendliche, die nicht älter als achtzehn Jahre alt sind. Im Sinne der Kinderrechtskonvention der Vereinten Nationen „ist ein Kind jeder Mensch, der das achtzehnte Lebensjahr noch nicht vollendet hat [...]."[676] Unter Paragraf 7 im Sozialgesetzbuch VIII wird die Definition von Kind und Jugendlichen noch differenzierter betrachtet: „Kind [ist], wer noch nicht 14 Jahre alt ist [...], Jugendlicher, wer 14, aber noch nicht 18 Jahre alt ist [und] junger Volljähriger, wer 18, aber noch nicht 27 Jahre alt ist."[677] In den USA liegt die Altersgrenze für die Volljährigkeit in den meisten Bundesstaaten bei der Vollendung des achtzehnten Lebensjahres. In einigen Bundesstaaten liegt die Grenze bei neunzehn, teils einundzwanzig Jahren.[678] Da diese Gruppen als besonders verwundbar gelten, stehen sie unter Schutz (Schutzwürdigkeit). Ihr Überleben sowie ihre Entwicklung sollten im größtmöglichen Umfang gewährleistet sein.[679] Das Gegenteil ist in den literarischen Szenarien der Fall. Das junge Alter wird in den meisten der hier bearbeiteten Werke als Nachteil ausgelegt. Eine besondere Berücksichtigung im Sinne des Kindeswohls wird ihnen hier nicht zuteil. Konträr dazu werden sie selbst zu Organlieferant*innen, damit jemand anderes (altersunabhängig) nicht länger warten muss. Dieser Umstand geht mit der Bedrohung und dem Angriff auf ihre körperliche Unversehrtheit, Sicherheit sowie Würde einher.[680] Die realen Begebenheiten in Bezug auf Organtransplantationen bei Kindern werden radikal umgekehrt. „Children deserve special consideration because a long waiting time for [transplantation] would result in detrimental effects on growth, physical and cognitive development."[681] Der Aspekt der Alterszugehörigkeit lohnt demzufolge eines genaueren Blickes, da es für Kinder im Rahmen der realen Verteilung von Spenderorganen spezielle Kriterien gibt. Das bezieht sich insbesondere auf die Nierentransplantation. Auch Jugendliche im Eurotransplant-Gebiet, die älter als sechzehn Jahre alt sind, können bei vorhandenem Wachstumspotenzial pädiatrische Zusatzpunkte bei der Allokation erhalten.[682] Es

---

[676] Bundesministerium für Familie, Senioren, Frauen und Jugend (Hg.): *Übereinkommen* (Anm. 487), S. 12.

[677] Sozialgesetzbuch. Achtes Buch – Kinder- und Jugendhilfegesetz – Erstes Kapitel. Allgemeine Vorschriften (§§ 1–10); Paragraf 7 Begriffsbestimmungen.

[678] World Population Review. Age of Majority by State 2020. https://worldpopulationreview.com/state-rankings/age-of-majority-by-state (abgerufen am 13.11.2021).

[679] Bundesministerium für Familie, Senioren, Frauen und Jugend (Hg.): *Übereinkommen* (Anm. 487), S. 13.

[680] Scheper-Hughes: *The Global Traffic* (Anm. 161), S. 201.

[681] Jérôme Harambat et al.: *Disparities in Policies, Practices and Rates of Pediatric Kidney Transplantation in Europe*. In: *Am J Transplant* 13 (2013), S. 2066–2074, hier S. 2066.

[682] Burkhard Tönshoff, Jan de Boer, Axel Rahmel, Uwe Heemann: *Änderungen der Allokation in der pädiatrischen Nierentransplantation bei Eurotransplant*. In: *Tx Med* 23 (2011), S. 47–57, hier S. 47.

wird davon ausgegangen, „dass ihre Entwicklung ohne Transplantation in besonderer Weise beeinträchtigt oder anhaltend gestört wird".[683] In den USA hat das United Network for Organ Sharing (UNOS) im Jahr 2005 eine Richtlinie unter der Bezeichnung Share 35 implementiert, „which gives all minors younger than eighteen years priority for kidneys from deceased donors younger than thirty-five years".[684] Die in der Belletristik mitunter beschriebenen dramatischen Vorfälle, in denen Kinder involviert sind, zeigen oft bis ins kleinste Detail, wie deren schutzwürdige Interessen unterlaufen werden. Das hinterlässt eine bleibende Wirkung bei der Leserschaft.

Stigmatisierte Randgruppen

> Das ethische Verbot der Diskriminierung von Personen oder Personengruppen leitet sich aus dem Respekt vor der Menschenwürde und der Selbstbestimmung sowie dem Prinzip der Gerechtigkeit ab und wird im Genfer Gelöbnis des Weltärztebundes auch für den medizinischen Kontext bekräftigt.[685]

Die Zugehörigkeit zu einer gesellschaftlichen Randgruppe darf nicht dazu führen, dass eine Benachteiligung oder eine schlechtere Behandlung damit einhergeht. Das gebietet neben den Menschenrechten auch das Diskriminierungsverbot, welches in unterschiedlichen normativen Texten festgehalten wurde.[686] Neben dem Alter lassen sich die meist unfreiwilligen Spender*innen einer bestimmten Gruppe zuordnen. Dabei handelt es sich um besagte gesellschaftliche Randgruppen, deren Zugehörigkeit mit stereotypen Vorstellungen verknüpft oder vielmehr mit einer sozialen Kategorisierung einhergeht. Gemeint sind unter anderem folgende Diskriminierungsmerkmale, die mehrmals zutreffen können (Tab. 6).

-	ärmliche Verhältnisse (sozioökonomische Lage) stechen insbesondere in Bezug auf die Figuren des Kapitels organisiertes Verbrechen hervor Gerritsen: russische Waisenkinder und Patient Joshua O'Day Heinichen: osteuropäische Tagelöhner Weinert: serbischer Straßenjunge Garcia: alle nicht zahlungsfähigen Klient*innen der Credit Union
-	Inobhutnahme/Adoption (Familienform) im Sinne eines fehlenden oder fehlerhaften Familiennetzwerkes Gerritsen: russische Waisenkinder Weinert: serbischer Straßenjunge Shusterman: Mündel, die alle den Nachnamen Ward tragen sowie die gestorchten Kinder Picoult: Retterkind in Bezug auf die Rolle, die es in der Familie einnimmt (conditional parenting) Gerrits: Sara, die sich mit ihrem (bis vor kurzem unbekannten) Erzeuger auseinandersetzen muss

[683] Tönshoff et al.: *Änderungen der Allokation* (Anm. 682), S. 51.

[684] Veatch, Ross: *Transplantation Ethics* (Anm. 131), S. 339.

[685] Deutscher Ethikrat: *Embryospende* (Anm. 393), S. 88.

[686] Artikel 2 der VN-Kinderrechtskonvention (Diskriminierungsverbot), Artikel 3 des Grundgesetzes, Paragraf 1 des Allgemeinen Gleichbehandlungsgesetzes (AGG), den US-Amerikanischen Notification and Federal Employee Antidiscrimination and Retaliation Act (No FEAR).

-	Religionszugehörigkeit (Weltanschauung)
	Shusterman: Zehntopfer
-	Leben in einem Schwellenland beziehungsweise an der Grenze zum Industriestaat (Herkunft)
	Heinichen: osteuropäische Tagelöhner (Rumänien) Weinert: serbischer Straßenjunge (Kosovo)

Tab. 6 Übersicht der stigmatisierten Randgruppen in den bearbeiteten Werken (eigene Zusammenstellung)

Dem entgegengesetzt wird der gesellschaftliche Status der Personen, die sich über illegale Wege ein Organ oder mit Hilfe alternativer Möglichkeiten andere Überbrückungsmittel beschaffen. Deren Statuswahrnehmung kann als stark ausgeprägt bezeichnet werden. Es handelt sich um bessergestellte, in der Gesellschaft angesehenere Personen (sozioökonomische Lage), die über ein intaktes Familiennetzwerk verfügen mit einhergehender (im)materieller Unterstützung. Sie leben in einem Industriestaat (Herkunft) und sie identifizieren sich nicht über eine Religionszugehörigkeit; höchstens über eine bestimmte Weltanschauung, wie es sich für die Figur des Ross Lockhart bei DeLillo sagen lässt. Des Weiteren handeln sie zum Teil im egoistischen, arroganten und paternalistischen Stil, indem sie ihre Entscheidungsmacht auf die hilflose, gesellschaftliche Minderheit oder Randgruppe ausüben. Dies zeigt sich beispielsweise in den Eltern-Kind-Konstellationen bei Weinert, Shusterman, Picoult und Gerrits. Insbesondere stechen diese Persönlichkeiten in den Figuren der Counterparts des Kapitels organisiertes Verbrechen hervor, beschränken sich allerdings nicht darauf (Tab. 7).

-	Gerritsen
	Großunternehmer Victor Voss Mitglieder der Sigajew-Gesellschaft Mitglieder des Bayside Medical Transplantationsteams
-	Heinichen
	Klinikmitarbeiter*innen und Aktionär*innen von La Salvia Mafia-Boss Petrovac Anwalt Romani
-	Weinert
	Dr. Bix Organbroker Micha
-	Shusterman
	Post-Heartland-Krieg-Gesellschaft
-	Garcia
	Mitglieder der Credit Union, insbesondere Bio-Repo man Jake Freivald
-	DeLillo
	Milliardär Ross Lockhart

Tab. 7 Übersicht der bessergestellten Personengruppen in den bearbeiteten Werken (eigene Zusammenstellung)

Medizin und Ökonomie – Gerechtigkeit und Wirtschaftlichkeit

Ein zunehmendes Problem im Gesundheitswesen ist die Überlagerung des Wohls von Patient*innen durch finanzielle Interessen und Anreize. Diesen realen Interessenkonflikt machen sich die Autor*innen zu Nutze und erweitern ihn um ein intrigantes, korrumpierendes Netzwerk aus Akteur*innen, die sich in den überlappenden Sphären der Medizin, der Wirtschaft, und des Menschenhandels bewegen. Die Beschreibung der Zwei-Klassen-Medizin bekommt durch die fiktionalen Ausarbeitungen eine gänzlich neue Bedeutung. Dabei spielt die soziale Ungerechtigkeit noch die geringste Rolle, betrachtet man das Ausmaß der rechtswidrigen Handlungen, die den Figuren, meist den Protagonist*innen, widerfahren. In der literarischen Auseinandersetzung sind es die chirurgischen Aktionsräume, die im Rahmen von mangelnder Zurverfügungstellung von Organen als Orte des brachialen Zugriffs auf die Ware Mensch betrachtet werden und somit gleichzeitig zur „Gewinnmaximierung einer Klinik" beitragen können.[687]

Wenn der Mensch zur Ware wird

> Geld ist das Medium, das es erlaubt, Knappheiten marktförmig so umzulenken, dass die Chance auf Alternativen oder Kompensationslösungen für Mangelsituationen steigen.[688]

In den hier untersuchten Werken sticht der Aspekt der Gesundheitsversorgung als Dienstleistung sehr stark hervor. Die Gesundheitsversorgung findet durch den zur Ware gewordenen Menschen im metaphorischen Verständnis eines Ersatzteillagers statt. Sie werden zur Ware deklariert und herabgewürdigt durch Menschenhändler*innen, Organbroker*innen, Unterhändler*innen und Ärzt*innen, deren Gier und Bereicherungsinteresse handlungsleitend ist. Weniger ausgeprägt zeigt sich diese Herabwürdigung bei den eigenen Familienmitgliedern. Die Waren-Metapher wird in Gerritsens *Kalte Herzen* offensichtlich, wenn die noch warmen Organe der russischen Waisenkinder möglichst frisch in der schützenden menschlichen Hülle verpackt mit einem Frachter über den Atlantik transportiert werden. Auch für den gefrorenen Körper, der sich im Kälteschlaf, geschützt durch eine Kapsel, befindet, ist eine nicht unwesentliche Menge Geld im Spiel. Menschen, deren Körper als Organlieferant*innen dienen, zeigen sich insbesondere in den beiden ersten Unterkapiteln, jedoch wird der Aspekt des zur Ware werden in den kriminalistischen Aushandlungen von den Autor*innen prominenter herausgearbeitet. Das folgende Textbeispiel von Heinichen ist passend, um dies zu unterstreichen:

> Die Armut hatte Märkte des Elends geschaffen. Selbst der Kinderschmuggel war inzwischen ein lukrativer Geschäftszweig geworden. Nach der Einreise wurden sie weiterverkauft und versklavt. Die Kleinsten waren für die illegale Adoption vorgesehen […]. Die Älteren zwang man zum Betteln, die größeren Geschwister wurden in der Landarbeit ausgebeutet, andere zu Opfern der Pädophilen gemacht oder auf den Straßenstrich geschickt,

---

[687] Fittkau: *Beschaffen als Mission* (Anm. 134), S. 29.
[688] Ebd., S. 27.

und selbst die systematische Ausschlachtung als Organ-Ersatzteillager wurde von den Ermittlern in Erwägung gezogen. [...] Was bedeuten schon Zigaretten, Waffen, Drogen oder gefälschte Markenware gegen systematischen Menschenhandel.[689]

Involviert sind Menschenhandel, Schattenorganisationen und Deckmantel-Kliniken. Personen und Institutionen also, durch deren Hände oder über deren Konten viel Geld die besitzhabende Person wechselt. Abgeschwächt trifft dies auf Weinert zu, der sich nicht im Genre des Kriminalromans bewegt. Der Hauptfokus in *Das Leben meiner Tochter* liegt nicht auf der schicksalhaften Darstellung des Straßenjungen als Organlieferanten. Shusterman muss hingegen diesbezüglich hervorgehoben werden. Das zur Ware werden der Jugendlichen hat in seinem Szenario auch mit monetären Aspekten zu tun, an denen sich sowohl der Staat als auch die Privatwirtschaft bereichern. Die jungen, gesunden Organe werden einem älterem, kränklichen Gesellschaftskörper in Rechnung gestellt und somit auch als Ware in Form einer Gesundheitsleistung gehandelt. Sollte das Organ nicht der Norm entsprechen, findet es trotzdem eine Verwendung, denn „ein taubes Ohr ist besser als gar kein Ohr [...] und manchmal können sich die Leute einfach nicht mehr leisten."[690] Shusterman verweist demzufolge auf ein labiles System, welches insbesondere vor dem Hintergrund des US-amerikanischen Gesundheits- und Sozialsystems ein reales Problem darstellt. Bei Picoult und Gerrits liegt das Gewicht nicht so sehr auf dem Aspekt des zur Ware werdenden Menschen oder auf monetären Aspekten; hier imponiert das unentgeltliche Ersatzteillager in Form einer rettenden Gabe. Nichtsdestotrotz wird im Rahmen von Picoults Szenario ein Mensch (Retterkind) in dem Wissen erzeugt, dass (Bestand-)Teile seines Körpers für das Geschwisterkind bestimmt sind. Bei Gerrits ist es insbesondere die Figur der Mutter, die in Richards Motivation den praktischen Aspekt verknüpft sehen will, dass Tochter Sara für ihn als Erzeuger ein „Organersatzteillager"[691] darstellt und die Ware in Form eines Lebersegments potenziell sein Leben retten könnte. Im dritten Unterkapitel stellt sich das Warenangebot etwas anders da. Nicht mehr der Mensch selbst liefert die Ware Organ. Der Einsatz von Biotechnologie macht es möglich, Krankheitserscheinungen zu überbrücken, wobei diese Art von Wareneinsatz stets ein kostspieliges Unterfangen darstellt. Garcia arbeitet mit der Idee, dass künstliche Organersatzteile einer skrupellosen Firma auf Kredit gekauft und in Raten abgezahlt werden. Wer der Zahlungsverpflichtung nicht nachkommt, dem wird nach Ablauf einer Frist die Ware wieder entnommen. Ein ökonomischer Kreislauf, wie er tagtäglich in der Wirtschaft von statten geht. Nur geht es hier um lebenswichtige Ware in Form künstlicher Organe, die nach Entnahme ihre Funktion im körperlichen Organismus nicht mehr ausführen können – mit der Konsequenz, dass die insolvente Kundschaft verstirbt. Untermalt wird der Aspekt, dass es sich hier um ein wirtschaftliches Unterfangen handelt, mit der Beschreibung bürokratischer Abläufe bei der Wiedergewinnung der Artiforgs.

I'd swung into the Credit Union after a long weekend, eager to pick up a few extra pink sheets. [They] gave us address, phone, credit ratings, registered firearms, the works. [...] I filled out a yellow receipt, signed it in triplicate, and left a copy on [the client's] body.[692]

[689] Heinichen: *Tod auf der Warteliste* (Anm. 230), S. 132f.
[690] Shusterman: *Vollendet* (Anm. 78), S. 344.
[691] Gerrits: *Achtzehn* (Anm. 442), S. 174.
[692] Garcia: *The Repossession Mambo* (Anm. 515), S. 2f., 7.

Diese Textpassage erinnert an Shustermans Beschreibung der Umwandlungsverfügung, die in dreifacher Ausführung und in verschiedenen Farben samt der elterlichen Unterschrift bescheinigten, dass Connor zur Umwandlung freigegeben war.[693] Bei DeLillo steht die Idee der Kryokonservierung (Kaltlegung des menschlichen Körpers) im Mittelpunkt, um die Zeit zu überbrücken, in der eine Heilung (noch) nicht möglich ist. Wer diese Option als Investition in eine gesündere Zukunft in Betracht zieht, sollte nicht nur zahlungsfähig sein, sondern auch einen starken Glauben an die Sache mitbringen. Es wird ein Geschäft feilgeboten, über dessen Ausgang nur gemutmaßt werden kann. Das gilt sowohl im Rahmen der fiktionalen Auseinandersetzung als auch im realen Leben.

Rohmaterial und Kommerzialisierung

Organlieferant*innen werden in literarischen Bearbeitungen im Rahmen entmenschlichender, kalkulierter Machenschaften zur Ware degradiert und damit ökonomisiert. Sie stellen ein Rohmaterial im wahrsten Sinne des Wortes dar. Der Begriff des Materials kommt aus dem Bereich der Warenwirtschaft. Der Wert eines jeden Menschen darf sich nicht in anderen Werten ausdrücken oder ausgetauscht werden. In diesem Fall verweist der Begriff der Kommerzialisierung auf „die Nutzung des Menschen bzw. seines Körpers oder dessen Teile zum Zwecke des Gewinns in Kauf, Verkauf und Handel".[694] Der Kommodifizierung wird so Tür und Tor geöffnet, denn im Kommerzialisierungsprozess entstehen dort neue Märkte, „wo vorher nicht-kommerzielles Handeln dominierte, indem nicht kommerzielle Güter in Waren umgewandelt werden".[695] So verwundert es nicht, dass Dr. Bix bei Weinert von Kundschaft spricht: „Ja, ja. Gibt viel zu tun. Vor allem Kundschaft aus Deutschland. Da ist der Mangel an Organen ja besonders eklatant."[696] Die steigende Tendenz der Kommerzialisierung von Gesundheitsleistungen lässt sich im heutigen Gesundheitssystem nicht abstreiten. Genau aus diesem Grund ist das in Betracht ziehen von literarischen Szenarien, die diese Tendenz zu Ende denken und mit Farbe und Leben füllen, ein sehr wertvolles Instrument. Es fungiert als (individuelle/kollektive) Folgenabschätzung und kann für die Leserschaft gleichzeitig ein Werkzeug zur Beurteilung bereits vorherrschender oder sich ankündigender negativer Tendenzen sein, um nicht selbst Teil eines solchen Systems zu werden. Rezipierende werden angeregt, sich politisch/gesellschaftlich mit diesen Entwicklungen auseinanderzusetzen, das eigene Handeln kritisch zu hinterfragen und zu reflektieren. Ethische Theorien können dabei helfen. Das deontologische Prinzip der Menschenwürde spricht sich beispielsweise dafür aus, dass der Mensch Zweck an sich selbst ist (Instrumentalisierungsverbot Kants). In den hier untersuchten Werken hat sich gezeigt, dass Menschen immer wieder mit Verweis auf

---

[693] Shusterman: *Vollendet* (Anm. 78), S. 15.

[694] Jochen Taupitz: *Das Verbot der Kommerzialisierung des menschlichen Körpers und seiner Teile. Lässt es sich rational begründen?* In: Taupitz (Hg.): *Kommerzialisierung* (Anm. 42), S. 1–6, hier S. 3.

[695] Fabian Karsch: *Medizin zwischen Markt und Moral. Zur Kommerzialisierung ärztlicher Handlungsfelder.* Bielefeld 2015, S. 133.

[696] Weinert: *Das Leben meiner Tochter* (Anm. 262), S. 91.

utilitaristische, nach Effizienz ausgerichteten Zielvorgaben entgegen Kants Imperativ behandelt werden. Vulnerable Gruppen werden für das übergeordnete Wohl im Sinne eines größtmöglichen Nutzens geopfert oder instrumentalisiert. Es lassen sich utilitaristische Rechtfertigungen für den Missbrauch Einzelner zum Wohle des Staates durch die Abwertung ihres Körpers ausmachen.

Basierend auf der heute vorherrschenden Organknappheit und der damit einhergehenden Allokationsproblematik werden bereits seit Jahrzehnten Debatten über mögliche Anreizsysteme zur Erhöhung des Organaufkommens geführt. Dabei wurden bereits verschiedene Ansätze diskutiert – darunter beispielsweise Rabatte auf die Kosten einer Krankenversicherung, Steuererleichterungen oder die (anteilige) Erstattung der Beerdigungskosten.[697] Diese scheinbaren win-win-Situationen reichen bis hin zu Überlegungen eines regulierten Organverkaufs. Laut Politikwissenschaftlerin Ingrid Schneider werden derartige Bestrebungen „sowohl auf der Ebene der politischen und kulturellen Durchsetzbarkeit als auch auf der Ebene der empirisch-praktischen Regulierbarkeit, also der Frage der tatsächlichen Machbarkeit" scheitern.[698] Die unter Umständen daraus erwachsenen negativen Potenziale, die sich im heutigen Gesundheitswesen bereits ankündigen, verweisen auf Anklänge von „Habsucht und Herzenskälte, Ausbeutung und Entfremdung, Materialisierung und Kommodifizierung".[699] Gesetzt den Fall „Medizin und Macht [vereinen sich] im Kristall des wundersamen Verpflanzungswunders",[700] wäre neben der prinzipiellen Inkompatibilität medizinischer und marktorientierter Zielsetzungen,[701] die Integrität des menschlichen Körpers in Gefahr. Die verschiedenartigen Handhabungsmöglichkeiten unseres Körpers und seiner Bestandteile tragen zur Progression seiner Exponiertheit bei. Das zeigt sich vor allem in Form seiner Zurverfügungstellung; beispielsweise bei der Leihmutterschaft, der Erzeugung eines Retterkindes oder der Lebendorganspende.[702]

Dilemmata der Organtransplantation

Ähnlich wie bei der Bildgebung, die dazu beiträgt, dass das medizinische Behandlungsverhältnis sich eher in eine behandlungsbezogene Deutung wandelt,[703] muss im Fall von Organtransplantationen eine Apparatemedizin betrieben werden, die im Transplantationsprozess die Sicht sowohl auf die Spender*innen als auch auf die Empfänger*innen als

---

[697] Vogel: *Der Mensch als Ersatzteillager* (Anm. 323), S. 112.

[698] Ingrid Schneider: *Die Nicht-Kommerzialisierung des Organtransfers als Gebot einer Global Public Policy. Normative Prinzipien und gesellschaftspolitische Begründungen.* In: Taupitz (Hg.): *Kommerzialisierung* (Anm. 42), S. 109–126, hier S. 109, 112.

[699] Bettina Schöne-Seifert: *Kommerzialisierung des menschlichen Körpers. Nutzen, Folgeschäden und ethische Bewertungen.* In: Taupitz (Hg.): *Kommerzialisierung* (Anm. 42), S. 37–52, hier S. 43.

[700] Oliver Decker: *Der Warenkörper. Zur Sozialpsychologie der Medizin.* Springe 2011, S. 266.

[701] Giovanni Maio: *Vom karikativen Dienst am Menschen zum Profitcenter? Zu den ethischen Grenzen der Marktorientierung in der Medizin.* In: *Medizinische Klinik* 103 (2008), S. 455–459, hier S. 458.

[702] Mieth: *Verbot der Kommerzialisierung* (Anm. 494), S. 144f.

[703] Bernd-Dietrich Katthagen, Klaus Buckup: *Der Patient und sein Arzt.* In: Bernd-Dietrich Katthagen, Klaus Buckup (Hg.): *Hauptsache Gesundheit. Welche Zukunft hat die Medizin?* Darmstadt 1999, S. 187–204, hier S. 191, 193.

155

Individuum hintenanstellt. Schnelligkeit, Präzision und die Kompetenzen des chirurgischen Teams sind gefragt. Medizinisches Denken und Handeln beschränken sich in diesem Moment auf die Entnahme und Transplantation eines bestimmten Bestandteils. Die „Wahrnehmungsweisen vom menschlichen Körper"[704] reduzieren sich in solchen Eingriffen auf den „Organismus in Analogie zu einer Maschine" und diese „Körpermaschine wird [...] in ihren Bestandteilen analysiert" – so auch jedes einzelne Organ.[705] Diese Organe oder Teile davon „werden ohne Gewissensbisse von [...] gerade Gestorbenen auf Menschen übertragen, die noch nicht sterben wollen".[706] Dabei können Aspekte wie Ganzheitlichkeit des Menschen als Einheit aus Körper und Seele sowie Empfinden von Empathie in den Hintergrund rücken. In diesem Prozess kann es zu einem Verlust von Menschlichkeit kommen. Diese Tendenzen machen sich Autor*innen zu eigen, was sich in dieser Arbeit vor allem in einigen sehr bildhaften OP-Schauplätzen (Gerritsen, Weinert, Shusterman, Garcia) widerspiegelt. Unter dem Stichwort Strohleiche bei Heinichen und dem Begriff des Schlachthauses bei Shusterman finden sich Verweise auf den problematischen Umgang mit Postmortalspender*innen. Das Ansinnen einer Fließbandarbeit (verschiedene chirurgische Teams entwenden Organ um Organ) wird in diesen literarischen Werken transportiert. Von dem Menschen an sich und seiner Würde bleibt in diesem Moment nicht viel zurück – abgesehen der Menge seiner entnommenen Organe. Bei Shusterman erscheint dieses Szenario umso unmenschlicher, da es sich bei Entnahmebeginn gar nicht um Postmortalspender*innen sondern um lebendige Jugendliche handelt, die den Ausgang der Operation nicht überleben werden. Gleiches gilt für Gerritsen, Hainichen und Weinert. Der Sterbebegleitung, also dem fürsorglich motivierten Handeln, insbesondere dem Aspekt der menschlichen Zuwendung, wird in dieser Situation kein Platz eingeräumt.[707]

Weiterleben auf Kosten eines anderen Menschenlebens?

> Denn natürlich wünscht sich ein Mensch, dessen Leben an einem sog. seidenen Faden hängt, dass möglichst schnell irgendwo ein Unfallopfer eingeliefert wird, dessen Herz sich für eine Organspende eignet.[708]

> Ist der Widerspruch zwischen den Interessen der Medizin, einerseits möglichst viele Organspender zu rekrutieren und andererseits möglichst wenige (Hirn)tote hinzunehmen, auflösbar, d. h. ist ein Grundkonsens zweier widerstreitender ethischer Ziele herstellbar?[709]

---

[704] Volker Roelke: *Vom Menschen in der Medizin. Für eine kulturwissenschaftlich kompetente Heilkunde.* Gießen 2017, S. 144.
[705] Wiebel-Fanderl: *Herztransplantation als erzählte Erfahrung* (Anm. 121), S. 187.
[706] Constant Leering zit. in Fittkau: *Beschaffen als Mission* (Anm. 134), S. 21.
[707] Schöne-Seifert: *Beim Sterben helfen* (Anm. 617), S. 12.
[708] Wiebel-Fanderl: *Herztransplantation als erzählte Erfahrung* (Anm. 121), S. 168.
[709] Hans H. Scheld, Mario C. Deng, Dieter Hammel: *Leitfaden Herztransplantation.* Darmstadt 1997, S. 205.

Eine weitere Dilemma-Situation ergibt sich für die Empfänger*innen. Sie müssen in Kauf nehmen, dass erst ein Mensch sterben musste, damit sie über- beziehungsweise weiterleben können. Selbst bei der Lebendspende muss ein anderer Mensch sich einer Operation unterziehen, bei der es sich nicht um einen Heileingriff handelt. Es ist ein operative Eingriff, der mit Risiken verbunden ist, die im Sinne von Nutzen und Schaden abgewogen werden müssen. Fluch und Segen des biomedizinischen Fortschritts zeigen sich selten so offensichtlich wie in diesem Fall. Es ist ein Dilemma, welches insbesondere bei Weinert herausgearbeitet wird, der es in der Figur des Straßenjungen zur Debatte stellt. In der Figur des Retterkindes Anna kehrt sich das Dilemmata um. Das Geschwisterkind muss nicht sterben, weil Anna „zu einem ganz bestimmten Zweck geboren [wurde]".[710] Bei Garcia hat es sich gänzlich aufgelöst – nicht ohne ein Neues entstehen zu lassen. Das Dilemma ergibt sich aus der Situation der Zahlungsunfähigkeit. Die künstlichen Organe wurden verpflanzt unter der Voraussetzung, dass sie abbezahlt werden. Geschieht dies nicht, werden sie dem Körper wieder entnommen, was mit dem Tod der einstigen Nutznießer*innen einhergeht. Das Mittel, welches den Mangel beheben soll, tut dies vorübergehend, geht jedoch auf lange Sicht mit einer kalkulierten Selbstverfehlung einher.

Abweichungsheterotopien

Schiffs-Frachter, Ernte-Camp und Null K-Einheit

Es sind insbesondere die dystopischen Szenarien, die als „harvest heterotopia[s]" im Sinne von Philosoph Michel Foucaults „Abweichungsheterotopie"[711] gelesen werden können. Der Moment und der Ort der Organentnahme „occur[s] in a kind of ceremony in a particular, bounded space".[712] Diese Orte vereinen in den hier untersuchten Werken Elemente eines Krankenhauses, einer Ferienanlage, eines Gefängnisses und einer Gruft oder Grabkammer. Der von Foucault geprägte Heterotopie-Begriff bezieht sich auf Räume, „die mit allen anderen in Verbindung stehen und dennoch allen anderen Platzierungen widersprechen [, da] sie die […] bezeichneten oder reflektierten Verhältnisse suspendieren, neutralisieren oder umkehren".[713] Die Vorstellung der Abweichungsheterotopie zeigt sich in den hier untersuchten Fiktionen deutlich, indem eine Gesellschaft gedacht wird, in der einige Menschen aus ihrem ursprünglichen Handlungsraum in einen abgegrenzten Raum verbracht werden, um hier ihre Körper für den Zweck der Organtransplantationen beziehungsweise für die Kryokonservierung neu zu kategorisieren. Die Protagonist*innen „in these dystopian texts inhabit […] a strange state of enduring, their agency suspended and the passage of time being simultaneously a reprieve (since they are still alive) and torture (since they await vivisection)".[714] Die Literatur ist der Raum, „der im Kontext ‚anderer Räume' deren Grenze thematisch macht und damit immer auch

---

[710] Picoult: *Beim Leben meiner Schwester* (Anm. 372), S. 11.

[711] Michel Foucault: *Andere Räume*. In: Karlheinz Barck (Hg.): *Aisthesis. Wahrnehmung heute oder Perspektiven einer anderen Ästhetik*. Leipzig 1992, S. 34–46, hier S. 40f.

[712] Wasson: *Scalpel and Metaphor* (Anm. 117), S. 111.

[713] Foucault: *Andere Räume* (Anm. 711), S. 38.

[714] Wasson: *Scalpel and Metaphor* (Anm. 117), S. 111.

die Grenzgänge, die als die aufschlussreichsten Näherungen der ‚Normalität' an ihr Anderes zu gelten haben".[715] Diese Grenzgänge zeigen sich insbesondere bei Garcia und DeLillo, die damit das Ausmaß eines maschinellen Organersatzes (körperlich-räumlich gedacht) sowie die Diskontinuitätserfahrung durch Kryokonservierung (zeitlich gedacht) im Sinne einer Passage oder Schwellenerfahrung thematisieren. Damit einher gehen Gewissheits- und Ungewissheitszustände. Diese „Brüche mit traditionellen Zeit[- und Raum]verständnissen" finden sich auch bei Shusterman während der Ernte oder bei Gerritsen auf dem Schiffs-Frachter, eines „unser[er] größte[n] Imaginationsarsenal[e]".[716]

Transformationen

Garcias Protagonist Remy, der sich nach einem Unfall mit einem teuer abzuzahlenden Maschinenherz konfrontiert sieht, unterzieht sich einer Metamorphose, die mit einem entsprechenden Transformationswissen in Bezug auf seine neue Lebenssituation einhergeht. Seine Transformation ist zwar durch „ein individuelles Erlebnis markiert", wird aber „durch die entsprechende[n] gesellschaftlich tradierte[n] rituelle[n] Narrative und performative[n] Akte des Kultes [hier die Wiederinbesitznahme] mitunter höchst dramatisch inszeniert".[717] Auch die Figuren der anderen untersuchten Werke durchlaufen diverse „Spielart[en] der Transformation menschlichen Lebens".[718] DeLillos Milliardär Ross Lockhart erfährt ähnlich wie Vater Micha bei Weinert eine „Transformation durch Hingabe".[719] In ihrer Ausdifferenzierung meint die Hingabe bei DeLillo die Mitgestaltung einer Weltanschauung, einer Idee. Der Transformationsraum wird durch die Spezialeinheit Null K repräsentiert. Bei Weinert ist die Hingabe vor dem Hintergrund einer Verzweiflungstat zu verstehen, die aufgrund der Illegalität negativ konnotiert ist. Hier lässt sich die Transformation metaphorisch als Seitenwechsel (Gut versus Böse) interpretieren. Der Protagonist ist beim Beantworten der initialen Frage „Legal unsere Tochter sterben sehen oder sie illegal retten?"[720] zum Scheitern verurteilt. Bei DeLillo findet sich eine zweite, extramundane Lesart der Transformation. Durch die Kryokonservierung sollen Körper und Organe aufgefrischt, die Systeme regeneriert werden.[721] Die Jugendlichen in Shustermans Szenario müssen sich unfreiwillig einer „intramundanen Transformation" unterziehen.[722] Ihre Umwandlung, die im Schlachthaus (etwas euphorischer in der Ernteklinik) durchgeführt wird, ist an eine 99,44 prozentige Wiederverwertung geknüpft,

---

[715] Rainer Warning: *Utopie und Heterotopie.* In: Jörg Dünne, Andreas Mahler (Hg.): *Handbuch Literatur & Raum.* Berlin, Boston 2015, S. 178–187, hier S. 184.

[716] Ebd., S. 182.

[717] Andreas Grünschloss: *Diskurse um ‚Wiedergeburt' zwischen Reinkarnation, Transmigration und Transformation der Person.* In: Feldmeier (Hg.): *Wiedergeburt* (Anm. 572), S. 11–44, hier S. 17.

[718] Engelbrecht: *Transformationsmotive in Science Fiction* (Anm. 572), S. 195.

[719] Ebd., S. 202.

[720] Weinert: *Das Leben meiner Tochter* (Anm. 262), S. 38.

[721] DeLillo: *Null K* (Anm. 585), S. 74.

[722] Grünschloss: *Diskurse um ‚Wiedergeburt'* (Anm. 717), S. 18.

durch die die Wandler*innen theoretisch am Leben bleiben, nur eben in jemand anderem.[723] Die Umwandlung sehen die Wandler*innen „als gar nicht so unähnlich" in Abgrenzung zum Tod – hier zeigt sich eine Gemeinsamkeit mit DeLillo, denn vom Tod weiß niemand, „welche Geheimnisse sich hinter seinen Türen verbergen".[724] Ein imitierter Selbstmord ist neben der Flucht eine zweite Möglichkeit bei Shusterman, wie man sich der Umwandlung entziehen kann. Die durchdachte Konfrontation durch Disqualifizierung wird folgendermaßen beschrieben:

> ‚Wenn die mich kurz vor meinem achtzehnten Geburtstag abholen wollen, springe ich vom Dach.'

> ‚Du willst dich umbringen?'

> ‚Ich hoffe nicht – es sind ja nur zwei Stockwerke. Aber wenn ich unten ankomme, bin ich bestimmt übel zugerichtet. In dem Zustand können sie einen nicht umwandeln, verstehst du? Sie müssen warten, bis man wieder gesund ist. Bis dahin bin ich achtzehn, und sie sind am Arsch!'[725]

Ärztliche Berufsethik

In der Zwischenzusammenfassung zum Kapitel organisiertes Verbrechen bin ich mit Verweis auf den traditionellen Grundsatz ärztlicher Praxis *primum non nocere* bereits auf einige Aspekte der ärztlichen Berufsethik in Auseinandersetzung mit den drei dort bearbeiteten literarischen Werken eingegangen. Der Schwerpunkt lag vor allem auf dem Bild einer korrumpierenden Ärzteschaft vor dem Hintergrund krimineller Machenschaften. Diese Ausarbeitungen sollen ergänzt werden um Aspekte, die sich aus den anderen beiden Kapiteln ergeben haben. Das Aufkommen des Transhumanismus ist laut Miksa beispielsweise mit der Gefahr verbunden, dass Ärzt*innen Erfüllungsgehilf*innen neuster Technologien werden und der individuelle Blick auf die Patient*innen mit dem damit verbundenem Ziel der Genesung in weite Ferne geraten.[726] Das ärztliche Verteilen oder Blockieren medizinischer Ressourcen, lässt es sich nicht aus der Kombination von Indikation und Wille der Patient*innen erklären, kann den Bedürfnissen einer Person, die sich in medizinische Hände begibt, nicht gerecht werden. Das eigentliche Vertrauensverhältnis, welches mit viel Arbeit und Investition von beiden Seiten erarbeitet werden muss, läuft konträr zu dieser Art von Rationierung, die Ärzt*innen womöglich auf Basis der Zahlungsfähigkeit oder persönlicher Interessen festlegen. Ein solches Verfahren würde gegen jegliche berufsethische Kodizes verstoßen. Dieser Gefahr müssen wir uns als Gesellschaft stellen. Die Belletristik hat allein in dieser Arbeit eine Bandbreite an möglichen Fallgruben, Verstößen, entmenschlichenden Tendenzen durch (negative) Entwicklungen, die aus dem biomedizinischen Fortschritt entspringen, geliefert. Gesetze, Vorschriften, Kodizes, Regularien, Handlungsanweisungen, Leitfäden und Standard Operating Procedures

---

[723] Shusterman: *Vollendet* (Anm. 78), S. 344.
[724] Ebd., S. 371.
[725] Ebd., S. 353.
[726] Miksa: *Transhumanism* (Anm. 620), S. 68.

(SOPs) müssen sich unermüdlich dieser Entwicklungen annehmen, um das Handlungsspektrum immerfort neu auszurichten oder nachzujustieren. Dieser Prozess, die angemessene Verinnerlichung moralischer Normen und Werte des ärztlichen Berufsbildes, muss bereits in der Ausbildung der Health Professionals beginnen, „[this] may help them save the autonomy of their profession in the midst of commercialisation processes [...]".[727] Es ist dieser Punkt, der sich auch im Kern der szientifischen Funktion der Literatur widerspiegelt und demzufolge im Ausbildungsprozess zum Tragen kommen muss. Ein Perspektivwechsel kann beispielsweise dazu beitragen, verschiedene Positionen wertzuschätzen, anzuerkennen oder überhaupt erst einnehmen zu können. Dieser Aspekt hat sich in den hier untersuchten Werken, vor allem bei Weinert und Picoult, als wirkmächtiges Instrument herausgestellt. Nicht zuletzt ist es Aufgabe jeder einzelnen Person, die eigene Haltung in Bezug auf eine professionelle Praxis zu reflektieren. Neben der eigenen Auseinandersetzung mit dem Thema der Ökonomisierung und Technisierung der Medizin, gehört unter anderem auch die Konfrontation mit den Themen Sterbehilfe und Schwangerschaftsabbruch zu einer professionsethischen Selbstreflexion. Dabei sollten die „eigenen Begründungsmuster auch dahingehend reflektier[t] [werden], inwiefern prägende Erfahrungen, individuelle Neigungen und soziale Einflüsse in ihnen sichtbar werden".[728]

Stilistische Mittel

Die ästhetische Wirkung der Sprache wird durch Stilmittel evoziert, die sich im Rahmen der hier untersuchten Werke vermehrt in den folgenden rhetorischen Figuren gezeigt haben: Metaphern, Allegorien, Analogien, und Diminutiva.

Metaphern

Bei der Metapher, einer „traditionelle[n] Figur der Rhetorik", wirken laut Axel W. Bauer Substitutionstheorie und Bedeutungsübertragung zusammen, um komplexe Kontexte bildhaft zu verdeutlichen.[729]

> Eine Metapher bringt zwei getrennte Sinnbereiche in einen ungewohnten, oft kreativen Zusammenhang. Da die Metapher definitionsgemäß mehrdeutig ist, fordert sie dazu auf, Ähnlichkeiten zu erkennen bzw. Ähnlichkeiten zu konstruieren. Eine Metapher hat die Funktion, zwei verschiedene Gegenstände in eine ungewohnte, aber plausible Assoziation miteinander zu bringen.[730]

---

[727] Miksa: *Transhumanism* (Anm. 620), S. 57f.

[728] Akademie für Ethik in der Medizin e. V. (AEM) Göttingen. E-Learning GTE. Drei Prüfungsstrategien für den medizinethischen Unterricht. AG ethik learning. https://www.aem-online.de/index.php?id=165 (abgerufen am 13.11.2021).

[729] Axel W. Bauer: *Metaphern. Bildersprache und Selbstverständnis der Medizin*. In: *Anaesthesist* 55 (2006), S. 1307–1314, hier S. 1307.

[730] Ebd.

Der metaphorische Sprachgebrauch lässt sich also nicht ohne seinen Kontext und auch nicht unabhängig von seiner kommunikativen Funktion verstehen.[731] Dies in Bezug auf die hier analysierten Werke zu ergründen, ist Teil des *close readings*.

Rettungs-Metapher

Die Rettungs-Metapher zeigt sich in der hier untersuchten Literatur im Rahmen verschiedener Lesarten, die in der folgenden Übersicht abgebildet werden (Abb. 2).

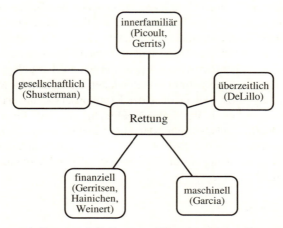

Abb. 2 Lesarten in Bezug auf die Rettungs-Metapher (eigene Zusammenstellung)

Die hier aufgezeigten Lesarten der Rettungs-Metapher beziehen sich jeweils auf den Plot, nicht auf einzelne Figuren. So kann beispielsweise die Umwandlung bei Shusterman als gesellschaftliche Rettung gelesen werden. Die eigentlichen Protagonist*innen werden als Ausgestoßene dieser Gesellschaft das Mittel zur Rettung. Bezieht man sich auf die Nutznießer*innen des illegalen Organhandels, kann bei Gerritsen, Hainichen und Weinert von einer finanziellen Rettung gesprochen werden. Gemeint sind die Figuren, die (viel) Geld besitzen und es für ihre persönliche Rettung einsetzen. Diese Lesart trifft auch bei Weinert zu, imponiert aufgrund der Hervorhebung der familiären Verknüpfung und der damit einhergehenden Verzweiflung des Protagonisten jedoch als weniger kriminell. Genau aus diesem Grund zeigen sich bei Weinert gleichzeitig Züge der innerfamiliären Rettung. Bei Picoult und Gerrits lässt sich diese eindeutig ausmachen, da der Plot sich ausschließlich innerhalb des Familiengefüges abspielt und die Rettung jeweils durch ein Familienmitglied verkörpert wird. Im Szenario von DeLillo wird die Rettung durch die Kryokonservierung bereitgestellt, sie ist allerdings auch abhängig von den finanziellen Möglichkeiten der interessierten Anhängerschaft. Ähnlich sieht es bei Garcia aus, in seinem Szenario erfahren diejenigen eine Rettung, die sich ein Artiforg leisten können. Beson-

---

[731] Gerhard Kurz: *Metapher, Allegorie, Symbol.* 5. Aufl. Göttingen 2004, S. 11f.

ders hier wurde deutlich, dass Rettung nicht heißt, dass keine Opfer zurückgelassen werden. Für den Protagonisten Remy braucht es erst den maschinellen Ersatz, um sich dessen bewusst zu werden.

Temperatur-Metapher

In den Werken fällt der Einsatz temperatur-charakterisierender Metaphern, mitunter auch synästhetische Metaphern, die mehrere Sinneswahrnehmungen miteinander verknüpfen, auf. Dabei sind es insbesondere kalte Beschreibungen, die in Bezug auf den Menschen oder Dinge zum Einsatz kommen. Adjektive wie eiskalt spiegeln vor allem menschliche Züge wider. Jemand ist demzufolge berechnend. Dies ließ sich sowohl bei Gerritsen und Heinichen, aber auch bei Shusterman und Gerrits finden. Es wundert nicht, dass im sprachlichen Gebrauch im Feld der Transplantationsmedizin oftmals mit temperatur-charakterisierenden Angaben hantiert wird. Organe werden auf Eis gelegt, der Körper wird runtergekühlt. Die Hypothermie wird in verschiedenen Bereichen der Medizin, zum Beispiel beim Notfall, eingesetzt. Der Prozess der Kryokonservierung wird typischerweise mit dem Thema Temperatur in Verbindung gebracht. „Überall im Raum eisig weiße Stille."[732] Diese bildhafte synästhetische Metapher beschreibt den Zustand der Kaltlagerung bei DeLillo, welche als kühles Stillleben imponiert. Zusätzlich nutzt der Autor passenderweise den Zusammenhang aus kühler Farbe (weiß) und dem dazugehörigen Attribut der Zeitlosigkeit.[733]

Humpty Dumpty-Allegorie

> Humpty Dumpty was a smooth, round little chap, with a winning smile, and a great golden heart in his broad breast. Only one thing troubled Humpty, and that was, that he might fall and crack his thin, white skin; he wished to be hard, all the way through, for he felt his heart wabble when he walked, or ran about, so off he went to the Black Hen for advice. This Hen was kind and wise, so she was just the one, for him to go to with his trouble. 'Your father, Old Humpty,' said the Hen, 'was very foolish, and would take warning from no one; you know what the poet said of him:
> Humpty Dumpty sat on a wall,
> Humpty Dumpty had a great fall;
> All the king's horses, and all the king's men
> Cannot put Humpty Dumpty together again.'[734]

Die Stilfigur der Allegorie, eine Spielart der Metapher, die oft in der Form der Personifikation auftritt (beispielsweise Sensenmann für den Tod), dient der „Verbildlichung des

---

[732] DeLillo: *Null K* (Anm. 585), S. 153.

[733] Petra Waldminghaus: *Der Mensch als Marke mit Image und Wirkung*. In: Benjamin Schulz (Hg.): *Das große Personal-Branding-Handbuch*. Frankfurt am Main 2020, S. 345–404, hier S. 361.

[734] Denslow: *Humpty Dumpty* (Anm. 347).

Abstrakten und Unwirklichem".[735] Die *Humpty Dumpty*-Allegorie, die sowohl bei Shusterman als auch bei Garcia zum Einsatz kommt, lässt sich mit zwei Lesarten in Verbindung bringen. Zum einen kann die Geschichte des *Humpty Dumpty* als offensichtliche Allegorie auf die Zerbrechlichkeit beziehungsweise Verletzlichkeit gelesen werden. Es ist ein unvermeidbarer Fakt, dass sich ein einmal zerlegter menschlicher Körper nicht wieder zusammensetzen lässt. So spricht auch Medienwissenschaftler Rainer Leschke von einer „Fragmentierung oder Re-Montage des Körpers", dessen Einheitlichkeit und Sinnhaftigkeit durch die unmissverständliche Bedrohung des Selbst rabiat gefährdet, wenn nicht sogar verloren ist.[736] Dies bezieht sich bei Shusterman auf die Zerlegung durch den Umwandlungsprozess,[737] der unumkehrbar ist. Bei Garcia ist der Prozess der Wiederinbesitznahme der kostbaren Artiforgs gemeint,[738] ohne die die Kundschaft nicht überleben kann. Die Wiederinbesitznahme lässt sich als Rückabwicklung dessen lesen, was einst als Warenkörper eingesetzt wurde. Was bei Shusterman im Rahmen der Geschichte um die verzweifelte Familie Dunfee beschrieben wird, kommt der Tätigkeit des Bio-Repo man sehr nah. Sehr eng verknüpft mit der Zerbrechlichkeits-Allegorie sind vereinzelte rückwärts-weisende Metaphern, die insbesondere bei DeLillo hervorstechen. Der Zustand in der Eiskapsel wird hier beispielsweise mit einer „uterinen Röhre" verglichen, der als „rückgekoppelt an den Fötuszustand" beschrieben wird.[739] Die „Rückwärtsgedanken"[740] bei DeLillo lassen sich entgegen der zerbrechlichen Version der *Humpty Dumpty*-Allegorie als positiv behaftet interpretieren, denn die Medizin macht hier den Anschein, dass sie den Tod rückgängig machen kann. Der von Protagonistin Artis gebrauchte Begriff der „Wiederzusammensetzung, Atom für Atom"[741] steht für die Hoffnung, für Wiedergeburt oder für eine herbeigesehnte Wende. Eine zweite – weniger offensichtliche – Auslegung der *Humpty Dumpty*-Allegorie lässt sich mit dem Sündenfall im Paradies (Genesis 3) in Verbindung bringen. Wie aus der oben zitierten Textstelle aus Denslows *Humpty Dumpty* hervorgeht, berichtet die gütige und weise Henne von Old Humpty, der töricht und rücksichtslos war und sich von niemanden hat warnen lassen. Eine Einstellung, die ein schlimmes Ende genommen hat, denn Old Humpty – allen Ratschlägen und Empfehlungen zuwiderhandelnd – fällt von der Mauer und kann nicht wieder zusammengesetzt werden.[742] Seine Mündigkeit und sein Eigensinn, verschärft auch sein Ungehorsam, werden ihm also zum Verhängnis. Ähnlich verhält es sich mit Adam und Eva und deren Verzehr der verbotenen Frucht vom Baum der Erkenntnis. Hier zeigt sich eine deutliche Korrelation zur Exegese des biblischen Sündenfalls. Es nimmt nicht wunder, dass im Kontext der sowohl menschlichen/organischen (Shusterman) als auch künstlichen (Garcia) Organersatzteile – ähnlich wie im Kontext von Klon-Schaf Dolly (Einführung, Abb. 1), der Sündenfall zur Diskussion steht.

---

[735] Eberhard Jung: *Der Mensch als Marke der Rhetorik*. In: Schulz (Hg.): *Das große Personal-Branding-Handbuch* (Anm. 733), S. 405–432, hier S. 410.

[736] Leschke: *Transmortalität* (Anm. 640), S. 143.

[737] Shusterman: *Vollendet* (Anm. 78), S. 140f.

[738] Garcia: *The Repossession Mambo* (Anm. 515), S. 41.

[739] DeLillo: *Null K* (Anm. 580), S. 243, 147.

[740] Ebd., S. 243.

[741] Ebd., S. 49.

[742] Denslow: *Humpty Dumpty* (Anm. 347).

Ernte-Analogie

Der amerikanische Begriff harvest meint sowohl das Nomen Ernte als auch das Verb ernten. Es handelt sich im Amerikanischen um einen gängigen Begriff, der im Rahmen der Transplantationsmedizin in verschiedenen Kombinationen zum Einsatz kommt (strange harvest, bloody harvest, harvest of fear, human harvest, organ harvesting). Der deutliche Bezug zur Materialität geht mit der Gefahr einher, transplantationsspezifische Begebenheiten zu verdinglichen. Wiebel-Fanderl spricht mit Verweis auf das Beispiel „harvesting from the cadaver" von einer Verdinglichung des Leichnams[743]. In Shustermans imaginierter Gesellschaft findet das erzwungene Zurverfügungstellen von jugendlichen Körpern in dafür vorgesehenen Ernte-Camps statt. Der Originaltitel von Gerritsens *Kalte Herzen* lautet *Harvest* und bezieht sich auf das Zurverfügungstellen der russischen Waisenkinder beziehungsweise deren Organe. Auch Picoult nutzt den Begriff der Ernte in verbalisierter Form mit Bezug auf die Spendentätigkeit des Retterkindes Anna, was an das ursprüngliche landwirtschaftliche Abernten (Explantation) eines Feldes nach dessen Bestellung (Geburt) erinnert: „Die Tatsache, daß ich nur geboren wurde, damit ich für Kate *abgeerntet* werden kann."[744] Die Beschreibung, dass Organe verpflanzt werden, ist ebenfalls durch den Begriffsinhalt der Ernte/Landwirtschaft konnotiert.

Diminutiva

Diminutiva haben sich in der hier untersuchten Literatur vor allem dann gezeigt, wenn es darum ging, medizinische Eingriffe abzuschwächen. Diese Verharmlosung beziehungsweise Verniedlichung kommt vermehrt da zum Einsatz, wo es um die Kommunikation mit einer vulnerablen Gruppe geht, hier die der Kinder. Aus der Spritze, die mit Angst und Schmerzen verbunden wird, wird ein „kleiner Pieks"[745] oder „kleiner Piekser"[746]. Es soll vermittelt werden, dass der mutmaßlich gute Zweck, der hinter dem Eingriff steht, in Kauf genommen werden müsse – um sicher an Adoptiveltern vermittelt werden zu können oder um die erkrankte Schwester zu retten.

Nachdem in diesem Kapitel einige Aspekte der Literaturanalysen im Sinne einer zusammenführenden Diskussion präsentiert wurden, soll im Anschluss Raum für eine Schlussbetrachtung mit den relevanten Ergebnissen der Arbeit sowie einem literaturwissenschaftlichen Ausblick auf den biomedizinischen Fortschritt gegeben werden.

---

[743] Wiebel-Fanderl: *Herztransplantation als erzählte Erfahrung* (Anm. 121), S. 169.
[744] Picoult: *Beim Leben meiner Schwester* (Anm. 372), S. 26 (eigene Hervorhebung).
[745] Gerritsen: *Kalte Herzen* (Anm. 182), S. 213.
[746] Picoult: *Beim Leben meiner Schwester* (Anm. 372), S. 103.

3 SCHLUSSBETRACHTUNG

Wieviel biomedizinischer Fortschritt ist vertretbar? Soll dem theoretischen Können automatisch die praktische Umsetzung in Form des Tuns folgen – ohne die Folgen abzuwägen? Wie invasiv darf Biomedizin in den menschlichen Körper, in sein Wesen eingreifen und welche Wege darf sie hierfür beschreiten? Welchen Beitrag darf sie im Rahmen anzustrebender Lebens- und Daseinsformen leisten? Wer definiert was erstrebenswert ist? Es geht um Fragen, die die Grundprinzipien biomedizinischer Praxis und Behandlung berühren. Vor allem aber: Dürfen die schönen Künste (hier: Belletristik) beziehungsweise das Forschungsfeld der Medical Humanities bei der Beantwortung und Aushandlung dieser Fragen mitreden? Diese Arbeit plädiert diesbezüglich für ein klares: *Ja, sie dürfen.* Sie dürfen, weil durch sie eine gesellschaftliche Verhandlung stattfindet, die weder durch die Wissenschaft noch durch die Politik allein angeregt werden kann. So wurden diese sowohl wissenschaftlich als auch gesellschaftlich relevanten Fragen in dieser Arbeit mit besonderem Blick auf die Organtransplantation in den Mittelpunkt gerückt und anhand eingehender literaturwissenschaftlicher Analysen näher untersucht. Durch den spekulativen, erfinderischen Charakter, der hier analysierten belletristischen Werke, kann sich die Leserschaft in verschiedene Gedankenexperimente versetzen, die potenzielle Risiken und menschliche Verfehlungen vor dem Hintergrund verschiedener Lösungsszenarien zum Organmangel verhandeln. Basierend auf biomedizinischen Erkenntnissen – die in der literarischen Bearbeitung kaum über die heute bereits vorherrschenden Möglichkeiten hinausgehen – zeigen sie auf, worüber wir uns als Gesellschaft Gedanken machen sollten, wo Gefahrenpotenziale lauern, wo die Politik gefordert ist und wo auch die zukünftige Forschung anknüpfen muss, damit sich so manche Dystopie nicht bewahrheitet. Diesbezüglich zeigt die Arbeit, dass das Forschungsfeld der Medical Humanities weiterwachsen kann und auch muss, um bei der Gestaltung unserer Gesellschaft mitzuwirken – insbesondere im Sinne einer Brückenfunktion zwischen Wissenschaftsbetrieb, Öffentlichkeit und Gesellschaft.

Not macht erfinderisch – drei literarische Aushandlungsszenarien zum Organmangel

Der Titel dieser Arbeit, der die Redewendung Not macht erfinderisch beinhaltet, verweist auf die Ideenvielfalt und Kreativität der Autor*innen. Die Not bezieht sich auf das Dilemma der Transplantationsmedizin – der Diskrepanz zwischen benötigten Spenderorganen und tatsächlich zur Verfügung stehender Transplantate. Das Erfinderische bezieht sich auf die Art und Weise der Aushandlung dieser Not. In den Medical Humanities findet dieses artistische Element seine anwendungsbezogene Verankerung. Drei literarische Aushandlungsszenarien zum Organmangel dienten dieser Arbeit als Grundgerüst. Die drei Schwerpunktsetzungen organisiertes Verbrechen, menschliche Ersatzteillager und biotechnologische Überbrückung wurden anhand von insgesamt acht Literaturanalysen untersucht, in denen sich die Verfügbarkeit von Organen durch illegale Machenschaften, menschliche Aufopferungen und transhumanistische Technologien realisieren. Damit haben diese Szenarien mit der Ausgangssituation des Mangels an menschlichen Organen für die Zwecke der Transplantation zwar einen gemeinsamen Nenner, die Themensetzungen berühren jedoch idiosynkratische Ausdifferenzierungen, die sich folgend übersichtlich darstellen lassen (Abb. 3).

Abb. 3 Übersicht der belletristischen Aushandlungsszenarien zum Organmangel in dieser Arbeit (eigene Darstellung)

In den jeweiligen Unterkapiteln dieser drei Hauptszenarien wurde anhand der Lektüreverfahren des *close-* und *wide readings* auf die spezifischen Begebenheiten der Zurverfügungstellung eingegangen. Dieses kombinierte Interpretationsverfahren hat sowohl den Blick auf die Textdetails und ästhetischen Elemente der Romane ermöglicht als auch den Blick auf die nicht-literarische Ko-Lektüre – den Kontext des Werks und der spezifischen Themensetzung.

Es sind insbesondere Krimiautor*innen, die sich das organisierte Verbrechen für ihren Plot zu Nutze machen. Organhandel und Organraub stehen in diesen Narrativen hoch im Kurs. Sie nehmen stigmatisierte Randgruppen als unfreiwillige Organlieferant*innen auf der einen und bessergestellte Empfänger*innen auf der anderen Seite in den Fokus. Die hierbei illegal handelnden Akteur*innen bereichern sich an einem korrupten, menschenverachtenden, oft unter einem Deckmantel agierenden System oder sehen aufgrund eines persönlichen Schicksals und der zeitkritischen Situation keinen anderen Ausweg.

Romanautor*innen entwerfen mitunter düstere Szenarien, die sich mit der Metapher des menschlichen Ersatzteillagers auseinandersetzen. Warum Menschen zu Ersatzteillagern degradiert werden, liegt in den Romanen in post-kriegerischen Gesellschaftsumbrüchen oder innerfamiliären Verstrickungen, Interessenskonflikten und Ausnahmesituationen begründet. Die oft entmenschlichende Repräsentation der Organübertragung geht hier oftmals mit einer Fremdbestimmung und Geringschätzung der Spender*innen als therapeutische Ressource einher. In Szenarien, bei denen das verwandte Ersatzteil auf ein Mitglied der Familie übertragen werden soll, ist die familiäre Konstellation oft durch Zerrüttung der einzelnen Mitglieder gekennzeichnet. Nichtsdestotrotz spielen das symbolhafte Geschenk oder der Aspekt der Rettung eine Rolle. Demzufolge lassen sich für das menschliche Ersatzteillager mehrere Lesarten identifizieren.

In einem dritten Ansatz, der als Aushandlung für den vorherrschenden Organmangel in der literarischen Bearbeitung hervorsticht, beziehen sich Romanautor*innen auf verschiedene Formen der biotechnologischen Überbrückung. Diese rekurrieren sowohl auf den künstlichen – also maschinellen – Organersatz als auch auf die Kaltlagerung des erkrankten Organismus (Kryokonservierung). Der menschliche Körper wird durch diese endo- und exogenen Interventionen nicht nur kommodifiziert sondern an seine Grenzen gebracht. Der transhumanistischen Denkrichtung wird hier ein fiktionaler Rahmen geboten.

Ungeachtet der Themensetzungen, Subgenres, Erzählperspektiven, Motive und Stilmittel konnte mit Blick auf die meist unfreiwilligen Spender*innen in diesen Szenarien als hervorstechendes Merkmal deren spezifische Gruppenzugehörigkeit ausgemacht werden. Diese wirkt sich in den Kategorien Alter, sozioökonomische Lage, Familienform, Religion und Herkunft weitgehend negativ auf diese Personen aus (Abb. 4.). Insbesondere das junge Alter der Protagonist*innen, welches auf zwei von drei deutschen und drei von fünf US-amerikanischen Werken zutrifft, spricht die Leserschaft auf emotionale Art und Weise an. Die mit dem jungen Alter verbundene Vulnerabilität löst in der Leserschaft Gefühle wie Angst, Wut, Liebe und Hoffnung aus. Die größten aller Gefühle entwickeln sich gegenüber schutzwürdigen, vulnerablen Mitgliedern unserer Gesellschaft, insbesondere gegenüber Kindern.

Abb. 4 Ergebnisse in Bezug auf die meist unfreiwilligen Spender*innen in dieser Arbeit (eigene Darstellung)

Das auffallende Merkmal bezüglich der Gruppe der Empfänger*innen in den hier untersuchten Szenarien lässt sich in deren besseren, vorteilhafteren Lebensumständen ausmachen. Gegensätzlich zu den benachteiligenden Faktoren auf Seite der Spender*innen erwächst ihnen ein Vorteil aus ihrem wirtschaftlichen, gesellschaftlichen, sozialen und kulturellen Status (Abb. 5). Für die Leserschaft erscheint diese Art von Charaktere aufgrund ihrer egoistischen und zum Teil unmenschlichen Züge als wenig liebenswert – sie sind meist in der Rolle der Antagonist*innen zu finden.

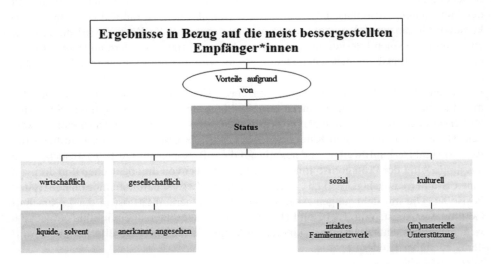

Abb. 5 Ergebnisse in Bezug auf die meist bessergestellten Empfänger*innen in dieser Arbeit (eigene Darstellung)

Abgesehen von dem Versuch einer Eingruppierung der in den Werken agierenden Spender*innen und Empfänger*innen, lässt sich mit Blick auf die spezifische Entwicklung der Romanfiguren festhalten, dass der Leserschaft anhand derer spezifischer Transformationsprozesse eine reflektierende Auseinandersetzung mit der oftmals konfliktgeladenen Situation transparent vor Augen geführt wird.[747] Dies lässt sich insbesondere für die Protagonist*innen sagen, die in diesen Szenarien vor dem Hintergrund der oft inhumanen, gefährlichen und ungerechten Geschehnisse am Ende nur selten eine *restitutio ad integrum* sondern eine *reparatio* erleben. Ein Grund, warum der Leserschaft diese reflektierende Auseinandersetzung nicht schwerfallen sollte, kann daran liegen, dass die Werke zum großen Teil ohne Science-Fiction-Elemente – die Handlung spielt beispielsweise in einer fernen Zukunft und thematisiert eine fremde Zivilisation – auskommen. Demzufolge sind sie nah an dem orientiert, wie wir unser Leben und unsere Gesellschaft heute erleben. Das lässt einige Szenarien umso so erschreckender und angsteinflößender erscheinen.

Letztlich soll als Ergebnis dieser literaturwissenschaftlichen Untersuchung die Übertragbarkeit für den biomedizinischen Bereich – insbesondere für die ärztliche Berufsethik – hervorgehoben werden. Ein Resultat, welches sich im Wirkkreis der Medical Humanities verortet und für angehende Health Professionals, aber auch für Personen, die sich

---

[747] Spieß: *Der Mensch als Verwertungsobjekt* (Anm. 439).

schon länger in der Berufspraxis befinden – ein großes Potenzial beherbergt. Mit der Arbeit wurde dargelegt, dass die Transplantationsmedizin in den letzten Jahrzehnten mit erheblichen Innovationen und Erfolgsgeschichten imponieren konnte. Doch das Grundproblem des Mangels bleibt bestehen, es nimmt sogar zu. Es entsteht aus der Möglichkeit der Transplantationschirurgie selbst und verstärkt sich zunehmend durch die Indikationsausweitungen auf Seiten der Empfänger*innen sowie des immer sicherer werdenden Lebens der potenziellen Spender*innen (in Industriestaaten). In den hier untersuchten Werken treten vor allem wirtschaftliche Aspekte im Rahmen der (meist erzwungenen, illegalen) Spenden und Transplantationen in den Vordergrund. Ökonomischer Input wiegt in den meisten Werken mehr als die Menschenwürde, demzufolge tritt die Kluft zwischen ethischem Verhalten und wirtschaftlichem Kalkül deutlich hervor. Dieser Bruch entsteht im biomedizinischen Setting meist dort, wo der Fortschritt prinzipiell helfen kann, aber aufgrund der knappen Ressourcen nicht allen zur Verfügung stehen kann, vorausgesetzt man bewegt sich im Rahmen der gesetzlichen und moralischen Vorschriften. Unmissverständlich und ausnahmslos beinhalten alle hier thematisierten Lösungsszenarien das negative Potenzial unethischen Verhaltens und strafrechtlich relevanter Tatbestände.[748] Das Voraugenführen dieses Potenzials durch die belletristische Lektüre kann von berufserfahrenen Health Professionals beispielsweise genutzt werden, um Ängste ihrer Patient*innen besser zu verorten und besser darauf eingehen zu können.

Für alle Werke gilt des Weiteren, dass sie als Plattform für Kritik und für die bereits bestehenden Missstände dienen. So ist es vor allem die genuine Funktion der literarisierten Medizin nach von Engelhardt, die hier hervorsticht, denn die Texte verweisen mehr oder weniger offensichtlich auf die Notwendigkeit eines besseren „Umgang[s] mit [...] den diagnostisch-therapeutischen Möglichkeiten der Medizin".[749] Sie thematisieren außerdem die „Gefahren und Risiken der Medizin", gehen auf den Aspekt der Anonymisierung durch Technisierung ein und machen nicht zuletzt aufmerksam „auf den Verlust von Menschlichkeit".[750] Es wird deutlich, dass das Thema Organspende und -transplantation nach einer Imageverbesserung verlangt, um in der Bevölkerung diesbezüglich wieder eine positiver besetzte Einstellung zu erzeugen.

Auch wenn die Analyse literarischer Aushandlungsszenarien, die den Organmangel zu beheben versuchen, etwas Willkürliches hat, konnte mit dieser Arbeit gezeigt werden, dass diese verschiedenen Szenarien nicht nur ein beliebtes literarisches Motiv mit reinem Unterhaltungswert und einer gewissen Öffentlichkeitswirkung sind, sondern, dass durch die belletristische Auseinandersetzung gleichermaßen die geheimnisvoll anmutende Welt der Biowissenschaften, die fachfremden Personen für gewöhnlich verborgen bleibt, in Bilder und Gedankenexperimente übersetzt werden. Diese Bilder und Experimente machen der Leserschaft diese Welt nicht nur begreifbarer, sie ermöglichen auch, dass sie – ausgehend von ihrer jetzigen Realität – eine mögliche Zukunft erschließen und so ihre gegenwärtige Situation nachdrücklicher verorten und bemessen können.[751] So verhält es sich auch für die Autor*innen. Das Abwägen über generelle Tendenzen von Wissenschaft und Technik ist ihr Werkzeug, mit dem sie in ihrer schriftstellerischen Tätigkeit kritisch

---

[748] Vogel: *Die Medical Humanities im Kontext des medizinischen Fortschritts* (Anm. 8), S. 62f.
[749] von Engelhardt: *Vom Dialog der Medizin* (Anm. 27), S. 39.
[750] von Engelhardt: *Geleitwort* (Anm. 25), Sp. 2.
[751] Parker: *Biological Themes* (Anm. 516), S. 1.

über Biotechnologien reflektieren. Dies schließt das Formulieren von Befürchtungen, Vorhersagen und Warnungen genauso mit ein wie das Entlarven der menschlichen Selbstüberschätzung. In der literarischen Auseinandersetzung spitzen sich umstrittene Entwicklungen oft bis ins schwer Nachvollziehbare zu. In dieser Arbeit hat sich dies insbesondere in der Tatsache herauskristallisiert, dass besonders Spender*innen im noch jungen Alter in Betracht gezogen werden. Hinzu kommt, dass das Spenden zumeist unfreiwillig, ohne Aufklärung und routinemäßig von statten geht. Diese Zuspitzung gehört auch zum Instrumentarium der Autor*innen. Es handelt sich um ein wirkmächtiges Tool, wodurch bei der Leserschaft ein Innehalten, ein Aufschrei, eine Reflexion generiert werden kann, die besonders mit Blick auf vulnerable Gruppen mit einer längeren Auseinandersetzung beziehungsweise Verarbeitung einhergeht. Dabei braucht die Literatur keine richtig/falsch-Aussagen zu treffen, um eine strittige biomedizinische Entwicklung im ethischen Reflexionsraum anzuregen. Durch die ihr innewohnenden Gedankenexperimente werden beim Rezipierenden individuelle Entscheidungsprozesse ausgelöst, die es erleichtern, das heute bereits Machbare in einem zukünftigen Setting zu verorten und somit selbst zu eruieren, ob das entworfene Szenario wünschenswert oder misslich wäre. Abhängig von der Selbstwahrnehmung, den persönlichen Werten und der gesellschaftlichen Verankerung, zeigt sich die Beurteilung von Fortschrittstendenzen der Biomedizin im breiten Spektrum von Akzeptanz, Begeisterung beziehungsweise Befürwortung bis hin zur Ablehnung und Entfremdung. Das Einnehmen von verschiedenen Perspektiven trainiert nicht nur die (empathische) Vorstellungskraft, es verdeutlicht auch verschiedene, spezifische Wege sich in die oder den anderen hineinzuversetzen. So kann das Instrument der Imagination Mitgefühl hervorrufen, dazu beitragen, Ambiguität zu erdulden oder in paradoxen Situationen zu verweilen. Eines ist im Rahmen der Literaturanalysen für diese Arbeit deutlich geworden: Es gibt nicht die *eine* Wahrheit über eine menschliche Erfahrung, es gibt nicht nur *einen* Weg, über sie zu berichten.[752]

Einen literaturwissenschaftlichen Blick auf den biomedizinischen Fortschritt zu werfen, hat sich im Rahmen dieser Arbeit als sinnvolle Ergänzung zu anderen Formen der wissenschaftlichen Auseinandersetzung bewährt. Anhand der methodischen Kombination aus *close-* und *wide reading* konnte das Herausarbeiten der in den belletristischen Werken innewohnenden intertextuellen und intermedialen Bezügen dazu beitragen, die Arbeit in ihrer inter- und transdisziplinären Ausrichtung zu rahmen. So haben durch kritisches Hinterfragen bestimmter Interpretationsansätze auch fächerübergreifende Verhandlungen stattgefunden. Folgende Disziplinen sind unter anderem in die Betrachtung der Interpretation eingeflossen: Rechtswissenschaften, Natur- und Ingenieurwissenschaften, Kulturwissenschaften, Wirtschaftswissenschaften, Disability Studies, American Studies, Sozialwissenschaften, Medienwissenschaften und Religionswissenschaften. Das hat sich als besonders lohnend für den Bereich des Ländervergleichs zwischen Deutschland und den Vereinigten Staaten herausgestellt.

---

[752] Anne Hunsaker Hawkins, Marilyn Chandler McEntyre: *Introduction*: *Literature and Medicine: A Retrospective and Rationale.* In: Anne Hunsaker Hawkins, Marilyn Chandler McEntyre (Hg.): *Teaching Literature and Medicine.* New York 2000, S. 1–25, hier S. 14.

Biomedikalisierung

> The increasing significance of science and new technologies has led to the coinage of bio-medicalization as a terminology that more acutely grasps ways by which medicalization has developed and intensified in the twenty-first century. [B]iomedicalization refers not only to medical control over phenomena but their actual transformation by technoscientific means. [T]he emphasis is shifting toward scientific and technological interventions that actually change bodies and identities. These high-tech interventions often promise not only to treat or cure but also to enhance and optimize.[753]

Die Biomedizin spielt in einer Welt des ständigen technologischen Fortschritts eine zentrale Rolle. Das wirkt sich nicht nur auf Health Professionals, Wissenschaftler*innen oder Krankenhäuser und Forschungszentren als Unternehmen aus. Menschen dieser „hypervermittelten Techno-Kultur"[754] werden von Neugierde getrieben. Sie neigen dazu, mehr über Krankheiten, Behandlungsmöglichkeiten, bahnbrechende Technologien und ihre eigenen Rechte zu wissen. Der biowissenschaftliche Appell ist daher eine allgegenwärtige Realität. Dies liegt nicht nur an einer problemlosen, jedoch nicht unproblematischen Zugänglichkeit im Zeitalter der Globalisierung, Digitalisierung und Medialisierung, sondern auch an einer veränderten biomedizinischen Wahrnehmung der Gesellschaft im Laufe der Zeit. Aus biomedizinischer Sicht stellen die letzten fünfzig Jahre eine Zeit großer Errungenschaften und Durchbrüche dar.[755] Wissenschaft und Forschung spielen in dieser Entwicklung eine entscheidende Rolle, da sie dazu beigetragen haben, das Verständnis der Menschen für ihren Körper und den Umgang mit den biomedizinischen Bedingungen zu transformieren. Die zunehmende Bedeutung der Biomedizin ist daher auch mit der Interaktion von Wissenschaft, Gesellschaft und Öffentlichkeit verbunden[756] und gleichermaßen mit einer einhergehenden Popularisierung verknüpft. Im Prozess der Popularisierung werden „Formen neuen Wissens […] an ein nichtspezialisiertes Publikum [hervorgebracht]".[757] So bleibt es nicht aus, dass Menschen diese Entwicklungen in einem Bereich verorten, den sie sowohl mit Macht als auch mit Wirksamkeit verbinden. Schließlich können Krankheiten, die einst nicht vermeidbar waren, unbeherrschbare Symptome, unheilbare Zustände, heute in vielen (Fach-)Bereichen via der Wissensanwendung über den menschlichen Körper und seine biochemische, physikalische und psychische Funktionsweise und Verfassung kontrollierbar werden.[758] Die gesellschaftliche Auseinanderset-

---

[753] Ashley Frawley: *Medicalization of Social Problems.* In: Thomas Schramme, Steven Edwards (Hg.): *Handbook of the Philosophy of Medicine.* Vol. 2. Dordrecht 2017, S. 1043–1060, hier S. 1047.

[754] Balsamo: *Forms of Technological Embodiment* (Anm. 562), S. 216 (eigene Übersetzung).

[755] Roy Porter: *Introduction.* In: Roy Porter (Hg.): *The Cambridge Illustrated History of Medicine.* Cambridge 1996, S. 6–15, hier S. 6.

[756] Ebd., S. 8–10.

[757] Dorit Müller: *Wissenschaftspopularisierung und populäre Wissensmedien.* In: Kleiner, Wilke (Hg.): *Populäre Wissenschaftskulissen* (Anm. 29), S. 9–28, hier S. 14.

[758] Geoff Watts: *Looking to the Future.* In: Porter (Hg.): *The Cambridge Illustrated History* (Anm. 755), S. 342–372, hier S. 342.

zung mit der COVID-19-Pandemie ist beispielhaft für den Prozess der Biomedikalisierung. Stellt das neuartige Coronavirus ohne Frage eine Herkulesaufgabe für die lebenswissenschaftliche Forschung dar, darf der Blick auf das Soziale nicht verloren gehen. Denn die Krise trifft uns alle – ob Epidemiolog*in oder Supermarktverkäufer*in, ob gesund oder (vor)krank(t), am Lebensanfang, mitten im Leben stehend oder am Lebensende. Das Virus kennt keine Ländergrenzen, Schulpflicht, Bettenkapazitäten, Systemrelevanz oder wirtschaftliche Abhängigkeiten. Die Herausforderungen, vor die jede einzelne Person durch diese zäsurhaften, surrealen Ereignisse in Bezug auf ihren eigenen Mikrokosmos von Familie, Arbeit, Gesundheit und Freizeit gestellt ist, macht eine nie dagewesene Form der Auseinandersetzung mit einem medizinischen Phänomen notwendig. Findet diese ohne jegliche Filterfunktion statt, zeigt sich eine Kehrseite der Biomedikalisierung. Die Rede ist von der einflussreichen Macht des medialen Inputs, der nicht unterschätzt werden darf und unter Umständen seinen Preis hat.[759] Vor allem dann, wenn Konsument*innen nicht angemessen zwischen wissenschaftlich-fundierten Fakten, Verschwörungstheorien, pseudo-wissenschaftlichem Input und Fake News unterscheiden können.

Viele der gerade beschriebenen Entwicklungen in Bezug auf die Biomedikalisierung haben Eingang in die literarische Produktion gefunden. Laut Flynn illustriert die allgegenwärtige Thematisierung medizinischer Wissenschaft in zeitgenössischen Erzählungen die „current cultural reverence of medicalization".[760] Internist Martin Donohoe hält das für legitim, schließlich fixieren diese Themen auf nichts Geringeres als die *conditio humana*.[761] Fiktionen tragen zur Entwicklung von Bewusstseinsprozessen hinsichtlich des ihnen innenwohnenden Themas bei. Sie prägen neben den Medien die öffentliche Meinung, das öffentliche Wissen und Verständnis.[762] Dies ist nicht zuletzt auf die wirkmächtigen Fähigkeiten von Büchern zurückzuführen, die von Charon folgendermaßen beschrieben werden: „to read us, to alter us, to become real forces in our lives".[763]

Brückenschlag auf Augenhöhe

Ein interdisziplinärer Brückenschlag, der Politik und Wissenschaft mit der sozialen Praxis verknüpft und dabei stets die Handhabung, Nutzen-Schadensabwägung, Dauerhaftigkeit, Prioritätensetzung, Empirie und Wirtschaftlichkeit mitdenkt, ist mehr denn je gefragt, wenn nicht obligat. Es geht nicht nur um die Notwendigkeit, Vorschriften, Codizes, Gesetze, Leitlinien und SOPs vor dem Hintergrund rasanter Entwicklungen in der Biomedizin eines ständigen, prüfenden Blickes zu unterziehen und gegebenenfalls an neue Situationen anzupassen oder neu auszurichten. Es braucht neben der interdisziplinären Zusammenarbeit einen regelmäßigen, partizipativen Austausch mit der Gesellschaft im transdisziplinären, bürgerfreundlichen Sinne fernab von akademischen Elfenbeintürmen.

---

[759] Fürholzer: *Artistic Enhancement* (Anm. 53), S. 77.

[760] Flynn: *Ex machina* (Anm. 509), S. 34f.

[761] Martin Donohoe: *Exploring the Human Condition. Literature and Public Health Issues.* In: Hunsaker Hawkins, Chandler McEntyre (Hg.): *Teaching Literature and Medicine* (Anm. 752), S. 92–104, hier S. 93.

[762] Wiebel-Fanderl: *Herztransplantation als erzählte Erfahrung* (Anm. 121), S.101, 104.

[763] Charon: *Narrative Medicine* (Anm. 48), S. 110.

Diesen öffentlichen Dialog auf Augenhöhe braucht es dort, wo sich die Schnittstellen zwischen Wissenschaft und Gesellschaft in Bewegung befinden.[764] Anhand von zwei Beispielen möchte ich den Versuch des bereits erwähnten Brückenschlags in seiner praxisnahen Ausgestaltung gern verdeutlichen. Zum einen geht es um den Forschungsansatz des Tübinger Teams rund um das *Cassandra-Projekt*, welches im Auftrag des Bundesverteidigungsministeriums durchgeführt wird. Literarische Texte werden hier als Krisen-Seismograph für die politische Praxis nutzbar gemacht. Genauer geht es um die „Krisenfrüherkennung durch Literaturauswertung […], [um] literarische Texte als Prognoseinstrumente im Bereich der Gewaltprävention nutzbar zu machen".[765] Ein zweites Projekt zur Thematik Herztransplantation ist aus einer sektorübergreifenden Partnerschaft entstanden, um die Komplexität dieses „supposedly single biomedical event" durch die explizite Verschränkung von Forschungsansätzen aus Kunst-, Bio- und Geisteswissenschaften zu erforschen – ohne einen der Ansätze zu privilegieren.[766] Das Projektteam geht mit folgender Forderung aus dieser interdisziplinären Kooperation:

> Our claim is that the use of such research assemblages and the collaborations that we bring to our project breaks through disciplinary silos to enable a fuller comprehension of the significance and experience of heart transplantation in both theory and practice.[767]

Es ging mir in dieser Arbeit um nicht weniger als das: disziplinäre Grenzen zu durchbrechen und ein umfassenderes Verständnis in Bezug auf die Organspende und -transplantation zu ermöglichen – vor dem Hintergrund des Organmangels.

Zurück zum Anfang

Schaut man sich den Spiegel-Artikel *Jetzt wird alles machbar* vor dem Hintergrund der hier bearbeiteten Literaturanalysen einmal genauer an, so wird die überzeitliche Gültigkeit der Implikationen des Phänomens Dolly als erstes geklontes Säugetier deutlich. Das unwohle Gefühl, welches sich beim Lesen und Analysieren der Mehrzahl der hier ausgewählten Werke einstellte, wurde von den Befürchtungen hervorgerufen, die auch damals neben euphorischen Allmachtsfantasien, Kopfschütteln, Skepsis und Angst auslösten.

> Hochleistung, Fließband, Nützlichkeit, Gen-Roulette, Erwünschtheit, serienmäßige Herstellung, Finanzierung, Erschaffung am Reißbrett, kaum ein Gebrechen, Klon-Tricks, Serienreife, Ersatzteillager, Bioingenieure, Maßschneidern, Manipulierbarkeit, Größenwahn, Herrschaft, Realitätsgehalt[768]

---

[764] Armin Grunwald, Martina Schäfer, Matthias Bergmann: *Neue Formate transdisziplinärer Forschung. Ausdifferenzierte Brücken zwischen Wissenschaft und Praxis.* In: *GAiA* 2 (2020), S. 106–114, hier S. 106.

[765] Studienprojekt Cassandra 2018. Tübingen. https://www.projekt-cassandra.net/Projekt-Cassandra-Projekt/ (abgerufen am 13.11.2021).

[766] Margrit Shildrick et al.: *Messy entanglements: research assemblages in heart transplantation discourses and practices.* In: *Med Humanit* 44 (2018), S. 46–54, hier S. 46.

[767] Ebd.

[768] Grolle, Klein: „*Jetzt wird alles machbar*" (Anm. 1), S. 218f.

173

Die Diskurse, die rund um das Erschaffen von Klon-Schaf Dolly in diesem Artikel geführt wurden, darunter auch die Option der Kryokonservierung, lassen sich ohne Weiteres auf die Mehrzahl der hier untersuchten literarischen Werke anwenden. Dabei war das Klonen in dieser Arbeit kein explizites Aushandlungsszenario in Bezug auf den Organmangel. In den fiktionalen Möglichkeitsräumen – insbesondere, wenn es sich um Abweichungsheterotopien handelt – reichen menschliche beziehungsweise gesellschaftliche Unzulänglichkeiten aus. Diesbezüglich wird nichts beschönigt. Die Gesellschaft braucht diesen aneckenden, radikalen Charakter von Literatur, den der Schriftsteller Franz Kafka (1883–1924), mit dessen Worten ich diese Arbeit abschließen möchte, passend umreißt:

> Ich glaube, man sollte überhaupt nur solche Bücher lesen, die einen beißen und stechen. Wenn das Buch, das wir lesen, uns nicht mit einem Faustschlag auf den Schädel weckt, wozu lesen wir dann das Buch? Damit es uns glücklich macht […]? Mein Gott, glücklich wären wir eben auch, wenn wir keine Bücher hätten, und solche Bücher, die uns glücklich machen, könnten wir zur Not selber schreiben. Wir brauchen aber die Bücher, die auf uns wirken wie ein Unglück, das uns sehr schmerzt, wie der Tod eines, den wir lieber hatten als uns, wie wenn wir in Wälder verstoßen würden, von allen Menschen weg, wie ein Selbstmord, ein Buch muß die Axt sein für das gefrorene Meer in uns.[769]

---

[769] Franz Kafka zit. in Thomas Anz: *Franz Kafka: Leben und Werk.* München 2009, S. 18.

ANHANG

I ABKÜRZUNGSVERZEICHNIS

ACP	Advance Care Planning
AGG	Allgemeines Gleichbehandlungsgesetz
AMA	American Medical Association
ASRM	American Society for Reproductive Medicine
BestattG	Bestattungsgesetz
BMBF	Bundesministerium für Bildung und Forschung
DFG	Deutsche Forschungsgemeinschaft
DRZE	Deutsches Referenzzentrum für Ethik in den Biowissenschaften
ER	Emergency Room
ESchG	Embryonenschutzgesetz
ET	Eurotransplant
ETKAS	EuroTransplant Kidney Allocation System
DGAB e. V.	Deutschen Gesellschaft für Angewandte Biostase e. V.
DRZE	Deutsches Referenzzentrum für Ethik in den Biowissenschaften
DSO	Deutsche Stiftung Organtransplantation
GG	Grundgesetz
GPT	Guiding Principles on Human Cell, Tissue and Organ Transplantation
HLA	Humanes Leukozyten Antigen
ICU	Intermediate Care Unit
IVF	In-Vitro-Fertilisation
MBO	Musterberufsordnung
NEOB	New England Organ Bank
No FEAR	Notification and Federal Employee Antidiscrimination and Retaliation Act
NOTA	National Organ Transplant Act
NPO	Nonprofit-Organisation
OPTN	US Organ Procurement and Transplantation Network
OR	Operating Room
PID	Präimplantationsdiagnostik
PGT	Preimplantation Genetic Testing
SOP	Standard Operating Procedure
SRTR	Scientific Registry of Transplant Recipients
StGB	Strafgesetzbuch
TPG	Transplantationsgesetz
UN	United Nations
UNOS	United Network for Organ Sharing
VN	Vereinte Nationen
WHO	World Health Organization

II ABBILDUNGSVERZEICHNIS

Abb. 1	Frontcover © DER SPIEGEL 10/1997	3
Abb. 2	Lesarten in Bezug auf die Rettungs-Metapher	161
Abb. 3	Übersicht der belletristischen Aushandlungsszenarien zum Organmangel in dieser Arbeit	166
Abb. 4	Ergebnisse in Bezug auf die meist unfreiwilligen Spender*innen in dieser Arbeit	167
Abb. 5	Ergebnisse in Bezug auf die meist bessergestellten Empfänger*innen in dieser Arbeit	168

III TABELLENVERZEICHNIS

Tab. 1 Schnittstellen von Literatur und Medizin und deren Funktionen nach Dietrich
von Engelhardt, Bettina von Jagow und Florian Steger 11
Tab. 2 Lesarten von Organverpflanzungen nach Bernhard Kathan 28
Tab. 3 Übersicht über Formen/Arten des möglichen Organersatzes 32
Tab. 4 Ablehnungsgründe bezüglich des illegalen Organankaufs 34
Tab. 5 Vergleich der Ärzteschaft-Kodizes bezüglich des Themas Sterbehilfe 135
Tab. 6 Übersicht der stigmatisierten Randgruppen in den bearbeiteten Werken 150
Tab. 7 Übersicht der bessergestellten Personengruppen in den bearbeiteten Werken 151

IV LITERATURVERZEICHNIS

Primärliteratur

Angela Gerrits: *Achtzehn*. Stuttgart, Wien 2009.

Don DeLillo: *Null K*. Übersetzt von Frank Heibert. Köln 2016.

Eric Garcia: *The Repossession Mambo*. New York 2009.

Jodi Picoult: *Beim Leben meiner Schwester*. Übersetzt von Ulrike Wasel und Klaus Timmermann. 20. Aufl. München 2012.

Neal Shusterman: *Vollendet*. Übersetzt von Ute Mihr und Anne Emmert. 2. Aufl. Frankfurt am Main 2016.

Steffen Weinert: *Das Leben meiner Tochter*. Leipzig 2014.

Tess Gerritsen: *Kalte Herzen*. Übersetzt von Kristian Lutze. 23. Aufl. München 2003.

Veit Heinichen: *Tod auf der Warteliste. Ein Proteo-Laurenti-Krimi*. 7. Aufl. München 2008.

Sekundärliteratur

Akademie für Ethik in der Medizin e. V. (AEM) Göttingen. E-Learning GTE. Drei Prüfungsstrategien für den medizinethischen Unterricht. AG ethik learning. https://www.aem-online.de/index.php?id=165.

Albert Schweizer: *Das Problem des Friedens in der heutigen Welt. Rede bei der Entgegennahme des Nobel-Friedenspreises in Oslo am 4. November 1954*. München 1955.

Alcor Life Extension Foundation. https://www.alcor.org/.

Alena M. Buyx: *Tissue typing und saviour siblings. Überlegungen zu einer besonderen Anwendung der Präimplantationsdiagnostik*. In: Carl Friedrich Gethmann, Stefan Huster (Hg.): *Recht und Ethik in der Präimplantationsdiagnostik*. München 2010, S. 211–229.

Alexander Nitzberg: *Nachwort*. In: Michail Bulgakow: *Das hündische Herz*. Übersetzt von Alexander Nitzberg. München 2014.

American Medical Association (1995–2020). https://www.ama-assn.org/delivering-care/ethics/code-medical-ethics-overview.

American Society for Reproductive Medicine (ASRM). Should we have genetic testing? What is Preimplantation Genetic Testing (PGT)? https://www.reproductivefacts.org/faqs/frequently-asked-questions-about-infertility/q13.-should-we-have-genetic-testing/.

Amy T. Y. Lai: *To be or not to be My Sister's Keeper? A Revised Legal Framework Safeguarding Savior Siblings' Welfare.* In: *The Journal of Legal Medicine* 32 (2011), S. 261–293.

Andrea Dörries: *Zustimmung und Veto. Aspekte der Selbstbestimmung im Kindesalter.* In: Claudia Wiesemann, Alfred Simon (Hg.): *Patientenautonomie. Theoretische Grundlagen, praktische Anwendungen.* Münster 2013.

Andreas Grünschloss: *Diskurse um 'Wiedergeburt' zwischen Reinkarnation, Transmigration und Transformation der Person.* In: Reinhard Feldmeier (Hg.): *Wiedergeburt.* Göttingen 2005, S. 11–44.

Andreas Heller, Klaus Wegleitner: *Sterben und Tod im gesellschaftlichen Wandel.* In: *Bundesgesundheitsbl* 60 (2017), S. 11–17.

Andrzej M. Kaniowski, Florian Steger: *The Concept of Enhancement and its Ethical Aspects.* In: Andrzej M. Kaniowski, Florian Steger (Hg.): *Human Enhancement. Acta Universitatis Lodziensis. Folia Philosophica. Ethica – Aesthetica – Practica* 32 (2018), S. 9–10.

Angela Gerrits. Hamburg. https://www.angelagerrits.de/.

Angelika Prentner: *Heilpflanzen der Traditionellen Europäischen Medizin. Wirkung und Anwendung nach häufigen Indikationen.* Berlin 2017.

Anita Wohlmann: *Literatur in Zeiten der Krise. Vom Sinn des Lesens.* In: *Leidfaden* 4 (2020), S. 59–63.

Anita Wohlmann: *Narrative Medizin: Theorie und Praxis in den USA und Deutschland.* In: Christa Jansohn, Florian Steger (Hg.): *Jahrbuch Literatur und Medizin.* Bd. 8. Heidelberg 2016, S. 181–204.

Anna Judenhofer, Marco Bräu, Mark Goerke: *Hiring, Personalmanagement, Talente und Kompetenzen.* In: Hubertus C. Tuczek (Hg.): *Neues unternehmerisches Denken.* Freiburg 2020, S. 187–212.

Anne Balsamo: *Forms of Technological Embodiment. Reading the Body in Contemporary Culture.* In: *Body and Society* 1 (1995), S. 215–237.

Anne Hunsaker Hawkins, Marilyn Chandler McEntyre: *Introduction: Literature and Medicine: A Retrospective and Rationale.* In: Anne Hunsaker Hawkins, Marilyn Chandler McEntyre (Hg.): *Teaching Literature and Medicine.* New York 2000, S. 1–25.

Antje Kahl, Hubert Knoblauch: *Organspende, Tod und tote Körper in der heutigen Gesellschaft.* In: Antje Kahl, Hubert Knoblauch, Tina Weber (Hg.): *Transmortalität.*

Organspende, Tod und tote Körper in der heutigen Gesellschaft. Weinheim, Basel 2017, S. 8–34.

Anton Kaes: *New Historicism. Literaturgeschichte im Zeichen der Postmoderne?* In: Moritz Baßler (Hg.): *New Historicism. Literaturgeschichte als Poetik der Kultur.* Frankfurt am Main 1995, S. 251–267.

Armin Grunwald, Martina Schäfer, Matthias Bergmann: *Neue Formate transdiszipli-närer Forschung. Ausdifferenzierte Brücken zwischen Wissenschaft und Praxis.* In: *GAiA* 2 (2020), S. 106–114.

Arthur W. Frank: *The Wounded Storyteller. Body, Illness & Ethics.* 2nd Edition. Chicago 2013.

Ashley Frawley: *Medicalization of Social Problems.* In: Thomas Schramme, Steven Edwards (Hg.): *Handbook of the Philosophy of Medicine.* Vol. 2. Dordrecht 2017, S. 1043–1060.

Axel W. Bauer: *Normative Entgrenzung: Themen und Dilemmata der Medizin- und Bioethik in Deutschland.* Wiesbaden 2016.

Axel W. Bauer: *Metaphern. Bildersprache und Selbstverständnis der Medizin.* In: *Anaesthesist* 55 (2006), S. 1307–1314.

Ayazaga Mahallesi. Instanbul. http://www.todesuhr.net/.

Bernd-Dietrich Katthagen, Klaus Buckup: *Der Patient und sein Arzt.* In: Bernd-Dietrich Katthagen, Klaus Buckup (Hg.): *Hauptsache Gesundheit. Welche Zukunft hat die Medizin?* Darmstadt 1999, S. 187–204.

Bernhard Kathan: *Das Indiskrete Organ. Organverpflanzungen in literarischen Bearbeitungen.* Innsbruck, Wien, Bozen 2008.

Bernhard Laux, Ingrid Laux: *Abschiednahme – Bestattung – Trauer.* Regensburg 2015.

Bettina Schöne-Seifert: *Beim Sterben helfen – dürfen wir das?* Berlin 2020.

Bettina Schöne-Seifert: *Kommerzialisierung des menschlichen Körpers. Nutzen, Folgeschäden und ethische Bewertungen.* In: Jochen Taupitz (Hg.): *Kommerzialisierung des menschlichen Körpers.* Berlin, Heidelberg, New York 2007, S. 37–52.

Bettina von Jagow, Florian Steger: *Was treibt die Literatur zur Medizin? Ein kulturwissenschaftlicher Dialog.* Göttingen 2009.

Bettina von Jagow, Florian Steger (Hg.): *Literatur und Medizin. Ein Lexikon.* Göttingen 2005.

Bettina Wahrig: *Critique of Science as Critique of Society: Literary Figurations of Technoscientific Fetishism.* In: *Berichte zur Wissenschaftsgeschichte* 41 (2018), S. 123–133.

Bibliographisches Institut GmbH (2020). https://www.du-den.de/rechtschreibung/Mambo.

BLiM GmbH: *Faszination Körperwelten.* https://koerperwelten.de/.

Bill of Rights (Zusätze) zur Verfassung der Vereinigten Staaten von Amerika: Zusatzartikel 4.

Brigitte Tag, Dominik Groß, Julian Mausbach: *Vorwort.* In: Brigitte Tag, Dominik Groß, Julian Mausbach (Hg.): *Transplantation – Transmortalität. Rechtliche und ethische Kontroversen.* Zürich, St. Gallen 2016, S. 3–5.

Bundesministerium für Bildung und Forschung (Hg.): *Zehn Jahre KMU-innovativ. Biotechnologie – BioChance.* Frankfurt am Main 2017.

Bundesministerium für Familie, Senioren, Frauen und Jugend (Hg.): *Übereinkommen über die Rechte des Kindes. VN-Kinderrechtskonvention im Wortlaut mit Materialien am 15. Juli 2010.* 6. Aufl. Rostock 2018.

Bundesverwaltungsgericht Leipzig: Pressemitteilung Nr. 63/2020. BVerwG 3 C 12.19 (5.11.2020). https://www.bverwg.de/pm/2020/63.

Burkhard Tönshoff, Jan de Boer, Axel Rahmel, Uwe Heemann: *Änderungen der Allokation in der pädiatrischen Nierentransplantation bei Eurotransplant.* In: *Tx Med* 23 (2011), S. 47–57.

Camino Filmverleih. Das Leben meiner Tochter, 92 Minuten, Deutschland 2019. https://www.camino-film.com/filme/daslebenmeinertochter/.

Carmen Birkle: *Communicating Disease. An Introduction.* In: Carmen Birkle, Johanna Heil (Hg.): *Communicating Disease. Cultural Representations of American Medicine.* Heidelberg 2013, S. ix–xxxiv.

Carolin Betker, Stefan Ecke, Katharina Freitag, Christina Harms, Sebastian M. Herrmann, Nadezha N. Pachenko, Marianne Polkau, Bettina Schuster, Christiane Vogel: *Introduction.* In: Carolin Betker et al. (Hg.): *aspeers 4. emerging voices in american studies, Nature and Technology, Revisited* (2011), S. vii–xix.

Christian Illies: *Das so genannte Potentialitätsargument am Beispiel des therapeutischen Klonens.* In: Bernd Goebel, Gerhard Kruip (Hg.): *Gentechnologie und die Zukunft der Menschenwürde.* Münster 2003.

Christiane Vogel: *Der heimliche Lehrplan in Samuel Shems medizinischem Bildungsroman The House of God (1978).* In: Christa Jansohn, Florian Steger (Hg.): *Jahrbuch Literatur und Medizin.* Band 8. Heidelberg 2016, S. 97–124.

Christiane Vogel: *Der Mensch als Ersatzteillager in Ninni Holmqvists Roman Die Entbehrlichen.* In: Dominik Groß, Stephanie Kaiser, Brigitte Tag (Hg.): *Leben jenseits des Todes? Transmortalität unter besonderer Berücksichtigung der Organspende.* Frankfurt am Main, New York 2016, S. 107–124.

Christiane Vogel: *Die Medical Humanities im Kontext des medizinischen Fortschritts. Der literarische Umgang mit ethisch relevanten Themen der modernen Medizin an Beispielen der Synthetischen Biologie und der ökonomischen Bewertung von Leben und Gesundheit.* In: Hans Lilie (Hg.): *Schriftenreihe Medizin-Ethik-Recht.* Bd. 52. Halle 2014.

Christiane Vogel: *Ethik der Präimplantationsdiagnostik und die Rolle des Retterkindes am Beispiel von Jodi Picoults fiktionalem Roman Beim Leben meiner Schwester.* In: Florian Steger, Jan C. Joerden, Andrzej M. Kaniowski (Hg.): *Ethik in der Pränatalen Medizin.* Frankfurt am Main 2016, S. 171–190.

Christiane Vogel: *Literature's View on Humans' Dissolution of Boundary.* In: *Wiener klinische Wochenschrift* 132 (2020), S34–S37.

Christiane Vogel: *The Vivid Ambiguity in Tess Gerritsen's Suspense Thriller Harvest – A Portmanteau of Medical Science and Fiction.* Unveröffentlichte Bachelorarbeit, Universität Leipzig 2010.

Christiane Vogel: *„What's New in You?" Artificially Reshaped and Indebted Bodies in Eric Garcia's Dystopia The Repossession Mambo.* In: Florian Steger (Hg.): *Jahrbuch Literatur und Medizin.* Bd. 10. Heidelberg 2018, S. 31–54.

Christina Schües, Christoph Rehmann-Sutter: *Einleitung.* In: Christina Schües, Christoph Rehmann-Sutter (Hg.): *Rettende Geschwister. Ethische Aspekte der Einwilligung in der pädiatrischen Stammzelltransplantation.* Münster 2015, S. 7–24.

Christoph Schlingensief: *So schön wie hier kanns im Himmel gar nicht sein! Tagebuch einer Krebserkrankung.* 5. Aufl. München 2010.

Christoph Wulf: *Rituelles Handeln als mimetisches Wissen.* In: Christoph Wulf et al.: *Das Soziale als Ritual. Zur performativen Bildung von Gemeinschaften.* Opladen 2001, S. 325–338.

Christopher B. Highley: *3D Bioprinting Technologies.* In: Murat Guvendiren (Hg.): *3D Bioprinting in Medicine. Technologies, Bioinks, and Applications.* Cham 2019, S. 1–66.

Claus Michael Ort: *Das Wissen der Literatur. Probleme einer Wissenssoziologie literarischer Semantik.* In: Tilmann Köppe (Hg.): *Literatur und Wissen. Theoretisch-methodische Zugänge.* Berlin, New York 2011, S. 164–191.

Commissario Laurenti – Tod auf der Warteliste. Spielfilm Deutschland 2007 (87 Min.), Erstausstrahlung am 20.12.2007. Filme im Ersten. https://www.daserste.de/unter-haltung/film/filme-im-ersten/sendung/commissario-laurenti-tod-auf-der-warteliste-156.html.

Constanze Spieß: *Der Mensch als Verwertungsobjekt – Literarische Stimmen im Bioethikdiskurs.* In: *Z Literaturwiss Linguistik* (2021). https://doi.org/10.1007/s41244 021-00192-5.

Constitution of the United States. Second Amendment. Bearing and Keeping Arms. https://constitution.congress.gov/constitution/.

Corina Caduff: *Die Literatur und das Problem der Zweiten Schöpfung.* In: Corina Caduff, Ulrike Vedder (Hg.): *Chiffre 2000 – Neue Paradigmen der Gegenwartsliteratur.* München 2005, S. 27–42.

Corina Caduff, Ulrike Vedder: *Vorwort.* In: Corina Caduff, Ulrike Vedder (Hg.): *Chiffre 2000 – Neue Paradigmen der Gegenwartsliteratur.* München 2005, S. 7–12.

Cryonics Institute. Technology for Life. https://www.cryonics.org/.

Death with Dignity: Death with Dignity Acts. https://www.deathwithdignity.org/learn/death-with-dignity-acts/.

Demolition Man. USA 1993. 115 Minuten. Regie: Marco Brambilla, Produktion: Joel Silver. Science-Fiction Action-Film.

Deutsche Gesellschaft für Angewandte Biostase e. V. https://biostase.de/.

Deutsche Leberhilfe e.V. Köln. https://www.leberhilfe.org/.

Deutsche Stiftung Organtransplantation: *Jahresbericht 2019. Organspende und Transplantation in Deutschland.* Frankfurt am Main 2020.

Deutsche Stiftung Organtransplantation: *Jahresbericht 2020. Organspende und Transplantation in Deutschland.* Frankfurt am Main 2021.

Deutscher Ethikrat (Hg.): *Embryospende, Embryoadoption und elterliche Verantwortung. Stellungnahme.* Berlin 2016.

Deutscher Ethikrat (Hg.): *Präimplantationsdiagnostik. Stellungnahme.* Berlin 2011.

Deutsches Ärzteblatt (1.2.2019). https://www.bundesaerztekammer.de/fileadmin/user_upload/downloads/pdf-Ordner/MBO/MBO-AE.pdf.

Dieter Herberg, Michael Kinne, Doris Steffens: *Neuer Wortschatz. Neologismen der 90er Jahre im Deutschen.* Berlin, New York 2004.

Dieter Krause: *3D-Druck in der Medizin: Einführung und Anwendungsmöglichkeiten am Beispiel der Entwicklung von Aneurysmamodellen.* In: *RöFo* 187 (2015), Kongressbeitrag.

Dietmar Mieth: *Das Verbot der Kommerzialisierung des menschlichen Körpers: mehr als nur Tabu? Ethische Aspekte.* In: Jochen Taupitz (Hg.): *Kommerzialisierung des menschlichen Körpers.* Berlin, Heidelberg, New York 2007, S. 141–151.

Dietmar Mieth: *Literaturethik als narrative Ethik.* In: Karen Joisten (Hg.): *Narrative Ethik. Das Gute und das Böse erzählen.* Berlin 2007, S. 215–233.

Dietrich von Engelhardt: *Der Beitrag der Literatur und Künste für eine moderne und humane Medizin (Medical Humanities). Kontext – Erfahrungen – Dimensionen – Perspektiven.* In: Pascal Fischer, Mariacarla Gadebusch Bondio (Hg.): *Literatur und Medizin – interdisziplinäre Beiträge zu den Medical Humanities.* Heidelberg 2016.

Dietrich von Engelhardt: *Der Kranke und seine Krankheit in der Literatur.* In: Wilhelm Dörr et al. (Hg.): *Der Mensch in seiner Eigenwelt. Anthropologische Grundfragen einer Theoretischen Pathologie.* Berlin, Heidelberg 2013, S. 29–51.

Dietrich von Engelhardt: *Geleitwort.* In: Bettina von Jagow, Florian Steger (Hg.): *Literatur und Medizin. Ein Lexikon.* Göttingen 2005, Sp. 1–6.

Dietrich von Engelhardt: *Medizin in der Literatur der Neuzeit.* Bd. 1. Hürtgenwald 1991.

Dietrich von Engelhardt: *Medizin und Dichtung (Neuzeit).* In: Werner E. Gerabek, Bernhard D. Haage, Gundolf Keil, Wolfgang Wegner (Hg.): *Enzyklopädie Medizingeschichte.* Berlin, New York 2005.

Dietrich von Engelhardt: *Vom Dialog der Medizin und Literatur im 20. Jahrhundert.* In: Bettina von Jagow, Florian Steger (Hg.): *Repräsentationen. Medizin und Ethik in Literatur und Kunst der Moderne.* Heidelberg 2004, S. 21–40.

Dirk Peitz: *Fernblick. Wie wir uns die Zukunft erzählen.* Berlin 2020.

Dominik Groß: *Weitere Formen der Transmortalität: Kryonik – Ausweg oder Irrweg.* In: Brigitte Tag, Dominik Groß, Julian Mausbach (Hg.): *Transplantation – Transmortalität. Rechtliche und ethische Kontroversen.* Zürich, St. Gallen 2016, S. 107–117.

Dominik Groß, Sabine Müller, Jan Steinmetzer (Hg.): *Normal – anders – krank? Akzeptanz, Stigmatisierung und Pathologisierung im Kontext der Medizin.* Berlin 2008.

Dominik Groß, Ylva Söderfeldt: *Überwindung der Körperlichkeit – eine Einleitung.* In: Dominik Groß, Ylva Söderfeldt (Hg.): *Überwindung der Körperlichkeit: Historische Perspektiven auf den künstlichen Körper.* Kassel 2015, S. 7–12.

Donate Life America. Richmond, VA. National Observances and Celebrations. https://www.donatelife.net/celebrations/.

Donor Alliance Inc. Farotech: Wyoming Driver License Has a New Look and a New Heart Donation Symbol (17.2.2020). https://www.donoralliance.org/newsroom/donationessentials/wyoming-license- new-look-new-heart-symbol/?cli_action=1606661478.969.

Dorit Müller: *Wissenschaftspopularisierung und populäre Wissensmedien.* In: Marcus S. Kleiner, Thomas Wilke (Hg.): *Populäre Wissenschaftskulissen. Über Wissenschaftsformate in Populären Medienkulturen.* Bielefeld 2018, S. 9–28.

Ebay Kundenservice. Grundsatz zu Körperteilen von Menschen. http://pages.ebay.de/help/policies/remains.html.

Eberhard Jung: *Der Mensch als Marke der Rhetorik.* In: Benjamin Schulz (Hg.): *Das große Personal-Branding-Handbuch.* Frankfurt am Main 2020, S. 405–432.

Edgar Rosenmayer: *Gerechte Verteilung medizinischer Ressourcen. Ethische Aspekte der Mikroallokation.* Saarbrücken 2012.

Ekkehard Knörer: Alternativhistorisch. Die Filmkolumne. Perlentaucher. Das Kulturmagazin. 13.4.2011. https://www.perlentaucher.de/im-kino/alternativhistorisch.html.

Elena Zeißler: *Dunkle Welten. Die Dystopie auf dem Weg ins 21. Jahrhundert.* Marburg 2008.

Emma C. Moore: *Timing is everything.* Norderstedt 2018.

Eric Foner: *Gateway to Freedom. The Hidden History of the Underground Railroad.* New York 2015.

Eric Hebgen: *Viszeralosteopathie. Grundlagen und Techniken.* 5. Aufl. Stuttgart 2014.

Fabian Karsch: *Medizin zwischen Markt und Moral. Zur Kommerzialisierung ärztlicher Handlungsfelder.* Bielefeld 2015.

Florian Steger: *Für mehr Literatur im Sinne einer verstehenden Medizin!* In: Christa Jansohn, Florian Steger (Hg.): *Jahrbuch Literatur und Medizin.* Bd. 8. Heidelberg 2016, S. 213–234.

Florian Steger: *Literatur und Medizin.* In: *KulturPoetik* 5 (2005), S. 111–118.

Florian Steger: *Vorwort.* In: Florian Steger (Hg.): *Medizin und Technik. Risiken und Folgen technologischen Fortschritts.* Münster 2013, S. 7–13.

Florian Steger (Hg.): *Was ist krank? Stigmatisierung und Diskriminierung in Medizin und Psychotherapie.* Gießen 2007.

Franz Kafka: *Die Verwandlung.* Stuttgart 2001.

Frederike Ambagtsheer: *Organ Trade. Erasmus University.* Dissertation. Rotterdam 2017.

Friedrich Breyer et al.: *Organmangel. Ist der Tod auf der Warteliste unvermeidbar?* Berlin, Heidelberg 2006.

Friedrich Breyer, Peter Zweifel und Mathias Kifmann: *Gesundheitsökonomik.* 6. Aufl. Berlin 2013.

Funus Stiftung. Drunter&Drüber. Das Magazin für Endlichkeitskultur (6.11.2008). https://www.funus-stiftung.de/drunter-drueber.

Gay Becker: *Disrupted Lives. How People Create Meaning in a Chaotic World.* Berkeley 1998.

Geoff Watts: *Looking to the Future.* In: Roy Porter (Hg.): *The Cambridge Illustrated History of Medicine.* Cambridge 1996, S. 342–372.

George Langelaan: *Die Fliege. Eine phantastische Erzählung.* Übersetzt von Karl Rauch. Frankfurt am Main 1988.

Gerald J. Gruman: *A History of Ideas about the Prolongation of Life.* New York 2003.

Gerhard Kurz: *Metapher, Allegorie, Symbol.* 5. Aufl. Göttingen 2004.

Gerlind Rüve: *Scheintod. Zur kulturellen Bedeutung der Schwelle zwischen Leben und Tod um 1800.* Bielefeld 2008.

Giovanni Maio: *Medizin ohne Maß. Vom Diktat des Machbaren zu einer Ethik der Besonnenheit.* Stuttgart 2014.

Giovanni Maio: *Vom karikativen Dienst am Menschen zum Profitcenter? Zu den ethischen Grenzen der Marktorientierung in der Medizin.* In: *Medizinische Klinik* 103 (2008), S. 455–459.

Giovanni Rubeis: *Retterkinder. Eine medizinethische Güterabwägung.* In: Florian Steger, Jan C. Joerden, Andrzej M. Kaniowski (Hg.): *Ethik in der Pränatalen Medizin.* Frankfurt am Main 2016, S. 97–114.

Gisela Wuttke: *Das Leben als Dividuum oder Was die Transplantationsmedizin mit unserem Leben macht. Eine Einführung.* In: Gisela Lermann (Hg.): *Ungeteilt sterben. Kritische Stimmen zur Transplantationsmedizin.* Mainz 1996, S. 9–39.

Gottfried Benn: *Rundfunkgespräch mit Joachim von Bernstorff.* In: Holger Hof (Hg.): *Gottfried Benn: Sämtliche Werke.* Bd. 7. Stuttgart 2003.

Hans H. Scheld, Mario C. Deng, Dieter Hammel: *Leitfaden Herztransplantation.* Darmstadt 1997.

Hans-Otto Hügel: *Einführung.* In: Hans-Otto Hügel (Hg.): *Handbuch Populäre Kultur: Begriffe, Theorien und Diskussionen.* Stuttgart 2003, S. 1–22.

Hans Peter Bruch, Oliver Schwandner: *Die Angst des Menschen vor der Operation.* In: *Anästhesiologie, Intensivmedizin, Notfallmedizin und Schmerztherapie* 32 (1997), S. 315–317.

Hartmut Kliemt: *Zur Kommodifizierung menschlicher Organe im freiheitlichen Rechtsstaat.* In: Jochen Taupitz (Hg.): *Kommerzialisierung des menschlichen Körpers.* Berlin, Heidelberg, New York 2007, S. 95–108.

Hartmut Kreß: *Ethik. Reproduktionsmedizin im Licht von Verantwortungsethik und Grundrechten.* In: Klaus Diedrich, Michael Ludwig, Georg Griesinger (Hg.): *Reproduktionsmedizin.* Berlin, Heidelberg 2013, S. 651–670.

Hartmut Kreß: *Xenotransplantation und Uterustransplantation.* In: Joachim Hruschka, Jan C. Joerden (Hg.): *Jahrbuch für Recht und Ethik.* Bd. 24. Berlin 2016, S. 113–141.

Hartmut Link: *Akute Promyelozytenleukämie.* In: Gerhard Ehninger, Hartmut Link, Wolfgang E. Berdel (Hg.): *Akute myeloische Leukämie. Pathophysiologie, Diagnostik, Therapie, Prognose.* Köln 2008. S. 192–213.

Heinz Geiger, Albert Klein, Jochen Vogt: *Trivialliteratur.* Opladen 1977.

Heinz-Peter Schmiedebach: *Medical Humanities an der Charité. Gastkommentar.* In: *Berliner Ärzte* 5 (2016), S. 3.

Helen N. Parker: *Biological Themes in Modern Science Fiction.* Ann Arbor 1984.

Helmut Genaust: *Etymologisches Wörterbuch der botanischen Pflanzennamen*. Stuttgart 1976.

Hendrik Wahler: *Vorwort*. In: Hendrik Wahler, Farid Darwish (Hg.): *Menschenbilder. Praktische Folgen einer Haltung des Menschen zu sich selbst*. London 2009, S. IX–XI.

HOTT project. University Medical Center Rotterdam. Erasmus MC. http://hottproject.com/.

Immanuel Kant: *Grundlegung zur Metaphysik der Sitten*. In: *Kants Werke. Akademie-Textausgabe*. Bd. 4. Berlin 1978.

Ingrid Gehrke: *Der intellektuelle Polygamist. Carl Djerassis Grenzgänge in Autobiographie, Roman und Drama*. Berlin 2008.

Ingrid Schneider: *Die Nicht-Kommerzialisierung des Organtransfers als Gebot einer Global Public Policy. Normative Prinzipien und gesellschaftspolitische Begründungen*. In: Jochen Taupitz (Hg.): *Kommerzialisierung des menschlichen Körpers*. Berlin, Heidelberg, New York 2007, S. 109–126.

Interdisziplinäre Arbeitsgruppe Gentechnologiebericht und German Stem Cell Network: *Organoide – von der Stammzelle zur zukunftsweisenden Technologie*. Berlin 2020.

Irmela Marei Krüger-Fürhoff: *Verpflanzungsgebiete. Wissenskulturen und Poetik der Transplantation*. München 2012.

Ivan Illich: *Die Nemesis der Medizin. Die Kritik der Medikalisierung des Lebens*. Übersetzt von Thomas Lindquist und Johannes Schwab. 4. Aufl. München 1995.

Jacques Quintin: *Organ Transplantation and Meaning of Life. The Quest for Self Fulfilment*. In: *Medicine, Health Care, and Philosophy* 16 (2013), S. 565–574.

Jan C. Joerden, Carola Uhlig: *Vorgeburtliches Leben – rechtliche Überlegungen zur genetischen Pränataldiagnostik*. In: Florian Steger, Simon Ehm, Michael Tchirikov (Hg.): *Pränatale Diagnostik und Therapie in Ethik, Medizin und Recht*. Berlin, Heidelberg 2014, S. 93–110.

Jane Macnaughton: *Medical Humanities' Challenge to Medicine*. In: *Journal of Evaluation in Clinical Practice* 17 (2011), S. 927–932.

Jean-Pierre Charpy: *Medical Thrillers: Doctored Fiction for Future Doctors?* In: *Journal of Medical Humanities* 35 (2014), S. 423–434.

Jérôme Harambat et al.: *Disparities in Policies, Practices and Rates of Pediatric Kidney Transplantation in Europe*. In: *Am J Transplant* 13 (2013), S. 2066–2074.

Jill Gordon: *Medical Humanities. To Cure Sometimes, to Relieve Often, to Comfort Always*. In: *Medical Journal of Australia* 182 (2005), S. 5–8.

Joanna Miksa: *Transhumanism as a Challenge to the Medical Doctor-Patient Relation*. In: Andrzej M. Kaniowski, Florian Steger (Hg.): *Human Enhancement. Acta*

Universitatis Lodziensis. Folia Philosophica. Ethica – Aesthetica – Practica 32 (2018), S. 47–69.

Jochen Sautermeister: *Vorwort.* In: Jochen Sautermeister (Hg.): *Tierische Organe in menschlichen Körpern. Biomedizinische, kulturwissenschaftliche, theologische und ethische Zugänge zur Xenotransplantation.* Paderborn 2018. S. 9–11.

Jochen Taupitz: *Das Verbot der Kommerzialisierung des menschlichen Körpers und seiner Teile. Lässt es sich rational begründen?* In: Jochen Taupitz (Hg.): *Kommerzialisierung des menschlichen Körpers.* Berlin, Heidelberg, New York 2007, S. 1–6.

Johann Grolle, Stefan Klein: *„Jetzt wird alles machbar".* In: *Spiegel* 10 (1997), S. 216–225.

John Paul Eakin: *Living Autobiographically. How We Create Identity in Narrative.* Ithaca 2008.

John Rawls: *A Theory of Justice.* Cambridge 1995.

Joyce G. Saricks: *The Readers' Advisory Guide to Genre Fiction.* 2. Aufl. Chicago 2009.

Jörg Steinleitner: Prominterview. Veit Heinichen. Schriftsteller. Schönheit, Schmuggel, Sklaverei. http://www.steinleitner.org/prominterview.php?id=28&ts=.

Juli Zeh: *Corpus Delicti. Ein Prozess.* Frankfurt am Main 2009.

Julia Diekämper: *Reproduziertes Leben. Biomacht in Zeiten der Präimplantationsdiagnostik.* Bielefeld 2011.

Jürgen Jacobs, Markus Krause: *Der deutsche Bildungsroman. Gattungsgeschichten vom 18. bis zum 20. Jahrhundert.* München 1989.

Jürgen Liebermann, Frank Nawroth: *Kryokonservierung.* In: Klaus Diedrich, Michael Ludwig, Georg Griesinger (Hg.): *Reproduktionsmedizin.* Berlin, Heidelberg 2013, S. 233–246.

Jutta Riemer: *Achtzehn.* In: *Lebenslinien* 2 (2009), S. 33.

Karin Harrasser: *Körper 2.0. Über die technische Erweiterbarkeit des Menschen.* Bielefeld 2013.

Katharina Fürholzer: *Artistic Enhancement. Literature and Film as Mirror and Means of Human Enhancement.* In: Andrzej M. Kaniowski, Florian Steger (Hg.): *Human Enhancement. Acta Universitatis Lodziensis. Folia Philosophica. Ethica – Aesthetica – Practica* 32 (2018), S. 71–85.

Katja Kailer: Science Fiction. *Gen- und Reproduktionstechnologie in populären Spielfilmen.* Berlin 2011.

Katrien Devolder: *Preimplantation HLA Typing. Having Children to Save Our Loved Ones.* In: *Journal of Medical Ethics* 31 (2005), S. 582–586.

Katrin Amelang: *Transplantierte Alltage. Zur Produktion von Normalität nach einer Organtransplantation.* Bielefeld 2014.

Kazuo Ishiguro: *Never Let Me Go.* London 2005.

Kimberly Jackson: *Splice. The Postmodern Prometheus.* In: *Horror Studies* 3 (2012), S. 125–138.

Klaus Birnstiel: *Unvermögen, Technik, Körper, Behinderung. Eine unsystematische Reflexion.* In: Karin Harrasser, Susanne Roeßiger (Hg.): *Parahuman. Neue Perspektiven auf das Leben mit Technik.* Köln, Weimar, Wien 2016, S. 21–38.

Kurt W. Schmidt: *Eine tragische Kindheit. Elternschaft und Verantwortung in Mary Shelleys Frankenstein.* In: *Fokus Beratung* 33 (2018), S. 37–43.

Lars Schmeink: *Biopunk Dystopias. Genetic Engineering, Society, and Science Fiction.* Liverpool 2016.

Leonidas Donskis: *Secrets, Mysteries, and Art.* In: *Homo Oeconomicus* 26 (2009), S. 97–121.

Lesley A. Sharp: *Strange Harvest. Organ Transplants, Denatured Bodies, and the Transformed Self.* Berkeley, Los Angeles, London 2006.

Lila M. Gierasch, Anne Gershenson: *Post-reductionist protein science, or putting Humpty Dumpty back together again.* In: Nature Chemical Biology 5 (2009), S. 774–777.

Lindsey A. Vacco: *Preimplantation Genetic Diagnosis. From Preventing Genetic Disease to Customizing Children. Can the Technology be Regulated Based on the Parents' Intent?* In: *Saint Louis University Law Journal* 49 (2005), S. 1181–1228.

Lisa Herzog: *Was bedeutet es, „Märkte einzubetten"? Eine Taxonomie.* In: *Zeitschrift für Praktische Philosophie* 3 (2016), S. 13–52.

Literatur-Couch Medien GmbH & Co. KG Münster. https://www.krimi-couch.de/.

Lonité Deutschland. https://www.lonite.de/de/.

Ludger Fittkau: *Beschaffen als Mission.* In: Andrea M. Esser et al. (Hg.): *Die Krise der Organspende. Anspruch, Analyse und Kritik aktueller Aufklärungsbemühungen im Kontext der postmortalen Organspende in Deutschland.* Berlin 2018, S. 17–38.

Marcel Reich-Ranicki: *Meine Geschichte der deutschen Literatur. Vom Mittelalter bis zur Gegenwart.* Herausgegeben von Thomas Anz. München 2014.

Margrit Shildrick et al.: *Messy entanglements: research assemblages in heart transplantation discourses and practices.* In: *Med Humanit* 44 (2018), S. 46–54.

Mariacarla Gadebusch Bondio: *Medizinische Ästhetik: Kosmetik und plastische Chirurgie zwischen Antike und früher Neuzeit.* München 2005.

Marion Weschka: *Präimplantationsdiagnostik, Stammzellforschung und therapeutisches Klonen: Status und Schutz des menschlichen Embryos vor den Herausforderungen der modernen Biomedizin.* Berlin 2010.

Martin Donohoe: *Exploring the Human Condition. Literature and Public Health Issues.* In: Anne Hunsaker Hawkins, Marilyn Chandler McEntyre (Hg.): *Teaching Literature and Medicine.* New York 2000, S. 92–104.

Martin Engelbrecht: *Transformationsmotive in Science Fiction und Fantasy.* In: Reinhard Feldmeier (Hg.): *Wiedergeburt.* Göttingen 2005, S. 165–208.

Martina Keller: *Ausgeschlachtet. Die menschliche Leiche als Rohstoff.* Berlin 2008.

Mary Wollstonecraft Shelley: *Frankenstein, or, The Modern Prometheus.* Boston, Cambridge 1869.

Matina Psyhogeos: *English Words Deriving from the Greek Language.* New York 2016.

Mathis Bader: *Organmangel und Organverteilung.* Tübingen 2010.

Maylis de Kerangal: *Die Lebenden reparieren.* Übersetzt von Andrea Spingler. Berlin: Suhrkamp 2015.

Michael Fuchs et al.: *Enhancement. Die ethische Diskussion über biomedizinische Verbesserungen des Menschen.* In: *Ethik in den Biowissenschaften – Sachstandsberichte des DRZE* 1 (2002).

Michael Imhof: *Behandlungsfehler in der Medizin. Was nun? Verborgenes im Arzt-Patienten-Verhältnis.* Idstein 2010.

Michael Quante: *Menschenwürde, Pluralismus und der moralische Status des beginnenden menschlichen Lebens im Kontext der Fortpflanzungsmedizin.* In: Carl Friedrich Gethmann, Stefan Huster (Hg.): *Recht und Ethik in der Präimplantationsdiagnostik.* München 2010, S. 35–60.

Michel Foucault: *Andere Räume.* In: Karlheinz Barck (Hg.): *Aisthesis. Wahrnehmung heute oder Perspektiven einer anderen Ästhetik.* Leipzig 1992, S. 34–46.

Mita Banerjee, Norbert W. Paul: *Aging beyond the Rhetoric of Aging.* In: Maricel Oró-Piqueras, Anita Wohlmann (Hg.): *Serializing Age: Aging and Old Age in TV Series.* Bielefeld 2016, S. 269–274.

Mita Banerjee: *Biologische Geisteswissenschaften. Von den Medical Humanities zur Narrativen Medizin. Eine Einführung.* Heidelberg 2021.

Mita Banerjee: *Literature, Simulation, and the Path Towards Deeper Learning.* In: Olga Zlatkin-Troitschanskaia (Hg.): *Frontiers and Advances in Positive Learning in the Age of InformaTiOn (PLATO).* Cham 2019, S. 41–55.

Mita Banerjee: *Medical Humanities in American Studies. Life Writing, Narrative Medicine, and the Power of Autobiography.* Heidelberg 2018.

Mona Motakef: *Körper Gabe. Ambivalente Ökonomien der Organspende.* Bielefeld 2011.

Monika Margarethe Raml: *Der ‚homo artificialis' als künstlerischer Schöpfer und künstliches Geschöpf. Gentechnologie in Literatur und Leben.* Würzburg 2010.

Nadia Primc: *Das „framing" der sechsmonatigen Karenzregel in der Lebertransplantation. Ein Beispiel für sprachlich vermittelte Deutungsmuster zur Eingrenzung des Indikationsgebietes.* In: *Ethik in der Medizin* 32 (2020), S. 239–253.

Nancy Scheper-Hughes: *Bodies for Sale – Whole or in Parts.* In: *Body & Society* 7 (2001), S. 1–8.

Nancy Scheper-Hughes: *Neocannibalism, Military Biopolitics, and the Problem of Human Evil.* In: William C. Olsen, Walter E. A. van Beek (Hg.): *Evil in Africa. Encounters with the Everyday.* Bloomington 2016, S. 267–301.

Nancy Scheper-Hughes: *The Global Traffic in Human Organs.* In: *Current Anthropology* 41 (2000), S. 191–224.

Nationaler Ethikrat: *Selbstbestimmung und Fürsorge am Lebensende. Stellungnahme.* Berlin 2006.

Neal Shusterman Homepage: Unwind Movie News (2018). http://www.storyman.com/unwind-movie-news/.

Niels Werber: *Die Form des Populären. Zur Frühgeschichte fantastischer und kriminalistischer Literatur.* In: Thomas Hecken (Hg.): *Der Reiz des Trivialen. Künstler, Intellektuelle und die Popkultur.* Opladen 1997, S. 49–86.

Nora Schmitt-Sausen: *Gesundheitswesen in den USA: Debatte um das Recht auf würdevolles Sterben.* In: *Dtsch Arztebl* 21 (2013), S. A1033–A1034.

Nora Schmitt-Sausen: *US-amerikanisches Gesundheitswesen: Fast jeder Zweite ist Organspender.* In: *Dtsch Arztebl* 42 (2013), S. A 1942.

NYU School of Medicine: Literature, Arts and Medicine Database (LitMed). Humanities, Social Sciences & The Arts in Relation to Medicine & Medical Training. http://medhum.med.nyu.edu/about.

Offizielle deutschsprachige Website der Autorin Tess Gerritsen. Penguin Random House Verlagsgruppe GmbH. https://www.penguinrandomhouse.de/Tess- Gerritsen/aid87144.rhd.

Oliva Wiebel-Fanderl: *Herztransplantation als erzählte Erfahrung. Der Mensch zwischen kulturellen Traditionen und medizinisch-technischem Fortschritt.* Münster 2003.

Oliver Decker: *Der Prothesengott. Subjektivität und Transplantationsmedizin.* Gießen 2004.

Oliver Decker: *Der Warenkörper. Zur Sozialpsychologie der Medizin.* Springe 2011.

Organ Procurement and Transplantation Network (OPTN) and Scientific Registry of Transplant Recipients (SRTR). OPTN/SRTR 2018 Annual Data Report. Rockville:

Department of Health and Human Services, Health Resources and Services Administration 2020.

Organ Procurement and Transplantation Network (OPTN) Policies. https://optn.transplant.hrsa.gov/media/1200/optn_policies.pdf.

Ottmar Ette: *Literaturwissenschaft als Lebenswissenschaft. Eine Programmschrift im Jahr der Geisteswissenschaften.* In: Wolfgang Asholt, Ottmar Ette (Hg.): *Literaturwissenschaft als Lebenswissenschaft. Programm – Projekte – Perspektiven.* Tübingen 2010, S. 11–38.

Peter Malina: *Die Welt der Wissenschaft in der Literatur. Ein anderer Zirkus?* In: Wendelin Schmidt-Dengler (Hg.): *Fiction in Science – Science in Fiction. Zum Gespräch zwischen Literatur und Wissenschaft.* Wien 1998, S. 105–134.

Peter Wehling, Willy Viehöver: *Entgrenzung der Medizin: Transformationen des medizinischen Feldes aus soziologischer Perspektive.* In: Willy Viehöver, Peter Wehling (Hg.): *Entgrenzung der Medizin. Von der Heilkunst zur Verbesserung des Menschen?* Bielefeld 2011, S. 7–47.

Petra Waldminghaus: *Der Mensch als Marke mit Image und Wirkung.* In: Benjamin Schulz (Hg.): *Das große Personal-Branding-Handbuch.* Frankfurt am Main 2020, S. 345–404.

Philip Schelling, Tonja Gaibler: *Aufklärungspflicht und Einwilligungsfähigkeit. Regeln für diffizile Konstellationen.* In: *Dtsch Arztebl* 109 (2012), A476–A478, hier A476.

Rainer Leschke: *Transmortalität und mediale Prothesen. Mediale Maßnahmen gegen die Zeit.* In: Andrea M. Esser et al. (Hg.): *Die Krise der Organspende. Anspruch, Analyse und Kritik aktueller Aufklärungsbemühungen im Kontext der postmortalen Organspende in Deutschland.* Berlin 2018, S. 131–144.

Rainer Taub: *Der magische Muskel.* In: *Spiegel Wissen* 3 (2012), S. 100–105.

Rainer Warning: *Utopie und Heterotopie.* In: Jörg Dünne, Andreas Mahler (Hg.): *Handbuch Literatur & Raum.* Berlin, Boston 2015, S. 178–187.

Raymond Holt, Stuart Murray: *Prosthesis and the Engineered Imagination. Reading Augmentation and Disability across Cultural Theory, Representation and Product Design.* In: *Med Humanit* 46 (2020), S. 55–61.

Reinhard Feldmeier: *Hinführung.* In: Reinhard Feldmeier (Hg.): *Wiedergeburt.* Göttingen 2005, S. 7–9.

Richard F. Storrow: *Therapeutic Reproduction and Human Dignity.* In: *Law & Literature* 21 (2009), S. 257–274.

Richter H. Moore: *The Activities and Personnel of Twenty-First Century Organized Crime.* In: *Criminal Organizations* 9 (1994), S. 3–11.

Rita Charon: *Narrative Medicine. Honoring the Stories of Illness.* Oxford, New York 2006.

Rita Charon et al. (Hg.): *The Principles and Practice of Narrative Medicine.* New York 2016.

Robert D. Putnam, David E Campbell: *American Grace. How Religion Divides and Unites Us.* New York 2010.

Robert M. Veatch, Lainie F. Ross: *Transplantation Ethics.* 2nd Edition. Washington 2015.

Ronald A. Carson: *Engaged Humanities. A Moral Work in the Precincts of Medicine.* In: *Perspectives in Biology and Medicine* 50 (2007), S. 321–333.

Roy Porter: *Introduction.* In: Roy Porter (Hg.): *The Cambridge Illustrated History of Medicine.* Cambridge 1996, S. 6–15.

Rudolf Käser: *Arzt, Tod und Text. Grenzen der Medizin im Spiegel deutschsprachiger Literatur.* München 1998.

Sabrina Maureen Dücker: *Die Regelung der Präimplantationsdiagnostik in Deutschland und in England.* Tübingen 2019.

Sächsische Landesärztekammer: Pressemitteilung. Organspende: Zusammenarbeit mit den Krankenhäusern muss weiter gestärkt werden (12.1.2012). https://www.slaek.de/de/04/pressemitteilungen/2011-2020/2012/003-organ-spende.php?switchtoversion=www.

Sally Sheldon, Stephen Wilkinson: *Should Selecting Saviour Siblings be Banned?* In: *Journal of Medical Ethics* 30 (2004), S. 533–537.

Sara Wasson: *Scalpel and Metaphor: The Ceremony of Organ Harvest in Gothic Science Fiction.* In: *Gothic Studies* 17 (2015), S. 104–123.

Sarah Franklin: *Dolly Mixtures. The Remaking of Genealogy.* Durham, London 2007.

Sarah S. Jain: *The Prosthetic Imagination: Enabling and Disabling the Prosthesis Trope.* In: *Science, Technology, & Human Values* 24 (1999), S. 31–54.

Saskia Lerdon: *Ecce Agnus Dei: Rezeptionsästhetische Untersuchung zum neutestamentlichen Gotteslamm in der bildenden Kunst.* Göttingen 2020.

Siegfried Kracauer: *Von Caligari zu Hitler. Eine psychologische Geschichte des deutschen Films.* Frankfurt am Main 1984.

Sigmund Freud: *Das Unbehagen in der Kultur.* Grafrath 2017.

Solveig Lena Hansen: *Alterität als kulturelle Herausforderung des Klonens. Eine Rekonstruktion bioethischer und literarischer Verhandlungen.* Münster 2016.

Solveig Lena Hansen, Silke Schicktanz: *Exploring the Ethical Issues in Organ Transplantation. Ongoing Debates and Emerging Topics.* In: Solveig Lena Hansen, Silke Schicktanz (Hg.): *Ethical Challenges of Organ Transplantation. Current Debates and International Perspectives.* Bielefeld 2021, S. 11–20.

SoundCloud. Jodi Picoult. My Sister's Keeper. https://soundcloud.com/jodi-picoult/my-sisters-keeper; 1:07–1:51.

Sozialgesetzbuch. Achtes Buch – Kinder- und Jugendhilfegesetz – Erstes Kapitel. Allgemeine Vorschriften (§§ 1–10); Paragraf 7 Begriffsbestimmungen.

Spiegel Panorama: Online Auktion. Seele im Sonderangebot. 12.02.2001. https://www.spiegel.de/lebenundlernen/uni/online-auktion-seele-im-sonderangebot-a-117228.html.

Statistisches Bundesamt (Destatis). Bevölkerungsstand zum 30.6.2020. https://www.destatis.de/DE/Themen/Gesellschaft-Umwelt/Bevoelkerung/Bevoelkerungsstand/aktuell-quartal.html;jsessionid=473ECA2B9284134230E9BBF67294F240.internet8732.

Stefan Cernohuby: *Andreas Eschbach im Interview.* In: *Janetts Meinung* (5.10.2016). https://www.janetts-meinung.de/interviews/andreas-eschbach-im-interview.

Stella Butter: *Riskante Körper. Der zeitgenössische amerikanische Medizinthriller als Gattung der Risikokommunikation über Biopolitik.* In: Eva von Contzen, Tobias Huff, Peter Itzen (Hg.): *Risikogesellschaften. Literatur- und geschichtswissenschaftliche Perspektiven.* Bielefeld 2018, S. 245–266.

Stephan Schleissing: *D. Methoden.* In: Stephan Schleissing (Hg.): *Ethik und Recht in der Fortpflanzungsmedizin. Herausforderungen, Diskussionen, Perspektiven.* Baden-Baden 2014, S. 57–100.

Stephen Greenblatt: *Verhandlungen mit Shakespeare. Innenansichten der englischen Renaissance.* Aus dem Amerikanischen von Robin Cackett. Frankfurt am Main 1993.

Studienprojekt Cassandra 2018. Tübingen. https://www.projekt-cassandra.net/Projekt-Cassandra-Projekt/.

Susan Flynn: *Ex machina: Possessing and Repossessing the Body.* In: *Ethos. A Digital Review of Arts, Humanities, and Public Ethics* 3 (2017), S. 32–45.

Susan Flynn: *New Poetics of the Film Body. Docility, Molecular Fundamentalism and Twenty First Century Destiny.* In: *American, British and Canadian Studies* 24 (2015), S. 5–23.

Susan Merrill Squier: *Liminal Lives. Imagining the Human at the Frontiers of Biomedicine.* Durham, London 2004.

Susan Sontag: *AIDS and Its Metaphors.* London 1991.

Sven Stollfuss: *Multivariate Wissensorganisation. Zur Popularisierung medizinischen Wissens zwischen Wissenschaft und Populärkultur.* In: Marcus S. Kleiner, Thomas Wilke (Hg): *Populäre Wissenschaftskulissen. Über Wissenschaftsformate in Populären Medienkulturen.* Bielefeld 2018, S. 129–163.

Swetlana Vogt: *Die Analyse synästhetischer Metaphern mittels Frames.* In: *Metaphorik.de* 23 (2013), S. 19–48.

Tanja Reiffenrath: *Memoirs of Well-Being. Rewriting Discourses of Illness and Disability.* Bielefeld 2016.

Tatjana Višak: *Researching Xenotransplantation. Moral Rights of Animals.* In: Solveig Lena Hansen, Silke Schicktanz (Hg.): *Ethical Challenges of Organ Transplantation. Current Debates and International Perspectives.* Bielefeld 2021, S. 305–316.

Tess Gerritsen: *The Medical Thriller.* In: Sue Grafton (Hg.): *Writing Mysteries. A Handbook by the Mystery Writers of America.* 2nd Edition. Cincinnati 2001, S. 233–239.

Thea Dorn: *Die Unglückseeligen.* München 2017.

Thomas Anz: *Franz Kafka: Leben und Werk.* München 2009.

Thomas Efferth, Mita Banerjee, Norbert W. Paul: *Broken heart, tako-tsubo or stress cardiomyopathy? Metaphors, meanings and their medical impact.* In: *International Journal of Cardiology* 230 (2017), S. 262–268.

Thomas Hecken: *Vorwort.* In: Thomas Hecken (Hg.): *Der Reiz des Trivialen. Künstler, Intellektuelle und die Popkultur.* Opladen 1997, S. 7–12.

Thomas Rentsch: *Becoming Oneself. Toward a new Philosophy of Ageing.* In: Mark Schweda, Larissa Pfaller, Kai Brauer, Frank Adloff, Silke Schicktanz (Hg.): *Planning Later Life. Bioethics and Public Health in Ageing Societies.* Abingdon, New York 2017, S. 31–45.

Thomas Schlich: *Transplantation. Geschichte, Medizin, Ethik der Organverpflanzung.* München 1998.

Tilmann Köppe: *Literatur und Wissen. Zur Strukturierung des Forschungsfeldes und seiner Kontroversen.* In: Tilmann Köppe (Hg.): *Literatur und Wissen. Theoretisch-methodische Zugänge.* Berlin, New York 2011, S. 1–28.

Tim Henning: *Retter-Kinder, Instrumentalisierung und Kants Zweckformel.* In: *Ethik in der Medizin* 26 (2014), S. 195–209.

Tod Chambers: *The Fiction of Bioethics: Cases and Literary Texts.* New York 1999.

Tom L. Beauchamp: *Prinzipien und andere aufkommende Paradigmen in der Bioethik.* In: Oliver Rauprich, Florian Steger (Hg.): *Prinzipienethik in der Biomedizin. Moralphilosophie und medizinische Praxis.* Frankfurt am Main, New York 2005, S. 48–73.

Tom L. Beauchamp, James F. Childress: *Principles of Biomedical Ethics.* 8th Edition. New York 2019.

Thorsten Hadeler, Eggert Winter, Ute Arentzen: *Nonprofit-Organisation.* In: *Gabler Wirtschaftslexikon.* 15. Aufl. Wiesbaden 2000.

TV-Vorschau. In: *Spiegel* 51 (2007), S. 108.

Ulrich Beck: *World Risk Society.* Cambridge 1999.

Ulrich Müller-Schöll, Francesca Vidal: *Ernst Blochs ‚neue Philosophie' des ‚Neuen'. Zum Vorwort des Prinzips Hoffnung.* In: Rainer E. Zimmermann (Hg.): *Ernst Bloch. Das Prinzip Hoffnung.* Berlin, Boston 2017, S. 9–34.

Ulrike Baureithel: Wer verfügt über Adam Nash? In: der Freitag. Die Wochenzeitung. 13.10.2000. https://www.freitag.de/autoren/ulrike-baureithel/wer-verfugt-uber-adam-nash.

United States Census Bureau. U.S. and World Population Clock. The United States population on June 30, 2020. https://www.destatis.de/DE/Themen/Gesellschaft-Umwelt/Bevoelkerung/Bevoelkerungsstand/aktuell-quartal.html;jsessionid=473ECA2B9284134230E9BBF67294F240.internet8732.

Universität Bremen. https://www.fictionmeetsscience.org/ccm/navigation/.

Véronique Campion-Vincent: *Organ Theft Narratives as Medical and Social Critique.* In: *Journal of Folklore Research* 39 (2002), S. 33–50.

Veit Heinichen. Der Autor (2020). https://veitheinichen.com/de/der-autor/.

Volker Roelke: *Vom Menschen in der Medizin. Für eine kulturwissenschaftlich kompetente Heilkunde.* Gießen 2017.

Wild Bunch Germany GmbH München (2016). https://www.wildbunch-germany.de/movie/die-lebenden-reparieren.

William Wallace Denslow: *Humpty Dumpty.* Carlisle 2006.

Wolfgang Hallet: *Methoden kulturwissenschaftlicher Ansätze: Close Reading und Wide Reading.* In: Vera Nünning, Ansgar Nünning (Hg.): *Methoden der literatur- und kulturwissenschaftlichen Textanalyse. Ansätze – Grundlagen – Modellanalysen.* Stuttgart 2010, S. 293–315.

World Population Review. Age of Majority by State 2020. https://worldpopulationreview.com/state-rankings/age-of-majority-by-state.

Ziad W Munson: *The Making of Pro-Life Activists. How Social Movement Mobilization Works.* Chicago 2008.